走路也是一种修行

十年徒步中國

源于陈忠实

珍藏版

# 信念

## 人生每一步都算数

雷殿生 著

中国出版集团
东方出版中心

**图书在版编目（CIP）数据**

信念：人生每一步都算数：珍藏版 / 雷殿生著 .—
上海：东方出版中心，2023.9

ISBN 978-7-5473-2274-1

Ⅰ.①信… Ⅱ.①雷… Ⅲ.①雷殿生 - 事迹 Ⅳ .
① K825.89

中国国家版本馆 CIP 数据核字（2023）第 179630 号

审图号：GS（2023）3195 号


**信念：人生每一步都算数（珍藏版）**

著　　者　雷殿生
策　　划　陈义望
责任编辑　戴浴宇
装帧设计　宁成春
出版统筹　慕云五　马海宽

出 版 人　陈义望
出版发行　东方出版中心
地　　址　上海市仙霞路 345 号
邮政编码　200336
电　　话　021-62417400
印 刷 者　天津图文方嘉印刷有限公司

开　　本　710mm×1000mm　1/16
印　　张　24.75
字　　数　182 千字
版　　次　2023 年 10 月第 1 版
印　　次　2023 年 10 月第 1 次印刷
定　　价　99.00 元

# 目　录

## 第一卷　徒步中国，梦之缘起

## 第二卷　用双脚丈量中国

## 第三卷　新的征途，行者无疆

# 生命贴着大地
# 而延伸的人

何建明　中国作家协会副主席、
　　　　中国报告文学学会会长

人的一生可以有各种各样的精彩，为金钱，为荣耀，为欲望，为地位，但雷殿生选择了另一种人生精彩——十年徒步中国。

自1998年至2008年，他持续用双脚紧贴着祖国的大地，一步一个脚印，一直走到那些圣洁而神秘的地方：遥远的边境、高寒的藏区、西域的沙漠、东疆的渔村，还有那令无数人心驰神往却无法到达的无人区……

我们曾经那么崇拜明代旅行家徐霞客，我们也时常渴望像神仙一般，转瞬间飞越万水千山，我们更梦想用双眼去欣赏、用心灵去感受这个世界的每一处精彩。但，绝大多数人只是想想而已，有的人甚至一生都没有走出自己的一方小天地——拖延、胆怯和缺乏执行力阻碍了我们的梦想。

什么样的人可以称为伟人？什么样的人可以称为富有者？什么样的人生可以称为有意义？雷殿生算一个！

雷殿生不是叱咤风云的政治家，也不是腰缠万贯的富豪，更不是普希金式的诗人，他只是默默地用自己的双脚丈量祖国的大地，但他真的是一名普通人无法超越的伟人，一名强大的精神富有者，一位比诗人更精准地阐释人生意义的时代歌者!

或许,雷殿生最初也没有料到,简单的"走路"会有那么多的麻烦和苦难,甚至有生命危险。谁都会走路,但真正会"走路"的人并不多。有人走着走着,把自己的一生奋斗与努力化为垃圾,遗臭万年;有人走着走着,把自己的生命缩短了,结果没有留下任何痕迹便溘然长逝……人生即哲学,雷殿生后来也肯定明白了,自己在进行一场用生命挑战梦想的伟大征程,失败,或者胜利,都没有旁人介入,只有他自己。他既是运动员,又是裁判员。完成这样的征程需要勇气,需要意志,需要耐力,需要超越自我的全部本领。

他做到了,他用实际行动证明了自己是胜利者!

我们敬佩雷殿生的另一点,是他的爱国精神和人文情怀。他所走的路已经足以让世人肃然起敬,他还在走路过程中做出了许多感人的事迹,这就使得他的"走路"具有了我上面所说的哲学意义和精神价值!

十年"走路",换得一生精神财富!十年"走路",换得无数国人敬仰!

雷殿生,你选择了一条正确的人生之路——人,无论做什么事,就该带着思想和明确的目标。那些用生命贴着大地的人必然使自己的生命比其他人更长久、更光辉。

2017年5月1日于北京

# 信念：魂铸十年之剑

吴晓波　浙江大学求是特聘教授

人类对未知世界的探索从未止步，一个伟大的民族，一定有一群"充满好奇并付诸非常规行动"的冒险家！曾几何时，汉唐雄风，多少中华英雄驰骋天下，令人心向往之；而宋明理学昌盛，却民风渐趋羸弱；及至晚清，列强侮之极，令人扼腕。俱往矣，而今中华民族伟大复兴，雄起之声日强。

人说时代造就英雄，还是英雄造就时代？世纪之交，有殷生好男儿，只身徒步连续十年零二十天走遍全中国所有省、自治区、直辖市、港澳台地区，遍访56个民族聚居地，踏遍祖国名山大川、名胜古迹，穿越高原峡谷、草原河流、沙漠戈壁、原始森林及边境线、沿海线，31天只身成功穿越"死亡之海"罗布泊无人区，十年总行程81000公里。壮哉！伟大时代必有伟大的平民英雄！

于《信念》初版不久认识了殷生先生，在分享他的不凡经历中感受到他的质朴和坚韧，更感受到他"十年磨一剑"背后的精神力量——信念，是为"剑魂"。此次改版除了广大读者的期盼，更有其强烈的时代感。国之大者，不仅在于思维的高度和格局，亦在于国民之精神。105年前，"二十八画生"在《新青年》杂志上发表了《体育之研究》的文章，指出"欲文明其精神，先自野蛮其体魄；苟野蛮其体魄矣，则文明之精神随之。"这是毛泽东主席公开发表的第一篇文章，已是精辟地指出了精神与肉体之关联。

"十年磨一剑"！前有2160年前被汉武大帝派往大月氏国的张骞，历经12年千难万险为后来的商人开辟了通向未知世界的道路，被后人称为"丝绸之路"；有1300多年前玄奘取经17年，取回657部真经；有414年前的徐霞客，历经30年考察撰成了地理名著《徐霞客游记》；亦有110年前在南极，英国探险英雄斯科特的悲壮失败，挪威探险家阿蒙森的勇气加上智慧所取得的史诗般胜利；他们无一不是凭借着超凡的信仰和意志而赢得世人的景仰。他们的探险为人类发展商业、促进文明交流和认识自然作出了巨大的贡献！

他们的故事都充满着传奇般的色彩，他们的精神激励着后人不畏艰险地去探索那些未知的世界。他们都有一个共同的特点，那就是敢于尝试常人所不敢、所不能，都有惊人的勇气去尝试，在失败面前决不气馁。他们的事迹令我们震惊，他们的开拓创新精神和坚忍不拔的意志品质值得我们学习。他们勇于挑战、永不言败的精神，认识自然、挑战自我，赋予生命以特殊价值和意义，持续地给后人以精神的鼓舞。

这种精神就是一种引领未来发展的健康力量！时代之需要。

2022年5月31日凌晨
于浙江大学求是园

有梦想，要行动 重细节
需专注 贵坚持 存敬畏

雷殿生

　　当我用十年徒步中国，遍访少数民族聚居地，最后成功完成徒步穿越"死亡之海"罗布泊的梦想时，人们不禁会问我相同的问题：你为什么要徒步十年？是什么动力支撑你走下去的？你又经历过什么？

　　面对这样的问题，我短时间内无法做出回答。

　　十年，有雄心壮志，也有灰心丧气；有快乐，也有痛苦；有面对死亡的恐惧，也有战胜自我的从容；有接受善意关爱的感动，也有遭遇冷漠、歧视的委屈和愤怒……

　　十年，华夏历史的厚重、祖国山河的壮美、民族的多样、自然的灵性——我所经历的一切，犹如山间清澈的泉水，一次次洗涤我的灵魂，不断丰富我的人生。

　　十年，我积攒了两吨多重的资料，拍摄了四万余张照片，写下了近百万字的日记。我无法确切地说出这里有多少人生的答案，只能把我经历过的真实故事讲述给大家听。

　　我萌生成为一名徒步旅行家的梦想，始于1987年国家邮政局发行的一套明代旅行家徐霞客的邮票。而1989年夏天，我在大兴安岭地区与当代徒步旅行家余纯顺不期而遇，这更加坚定了我的想法。我给自己确定了民族、环保、探险三个主题。我计划用十年的时间，徒步中国所有省、自治区、直辖市和港澳台地区，包括穿越边境线、海岸线、高原、峡谷、森林、草原、沙漠、戈壁及无人区。了解不同民族的风俗，考察生态环境，宣传环保。

为了实现心中的这个理想，从1988年到1998年十年间，从锻炼身体到心理准备，从查阅资料到设定路线，从积攒经费到整装出发——我为徒步中国的梦想默默地筹备了十年。

从1998年到2008年十年间，我的脚步北至中俄边境黑龙江省漠河市北极村，南至海南省西沙永兴岛，西到新疆维吾尔自治区乌恰县伊尔克什坦，东到黑龙江省抚远县乌苏镇。我踏遍了祖国的四大盆地和所有的山脉，穿越了中国的所有沙漠和无人区，只身成功徒步穿越"死亡之海"罗布泊。我走访了56个民族聚居地。历时十年零二十天，全程81000公里。

这十年间，我先后磨掉了19个脚指甲，穿烂了52双鞋，双脚起了200多个血泡；遭遇19次抢劫，遇到野兽40多次，历经泥石流、雪崩、沙尘暴和龙卷风数次，险些丧命；探秘神农架，生吞蛇肉充饥；在罗霄山原始森林里遭遇巨蟒，惊险逃生；夜宿西藏阿里无人区，被群狼围攻；茫茫戈壁，喝尿吮血求生……

一路走来，我遇到过各种各样的人，经历了各种各样的事。十年艰辛，百味杂陈。

这十年的徒步，增长了我的见识，拓宽了我的视野，让我的内心由浮躁逐渐趋于平静，也使我对皖峰方丈所说的"走路也是一种修行"有了更深刻的感悟。

现在，我虽然停下了跋涉的脚步，但往昔历历在目。我仍时常想起徒步路上曾经给予我无私关怀和帮助的朋友们。我结束十年徒步时，虽然身无长物、孑然一身，但我找到了自己最想要的东西。

生命是一个逐梦的过程，其间的风雨、坎坷会让我们的人生更加丰富精彩、更加有意义。面对人生的抉择和挑战，只有努力过、奋斗过，才不会留下遗憾！

我是幸运的，尽管很艰难，但我的梦想真的实现了！

谨以此书献给所有心怀梦想、勇于挑战、执着追求的人，献给那些曾经关怀我、帮助我的人！在人生的旅途上，希望我匆匆前行的身影，能给你们些许启迪和帮助。

　　如此，那将是我莫大的安慰和幸福！

　　衷心地祝福每一位读者朋友身心健康，祝福我们伟大的祖国繁荣富强，祝愿世界和平！

雷殿生

2023年6月6日

# 第一卷 徒步中国，梦之缘起

# 磨难坎坷少年路

## 童年的记忆

1963年冬天，我出生在黑龙江省哈尔滨市呼兰县（2004年撤县改区）呼兰河畔的一个小山村。

我是家里最小的孩子，有三个哥哥和一个姐姐。虽然生活贫困，但一家人在一起，倒也其乐融融。只是好景不长，我刚满三岁的时候，便赶上了"文化大革命"。那时，我家的成分是地主，因此爸爸经常被一大帮人揪出去批斗。

我记不清爸爸被批斗的具体情景了，只记得有一次，他很晚才回来，衣衫褴褛，鼻青脸肿，头上还戴着一顶高帽子！那顶帽子是用纸糊的，有六七十厘米那么高，下圆上尖，戴在头上活像个小丑，滑稽得很。当时，我觉得挺好玩，嚷嚷着要，妈妈用责备的眼神制止我，但我依然不依不饶地伸手要那顶帽子。妈妈气得要揍我，被爸爸拦住了，他叹了口气说："孩子还小，不懂事，给他拿去玩吧。"

我终于如愿以偿、欢天喜地拿着帽子玩的时候，却看见爸爸妈妈抱头痛哭。那一刻，我好像明白了什么，一种从未有过的忧虑和不安涌上心头。良久，我也默默地流下泪来。

长大后，我才明白爸爸头上那顶高帽子意味着什么。虽然年幼的我不知道它所带来的耻辱和痛苦，但是这一切都在我幼小的心灵里留下了深刻的印记。

# 生死一念间

爸爸挨批斗成了家常便饭，我和哥哥也被人叫作"地主崽子"，小伙伴都不愿意跟我一起玩。随着年龄的增长，我慢慢体会到了被人歧视、孤立和冷落的滋味，幼小的心灵充满了愤怒，却又无可奈何。

父亲每天愁眉不展，脾气越来越不好，母亲整日以泪洗面，一家人出门都低头走路，仿佛低人一等。灰暗压抑的日子总是显得特别漫长，不知道何年何月才是尽头。

1969年，在一个平常的冬夜里，饭桌上意外地多了一盆冒着热气的金黄色小米饭，那香味扑鼻而来，周围的空气似乎也变得温暖起来，我心里高兴极了，想着又能美美地吃一顿可口的饭菜啦！

小米饭是东北家庭再普通不过的饭食，可在当时那个物资匮乏的年代里却弥足珍贵。平时，玉米稀粥、玉米面饼子、白菜和土豆是家常便饭，只有逢年过节才能吃上一顿可口的饭菜。因此，面对这突如其来的幸福，我和哥哥竟有些不知所措，全都不敢下筷，眼巴巴地望着爸爸和妈妈。

爸爸看着我们，迟疑了一下，没有理会妈妈乞求的眼神，像是下了很大决心，一字一顿地催促我们说："吃吧，吃吧，吃完这顿饭，我们一家人就可以解脱了。"爸爸的声音越来越低，说到最后，竟然哽咽了。而他的话音未落，妈妈就忍不住扭过头去，哭出了声。我们虽心有疑惑，但经不住那香喷喷的小米饭的诱惑，再加上爸爸的催促，都迟疑着拿起了筷子。

就在这时，砰的一声，屋门被用力地撞开了，远房亲戚石姥爷裹挟着一股寒气冲了进来。他扫了一眼饭桌，二话不说，端起那盆小米饭就往外走。我们几个孩子全都惊呆了，爸爸和妈妈急忙上前去拦："石姥爷，您这是干什么？"石姥爷眼睛一瞪，厉声呵斥道："你们俩不想活了，也不让孩子们活命了？他们还这么小，你们做父母的怎么能忍心呢！"

原来，这盆小米饭掺了有剧毒的砒霜，是父母为我们一家人准备的"最后的晚餐"。多年来他们受尽欺辱，早就对生活失去了希望和信心，又不忍心撇下我们几个，才想出来这么一个看似愚蠢、实属无奈的办法。幸亏，爸爸向邻居家借砒霜的事情被石姥爷得知，石姥爷及时赶到，才阻止了一场悲剧。

后来，这盆有毒的小米饭被石姥爷埋在院子里。之后，不管日子多么艰难，父母再也没有动过轻生的念头。

## 辍学照顾病重的妈妈

全家人的性命虽然保住了，但艰难的生活依然在继续。随着姐姐出嫁他乡，大哥因无法忍受没有尊严的生活而离家出走，家中只剩下我、二哥、三哥和父母相依为命。

九岁的时候，我跨进了学校的大门。我因为家庭成分不好，总觉得自己比别的同学矮了一个头，所以只能加倍努力地学习。

小学三年级时，由于成绩优异、表现突出，我光荣地加入了少先队并当上了班里的劳动委员。对于这份荣誉，我格外珍惜。每天睡觉前，我总要把红领巾叠得整整齐齐，放在枕头下面压好。因为它是我通过自己的努力得来的，是老师和同学对我的认可。长期以来笼罩在心头的阴云也开始慢慢散去，我的性格渐渐地开朗起来。

然而，没过多久，妈妈在长年巨大的精神压力下，身患重病，卧床不起。因为父亲和二哥、三哥要去生产队劳动挣工分，正在读小学四年级的我不得不离开心爱的校园，辍学回家照顾母亲。

照顾生病的母亲
（中国国家画院画家萧四五先生画）

辍学在家的我一边要照顾生病的母亲，一边要操持家务，洗衣、做饭、打扫卫生，养猪养鸡等。我有一个小账本，每天记录家里的生活开支情况，家门和柜子的钥匙也都由我保管，那时的我成了一个名副其实的小管家。

妈妈身患严重的心脏病和支气管炎，需要每天注射药物。但全村只有一个卫生所，卫生所只有两名医生，他们要负责全村九个生产队的一千多口人，根本没有时间每天来为妈妈扎针。于是，十一岁的我便承担起为妈妈打针的任务。一开始我有点儿害怕，扎针的时候总也找不准位置，通常要扎好几次才成功，妈妈总是强忍着痛，微笑着鼓励我。熟能生巧，我渐渐地掌握了注射技巧，一次就能成功，也不再手忙脚乱了。

白天我给妈妈喂药、打针、干家务活，晚上我也不敢懈怠，睡觉时就躺在妈妈身边。只要妈妈一翻身，或者轻轻咳嗽一声，不管多困，我都会马上起来帮她捶背、倒水。那段日子虽然很苦很累，但我心里充满了希望，盼望着妈妈的病能早点好起来，我能早日重返校园。

可是，美好的期盼并没有变成现实，妈妈终究还是在一个寒冬的深夜离我而去。在妈妈去世的那个夜里，我睡得特别沉。迷迷糊糊间，一阵低低的哭泣声和窸窸窣窣找东西的声音传到耳边，我猛地一惊，坐了起来，却见三哥低头站在屋角，爸爸则在一旁翻箱倒柜。我问爸爸出了什么事，得到的回应却是一阵可怕的沉默。我有种不祥的预感，连忙扑向身边的妈妈，却见妈妈面色苍白，双眼紧闭，不管我怎么呼喊，怎么使劲摇晃，她都一动不动，就那么直挺挺地躺着。直到亲戚邻居前来帮忙操持后事，我还紧紧抱着妈妈的遗体号啕大哭，迟迟不肯撒手……

时至今日，我还常常自责，责怪自己太贪睡，没有照顾好妈妈。我曾无数次地假设，如果我当时睡得不那么沉，妈妈发病的时候我就能及时照顾她，帮她找医生，可能她就不会那么早离开我。可惜，时光不能倒流，对妈妈的思念和愧悔一直伴随着我。我只要一回想起妈妈离世的情景，我的胸口就像被钝器用力猛击一般，痛得我无法呼吸。


# 借棺葬父


妈妈的离世给这个本就脆弱的家庭带来了致命一击，让这个家变得支离破碎。二哥结婚，有了自己的小家庭。三哥离家出走了，爸爸变得更加沉默寡言、脾气暴躁，动不动就冲我发火。我理解爸爸的苦衷，只能默默忍受着。

1977年春天，爸爸带着我离开了呼兰这个伤心之地，来到五常县（1993年撤县设市）开始新的生活。

在五常县一个小村庄落脚后，我向爸爸提出了继续上学的要求。但爸爸说他近年来身体不好，劳动一天之后，需要我在家给他做口热饭吃，让我再委屈一下，别去上学了。看着爸爸那憔悴的面庞和早生的白发，我只好含泪答应了。

长期的体力劳动和挨批斗遭受的折磨早就压垮了爸爸，只不过为了这个家，这个东北汉子一直硬撑着，不让自己倒下。但他终究没能扛住生活的摧残，在妈妈离世两年后即1979年秋天的一个深夜，也撒手人寰，那一年我还未满十六岁。

爸爸去世的那个夜晚，只有我一个人在他身边。目睹爸爸的离去，我没有惊慌，没有害怕，生活的磨砺使我拥有了与年龄不相称

安葬父亲后，我离开家乡（中国国家画院画家萧四五先生画）

的沉着和冷静。强忍内心的悲痛，我首先考虑的是如何安葬爸爸。农村讲究人死后入土为安，很多有老人的家庭早早就备好了寿衣、寿棺。可是我们家家徒四壁，连日常生活都难以为继，更别说准备寿衣、寿棺了，难道就让爸爸的遗体僵在炕上吗？不行，就算借，我也要将爸爸好好安葬，让爸爸有尊严、体面地离开这个世界。我摸了摸爸爸的遗体，他还是温热的。为了防止遗体变硬，我把家中仅有的两条棉被都盖在爸爸身上，然后小心地锁好房门，出去给爸爸借寿衣、寿棺。

顶着屋外的秋风，我径直向村里生产队长赵大爷家跑去，因为我知道赵大爷的女儿刚给他做好了一套寿衣。敲开赵大爷家的门，我扑通一声跪在地上，哭着乞求："赵大爷，我爸死了，求您把寿衣借给我爸，我一定会还给您的。"

赵大爷长叹一声，把我扶起来："可怜的孩子，快起来，我借给你就是。可是只有寿衣也不行啊，你有寿棺吗？"

"没有，我听说邻村那大爷新打了一副棺材，我想去借！"

"行，咱们先回你家把寿衣给你爸穿上，你再赶紧去那大爷家。"

给爸爸穿好寿衣，已经是后半夜了。我又一头冲进夜色中。漆黑的深夜里，只有我一个人狂奔在坎坷不平的乡间小路上。我忘记了寒冷，忘记了恐惧，心中只有一个念头：快点儿，再快点儿！

借棺材的事情也出乎意料地顺利，也许是我的孝心感动了那大爷，他二话没说就答应了。可是，棺材这么重，怎么拉回去呢？那大爷给我出了个主意，他让我在他家里暖和一下，等到天亮去生产队找几个人帮忙，再借一辆马车把棺材拉回去。

天刚蒙蒙亮，我们便赶着马车拉着棺材回到了村里。我远远地看见家门口聚集了不少人。原来，乡亲们听说我爸爸去世了，都一大早前来帮忙。

在赵大爷的指挥下，大家小心翼翼地把我爸爸的遗体抬进棺材里。当木匠把又粗又长的铁钉钉进棺材盖时，跪在棺材前面的我再也忍不住内心的悲痛，放声大哭。那把大铁锤在我眼前用力地挥起，又重重地落下，一下、两下、咚、咚，那巨大的声音敲击在我的心头，仿佛每根钉子不是钉在棺盖上，而是牢牢地钉在我的心里。我一次又一次扑上去，抱着棺材，哭得泪眼模糊，双颊麻木，最后瘫坐在地，差点儿晕了过去。

直到今天，我只要流泪，整张脸就变得麻木。我很少哭，正所谓"男儿有泪不轻弹，只是未到伤心处"。

在赵大爷和乡亲们的热心帮助下，第二天上午9点爸爸就体面地安葬了。等众人渐渐散去，只剩下我一个人的时候，我慢慢止住哭泣。我没有妈妈，又没有爸爸了，这个世界上跟我最亲的两个人都离开了我，未来我该怎么办？心里五味杂陈，有悲伤，有委屈，也有对未来的担心和迷茫。

一连几天，我跑到爸爸的坟头哭诉。累了，便睡在坟头。醒了，便静静地躺在山坡上，仰望蓝天，想着外面的世界到底有多大，我未来的路应该怎么走。爸爸生前告诉我的那句话一直在我耳边回响：儿子呀，你一定要活出个人样……

经过一段时间的思考，我逐渐认识到，一个人的命运必须靠自己来把握。与其每天沉浸在痛苦和胡思乱想之中，不如到外面去闯出一番属于自己的天地。

我在父亲的坟前守孝七天。然后，我变卖了家里唯一值钱的粮食和柜子，在第一时间还上赵大爷的寿衣钱和那大爷的棺材钱。感谢在我最艰难困苦的时候向我伸出援手的赵大爷、那大爷和乡亲们，这份恩情我永生难忘！

在爸爸坟前磕头辞别后，十六岁的我背起行囊，揣着仅剩的二十七块四毛钱，义无反顾地离开了家乡。

# 第 2 篇

# 十 年 磨 一 剑

## 艰 苦 谋 生

离开家乡后，我开始在外面打工谋生，但心里一直想去参军，把自己的一生交给部队。我坚信，一个人只要肯吃苦，有恒心和毅力，在部队多学本领，一定能实现"从士兵到将军"的人生蜕变。于是十八岁那年我回到家乡武装部报名参军。体检合格，我兴奋不已。可无情的现实最终粉碎了我的军人梦，名单公布时，我才发现自己被别人取代了。

在此后的很长一段时间里，我的心情是灰暗的，偶尔在没有人的地方偷偷地哭泣，对人生和前途失去了信心。后来，为了填饱肚子，我不得不去工地做苦力，陆续做过瓦工、钢筋工、架子工。我虽然只有微薄的收入，但至少是靠自己的双手养活自己，这多少也让我增强了一点点自信！

在外闯荡多年，因为做事勤劳、能吃苦、讲诚信，我慢慢赢得了人们的信任，开始承包一些小工程。有时一天下来，能挣到几百甚至上千元。而那时，一个普通工人每月的工资也只有一百元左右。

几年之后，口袋里渐渐有了一些钱，便在哈尔滨郊区买了一套住房。每年建筑工地开工的时候，我就去承包一些小活。冬季歇工时，我就琢磨着做点买卖。

我卖过鸡蛋。每天下午，我到农村去收鸡蛋。第二天，天刚蒙蒙亮，我再把鸡蛋运到城里沿街叫卖。一天下来，平均能挣一两百元，一个冬天就能挣两万多元。

我还卖过自制的洗衣粉。记得有一年秋天，黑龙江大学开办了一个培训班，教人们制作洗衣粉。我学习之后，很快就掌握了相关技术，平均每天能做四百多袋洗衣粉，收入还算不错。

幸运总是眷顾勤奋的人，经过自己的艰苦努力，我的生活也开始逐渐富裕起来。

# 梦 想 诞 生

随着积蓄的增多，我开始琢磨怎么才能更好地让自己辛苦挣的钱保值增值。20世纪80年代，社会上兴起了集邮热。一些珍贵的邮票既能丰富知识、开阔眼界，还能在珍藏一段时间后，实现价格上的大幅增长。我逐渐喜欢上了集邮，只是万万没想到，这一爱好竟然完全改变了我的人生轨迹。

1987年，原邮电部发行的一套纪念明代地理学家、旅行家徐霞客诞生四百周年的邮票。说实话，当时我对徐霞客一无所知。然

徐霞客诞生四百周年的邮票

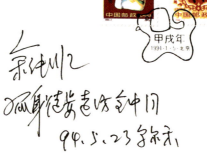

首日封　F.D.C.

余纯顺在新疆首日封上的亲笔签名

而，正是这套邮票促使我了解徐霞客，阅读《徐霞客游记》，并使我对旅行、探险产生了浓厚的兴趣。

其实，儿时的遭遇使我很早就有了一种想要到大自然去流浪的情结。一个孤独的少年，时常静静地躺在父母坟前的山坡上，仰望着无尽的苍穹，看着南来北往的大雁，心早已飞向远方。这种想法懵懵懂懂，并不清晰，仿佛只要走得越远，就可以使自己的心越纯净。那不是挣脱，而是一种尽情的释放；不是远离，而是一种本性的回归！

《徐霞客游记》中的描述唤起了我对大自然的美好向往，激起了我对徒步探险的极大兴趣，使我那颗不安分的心再也无法平静。我想，我迟早是要走出去的！

而我与余纯顺的一次偶遇，更坚定了我的想法。

那是1989年的夏天，我正在大兴安岭图强林场建筑工地干活。一天，一位穿着迷彩服、身背旅行包的人从我眼前走过，背包的后面写着"徒步环行全中国：上海—台湾—上海"几个大字。我一看他是一位徒步旅行者，就对他有一种莫名的亲切感，赶忙跑过去搭讪。与他交谈之后才得知，他就是立志徒步中国、被称为"当代徒步旅行家"的余纯顺。

我十分钦佩余纯顺的壮举，向他咨询了一些关于徒步的问题。由于行程紧迫，和我简短交流几句之后，他便挥手向我告别，继续前行。

望着他渐行渐远的背影，我深受鼓舞，一股豪迈之气油然而生。

与余纯顺的偶遇虽然短暂，但为我最终走出去增添了几分勇气

余纯顺（1951—1996）

中国当代徒步旅行家。1988年7月，余纯顺开始孤身徒步全中国，足迹遍及23个省、自治区和直辖市，行程达4万多公里。沿途拍摄照片8000余张，访问过33个少数民族，发表了40余万字的游记，创造了人类首次孤身徒步川藏、青藏、新藏、滇藏、中尼公路全程的纪录，并成功征服青藏高原。

和信心。

我从小就喜欢大自然，虽然没有读过万卷书，但可以通过行万里路来丰富我的人生。我终于找到了自己的人生梦想，一定要为实现这一梦想而努力，哪怕为此付出生命的代价！

我的内心开始沸腾。我一定要走出去！

# 十年精心准备

我把准备期限定为十年，因为当时我只有二十五岁，没有任何徒步经验。我用十年的时间，可以筹备足够的资金，同时也能进一步锻炼身体，认真学习各方面的知识。三十五岁也正是一个人精力相对旺盛、思想较为成熟的时期。

由于有了一些做生意的经验，赚钱对我来说并不是太难，因此资金的筹备相对比较顺利。十年间，我陆续做了很多小买卖：炸过油条，卖过鲜鱼，推销过皮夹克……

但身体的锻炼绝对是一个持之以恒的过程。因为喜欢武术，我从小就自学了一些简单的拳法，还学习了九节鞭和硬气功，后来还拜师学艺。通过多年习武，我也具备了一些武术功底。

为了进一步强健体魄，我每天做2000个仰卧起坐，800个俯卧撑，并坚持每天长跑。即使是在黑龙江零下20℃左右的冬天，我也穿着短裤、背心奔跑在路上，身上的汗毛时常挂着薄薄的一层白霜。

为了加强负重训练，减少体内脂肪，增强肌肉的强度和耐力，尤其是改善背部和腹部的肌肉，我把家里的液化气罐用绳子捆好，再用破帆布做两个垫肩，在夜里背着液化气罐练习负重长跑。

有一次，还没跑多远，就听到身后有人喊。回头一看，是两位民警，他们上下打量我一番，问道："干什么的？有证件吗？"

"锻炼身体啊！证件放家里了。"我回答道。

"背着液化气罐锻炼身体？老实说，液化气罐从哪里偷来的？跟我们去一趟派出所。"

"是我自己家的，"我连忙解释，"你们不信可以到我家里去看看。"

两位民警跟着我到了我的住处，看到我满屋子都是健身器械，很是惊讶。我又把证件拿给民警看，他们这才相信。临走时，他们笑着说："你这个锻炼方式可不好，怎么看都像是偷液化气罐的。再说了，这样做也不安全，你这可是背了一个定时炸弹啊。还是换个方法吧！"

经过这次事件，我开始改背沙袋跑步了。出发前半年，我每天背沙袋跑10公里，一开始背50斤沙袋，后期背70斤沙袋。即使肩膀磨烂，我也坚持锻炼。

积攒经费和锻炼身体对我来说都不是难事，最难的是弥补匮乏的知识。由于文化水平有限，我必须付出更加艰苦的努力才行。为此，我为自己制订了周密的学习计划，并开始有针对性地到图书馆去借书，有时也会专门

学习硬气功

016

为徒步中国坚持每天长跑

去书店买书。

　　我所涉猎的书籍范围非常广泛，从天文到地理，从自然到民俗，从历史文化到野外生存技能，不一而足。总之，只要是徒步需要掌握的各项知识，我都会仔细阅读相关书籍，认真钻研。

　　通过学习积累，我明显感觉到了自己的进步。记得刚开始的时候，由于知识贫乏，我甚至连简单的地图都看不懂。通过一段时间的恶补，我不但知道了地图的种类，还知道了什么是比例尺、图例、注记，也知道了如何识别方向、等高线和交通路线……

　　知识就是力量，我如饥似渴地从书本上汲取营养。经过长时间的比较分析，我确定了选取未来徒步路线的总原则，那就是：从北至南，再从东到西。首先从人口分布较为集中、生存相对容易的地区开始逐步适应，然后向生存难度较大的云贵高原地区过渡，最后再向自然条件极为恶劣、人烟稀少的青藏高原和新疆塔克拉玛干沙漠以及"死亡之海"罗布泊地区发起冲刺，用十年时间完成自己徒步全中国的梦想。

　　为了使十年的徒步变得更加有意义，我还给自己初步确定了三大主题：宣传环保理念、走访56个民族和探险无人区。

　　原则和目标一旦确定，我就开始想尽一切办法搜集各方面的资料，认真推敲，逐步设定具体的徒步路线。在后来的徒步生涯中，有90%以上的路线都是按照我最初设计的方案行走的。为此，我手头的地图册由于反复被翻阅、标记，最后都烂得不成样子了。

"学，然后知不足。"为了进一步开阔视野、增加阅历，1993年3月，我来到了首都北京，应聘成为一家公司的业务员。

由于勤奋刻苦、爱钻研，我为公司开拓了不少业务，逐渐赢得了公司领导的青睐。1994年6月，我有幸和另外几位同事一起被公司派往辽宁进行全面、系统的素质培训。在随后的几个月时间里，我第一次正规学习了政治、经济、历史、地理、民族、宗教等各个方面的知识，这对我综合能力的提升无疑有极大的帮助。

我在这家公司工作了四年多的时间，1997年12月离开。我原计划于2000年1月1日，也就是千禧年的第一天，正式开始我的徒步全中国之行。然而，我无意中得知，有一个外国人计划于1999年初开始徒步中国，尤其是挑战"死亡之海"罗布泊。这个消息极大地刺激了我，我一直认为，用双脚丈量中华大地这件事情，只能由作为炎黄子孙的中国人率先完成，更何况我为此精心准备了近十年的时间。

于是，1997年末，我离开了北京，回到了久别的故乡黑龙江。那里是我生命的起点，也必将成为我徒步生涯的开篇。

通过地图研究徒步路线

第二卷

用双脚丈量中国

# 第 1 篇

# 万事开头难

## 临行倒计时

经过仔细考量，我把出发的日期定在了1998年10月20日（农历九月初一）。俗话说："出门三六九，回家二五八。"选在农历九月初一，就是要祈愿自己能"九九归一"，平安回来。

决心已下，我开始做临行前的准备工作。

### 临出发前的四个月：申请各级政府盖公章证明

鉴于这次徒步中国的特殊性，各级政府部门的证明对我未来的出行至关重要。因为在当时，出门办事还不像现在这么方便，很多情况下，要有单位的证明或者介绍信。于是，我草拟了一份证明：

*兹有黑龙江省呼兰县孟家乡困山村雷殿生同志跨世纪徒步旅行*

全中国，望全国各民族行政机关以及各界人士给予支持与协助。

谨此深表敬谢！

毫无疑问，政府部门的证明比其他任何介绍信都要管用，盖公章成了我出行前必须攻克的难关，因为徒步全中国毕竟是个人行为，没有人愿意做担保，大家更怕承担风险。

起初我很着急，政府机关行不通，我就去找体育局或公安厅。办事人员了解我的情况和真实想法后，终于对我的行为表示了充分的理解。临出发前，这份证明上面整整盖了16个部门的公章！

这件事给了我很大启示：如果你要做一件正确的事，只要坚持不懈，真诚地与对方沟通，最终一定会赢得对方的理解与支持。

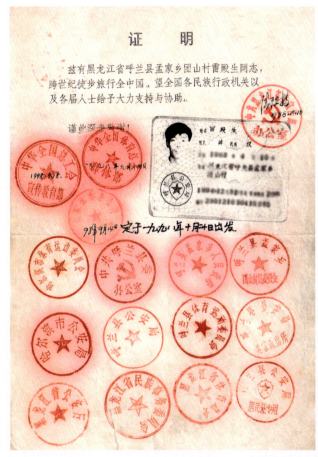

出发前各级政府
机构盖章证明

## 临出发前的两个月：卖房子和切除阑尾

当年余纯顺在旅途中，因突发急性阑尾炎病倒在路上，幸好被路过的好心人抬上车，并及时送往医院，才幸免于难。因此，突发急性阑尾炎对一个户外徒步探险者来说是一件极度危险的事。为了杜绝后患，我临行前决定去医院切除阑尾。

手术前，我对医生说："能不打麻醉药吗？打麻醉药的话，伤口恢复得太慢了。"

医生惊讶地看了我两眼，虽然最后也没有完全同意我的请求，但还是减少了麻醉药的剂量，我顺利地完成了阑尾切除手术。

由于临行前的准备工作繁多，我没有太多的时间休息调养，手术当天我就忍痛下床了。

几天后，我变卖了房子以及积攒了多年的收藏品，然后办了一张中国邮政储蓄卡，卡里的钱将作为我徒步的经费。之所以办中国邮政储蓄卡，是因为在那个年代，不是所有的地方都有银行，但所有的乡镇都有邮政储蓄所。因此，凭借这一张邮政储蓄卡，我走到哪里都能及时取钱。并且我计划每走到一个地方，都要去当地邮局加盖邮戳留念，同时邮寄沿途收集的物品、各种资料及信件。因此，相对来说，去邮局是最方便和明智的选择。

## 临出发前的三天：祭拜父母

1998年10月10日，我把自己家里的各种生活用品分别送给了几位亲人，还去商场给哥哥、姐姐家的孩子买了一些礼物。除了旅途的行囊外，我什么都没有留下。

我没有给自己留退路！一个人要想实现梦想，就必须全力以赴。

1998年10月17日，我去父母坟前做最后的祭拜。

我跪在父母的坟前，内心久久不能平静，纵有千言万语，也都化作了无限的感伤。父母离世二十余年，回望我这二十年的人生之路，十年为生存而战，十年为梦想而战，吃过太多苦，流过太多汗，其中艰辛无人能知。如今，我终于要踏上征程，去实现自己多年的梦想了,这一路生死难测,不知道还能不能再回到家乡祭奠父母。想到这里,我忍不住泪如雨下。

## 临出发前的一天:削发明志

1998年10月19日,临行前的那天晚上,我最后仔细检查了一下途中所需的各种物品:帐篷、睡袋、衣物、药品、刀具、绳索、九节鞭、开山斧、照相机、电池、三脚架、地图和纸笔等,能想到的都带上了,然后一一装进了背包。收拾好之后,用秤一称,居然有96斤。试着背了一下,觉得自己还可以承受。

吃过晚饭,我抓紧时间去理发店理了头发,当头发无声落地时,我默默发誓:从明天开始,不走完全中国,我绝不理发!

立下誓言的时候,心中有一份豪情,也有一份悲壮。

从理发店走回旅馆的路上,我在大脑中反复盘算着一步步的计划。可是等我躺在床上,一直以来的那份信心和勇气,在夜深人静时有点动摇了。我开始胡思乱想。

余纯顺离奇死亡,彭加木神秘失踪,徐霞客在途中遇到种种艰辛与磨难,玄奘在取经路上碰到各种艰难险阻……我不由得倒吸一口

彭加木(1925—1980)
广东番禺人。1947年毕业于南京中央大学,后进入中国科学院上海生物化学研究所工作,曾先后三次进入罗布泊进行科学考察和探险。1980年5月,彭加木带领一支综合考察队赴罗布泊考察。6月17日,他在独自一人寻找水源时失踪。后官方和民间多次搜救寻找,均无所获。

凉气。一个人无论有多么坚强、勇敢，也都会有脆弱、恐惧的一面。

想到这里，我不禁有些伤感：万一我在路上遭遇不测，我的亲朋好友该有多伤心。虽然我跟他们说过，我一定会走回来的，但是我万一路上遇到了突发事件，又该怎么处理呢……

忽然，窗户被风吹开了，一阵凉风钻了进来。我吓得一激灵，坐起来，看看四周，夜寂静无声。这只是个开始，今后我要经常在荒无人烟的野外独自过夜，又会怎样呢？

总之，一切都是未知数……

那一夜真的很难熬，我前后睡了不到三个小时。阑尾手术的伤口还没有彻底恢复，我时不时地能感觉到隐隐的疼痛。

直到天亮起床的时候，我才重新振作起来，昨夜的消沉随着太阳的升起逐渐消失了。前方的路，无论有多少艰难险阻，我也要走下去！

## 102国道零公里处

1998年10月20日清晨，从旅馆出发之前，亲朋好友前来送行。我把自己最喜欢的剃须刀交到三哥手上，认真地说："用坏了也别扔，万一我回不来，你就留着做个纪念吧！"说的时候，我的眼泪在眼睛里打转。三哥沉默了一会儿，然后郑重地说："小弟，我相信你一定会成功！"

上午8点20分，在黑龙江省哈尔滨市102国道零公里处，我告别了前来送行的亲朋好友，迈出了徒步中国的第一步。这里距离长春234公里，距离沈阳573公里，距离北京1303公里。

那些数字就写在零公里处上方的大牌子上，而我即将用双脚把那些距离一一丈量。我望了望湛蓝的天空，秋高气爽，它没有一丝

1998年10月20日上午8点20分在102国道零公里处

云彩。这个良辰吉日是否预示着我能一路平安？是否预示着我能实现梦想？是否预示着我一路逢凶化吉？

一切都是未知，一切又充满了新奇的生命体验。

黑龙江省多家媒体闻讯赶来采访我。此时，我穿着红色的上衣，头戴一顶长檐黑色棒球帽，背包上的红色条幅格外醒目："跨世纪孤身徒步全中国——雷殿生"。

虽然96斤重的背包压得我的肩膀有些不舒服，但我知道不能再耽搁了。于是，跟电视台和报社的记者简单交流后，我紧了紧背包的肩带，挥手对前来送我的亲朋和记者大声说："十年后再见！"

说完，我头也不回地穿过送行的人群，刚走出没几步，我听见一个记者问我三哥："你弟弟是不是精神不太正常？"

"我小弟好着呢，很正常。"三哥有些生气地说。

路边人群中还有好奇、不屑甚至鄙视的目光向我投来，我尽量不去在意。这时，又听见有人喊："雷殿生，你走到双城（距

## 背包中的常备物品

长期在外旅行，必须准备好各种日常物品，真正做到有备无患。首先，刀具必不可少。其次应该准备指南针、地图、轻便保暖衣物、防水衣裤、帽子等日常用品。再次，应准备外伤药、感冒药、肠胃药、消炎药、解暑药、蛇药片、速效救心丸等常用药品以及纱布和止血带。

在高海拔地区旅行时，一定要准备一些急救药品，如复方丹参滴丸、红景天口服液或胶囊、高浓度葡萄糖饮品和生理盐水。

离哈尔滨市20多公里）就回来吧，也算走中国，只不过没走完。千万别那么傻，真的走十年啊！"

我不需要解释，更不必回答。让别人理解我此时此刻的行为很难，我能做的就是迈开大步往前走。重要的是，我出发了，这一刻我期盼了十年！

# 开弓没有回头箭

1998年10月20日下午，我沿着102国道走到了哈尔滨双城的鲍家窝堡村。按原计划，我应该走到前面的幸福乡再休息，但此时双脚起了很多泡，走起路来跟针刺一样疼痛，我临时决定在这里休息。

鲍家窝堡村委会的何主任接待了我，晚上还挽留我住在他家里。临睡前，我把脚上的泡用针挑开，挤出血水，擦上药。整个晚上，脚钻心似的疼，我疼醒了好几次，一直都没有睡好。

虽然出发之前我做了充分的准备，但等到真正上了路，才发现一切并没有原先设想的那么轻松。这才走了一天的路，脚就伤成了这个样子，以后不知道还有多少困难在等着我。我在心里默默地鼓励自己：雷殿生，你必须克服困难，一定要坚持下去，做一个真正为理想拼搏的男人！

第二天一早，我强忍着疼痛下了地。刚开始走路时还需要用手扶着墙，双脚不敢完全着地。活动了好一会儿，才勉强可以坚持着上路。

我一瘸一拐地走在路上，不时有好心的司机会停下来，要捎带我一程，我婉言谢绝了。有的行人见我拒不搭车，就远远地为我喊一声"加油"。我想，一个人决定做一件正确的事情时，无论有多么艰难，也绝不能退缩。

临行前我带了很多东西，但走起来才发现背包实在太沉，影响了我徒步的速度。于是上路之后，我打电话给外甥春明，让他坐车来幸福乡等我，把我暂时不需要的东西拿回去。

我走到幸福乡时，外甥已经在那里等待我了。我怕他和家里人担心，就强忍着脚上的疼痛，不让他知道。在去邮局盖邮戳的路上，我疼得满头大汗。从邮局出来，我只能坐在地上，用小刀把脚上的血泡挑开，再喷上白酒防止感染。

外甥看见我痛苦的样子，劝我说："舅舅您别走了，太遭罪了，咱们回去吧！"说着，就把我的背包拽了过去。我拦住他说："我已经迈出了第一步，不走完中国就绝不回头！"

我把背包里暂时用不上的东西交给外甥，嘱咐他不要告诉家里人。外甥点点头，不舍地回去了。

中午时分，我带着脚伤刚走到双城，就有人认出了我："哎呀！你不是雷殿生吗？我们在电视和报纸上都看到了你的消息，你要走遍中国！"那一刻，我特别激动，这给了我很大的鼓励。

我参观了当年的第四野战军前线指挥部旧址，又在双城古楼拍了几张相片。晚上脱掉鞋子，才发现鞋垫竟然能拧出血水来，脚踝也开始疼痛。我计算了一下，那天只走了22公里，比预计的少了很多。

人们看到我走路很艰难，都劝我养好脚伤再走。虽然很感谢那些热心的人，但我不愿刚刚出发就停下来，这会消磨意志，让我将来无法面对更大的挑战。于是，我决定带着脚伤继续上路，它疼它的，我走我的。

几天之后，脚上的伤虽然一直没好，但我已经逐渐适应了，每

## 简单的外伤处理

在户外活动时，经常会遭遇摩擦伤、刮伤或摔伤，正确处置伤口很必要。先用自带的消毒液或白酒把伤口擦拭干净，再用纱布包好，然后及时口服消炎药。如发生骨折，可就地以竹板或者木棍等与患肢固定在一起，然后及时拨打求救电话。我的经验是：在森林里，可自制拐杖，慢慢走出山区，赢得救援时间。

天行走路程也从20多公里提升到40公里。

带着浑身的酸痛和脚伤，我硬是把最初的半个多月熬了过去。我走过了漂着冰凌的拉林河、松花江，又走过了雨雪纷飞的吉林，最后走进了辽宁。那时，脚踝不疼了，但脚上又起了几个新泡。

有一次，我正在路边挑水泡，碰巧遇到一位赶着马车的老人。他停下车，询问我是否有剪子。我点了点头，从背包里找出剪子递给他。老人走到马屁股后，剪下一撮马尾毛递给我说："用白酒消消毒，再用大号针穿上，晚上睡觉前用热水洗脚，用针让马尾毛穿过脚泡，第二天早上再抽出来，管保你的脚就不会那么疼了。"

我半信半疑地接过马尾毛，放进包里。老人说："你可以把两双袜子套着一起穿，想当年俺一天走几十里地也很少磨出水泡。"

老人让我坐上他的马车，我婉言谢绝了。后来，我用老人的办法处理脚泡，果然管用。还挺神奇的！

# 第 2 篇

# 探访自然秘境

## 神农架国家级自然保护区

1999年6月20日，我走到了湖北省房县，这里毗邻神农架国家级自然保护区。神农架是中国首个获联合国教科文组织人和生物圈保护区、世界地质公园、世界遗产三大保护制度共同录入的"三冠王"名录遗产地。这里有丰富而珍贵的动植物资源，是名副其实的"物种基因库""天然动物园"和"绿色宝库"，而神秘的神农架野人传说，更使这里成为世人瞩目的焦点。寻找野人正是我来到这里的主要原因之一。

## 寻找野人

当天下午，我去商店采购进山的必备物品，主要包括相机胶卷、手电筒电池、能储存的干粮、食盐、防雨布和各类野外应急药

原始森林里随处可
见的瀑布

品。为了驱赶野兽，避免被袭，我还买了几挂鞭炮。

　　第二天，我早早起来，收拾好行囊，赶往房县县志办。这里的负责人送给我一本当地的县志，大大方便了我后面的行程。下午3点多，我来到桥上乡邮局盖邮戳，工作人员提醒我前面是环山路，人烟稀少，很可能找不到住宿的地方。我犹豫了一下，还是决定继续赶路。

　　天色渐渐暗了下来，又下起了毛毛细雨。环山路旁果然很少有住户。我一边走一边找，终于在一个拐弯处看到几户人家，但都拒绝让我借宿。我又走了大概十多公里，才终于找到一个食杂店。主人看了我的证件，又看到我一身泥水、十分疲惫的样子，决定让我留宿。

　　第三天清晨，雨还没停，我冒着小雨继续赶路，翻过一座叫洞儿沟的山，山北面是房县，南面就是神农架林区。翻过山的时候，我下意识地看了一下表：下午2点20分。

　　稍事休息之后，我顶着小雨穿行在森林之中，行抵一处山崖的时候，我慢下脚步。这是一条在悬崖峭壁上的小路，路面宽度只有二十厘米左右，下面就是万丈深渊。走在这样湿滑的小路上，人随时都有滑倒坠落深谷的危险，一旦掉下去，恐怕连尸骨都很难找到。

雨还在下，石头很滑，我小心地抠住岩石的缝隙，慢慢地向前挪动身体。这条小路虽然只有短短十几米，但着实是对自我的又一次挑战。当我终于走过去后，我发现自己浑身湿透，已经分不清它到底是紧张的汗水还是雨水。

在雨中行路虽然危险，但也别有几分情趣。我拍到了几处瀑布，它们气势恢宏。大概一个小时后，我来到一处用钢丝和木板架成的小桥前，桥下是十多米深的山涧，涧里水流湍急。我背负着七八十斤重的背包，在小桥上一步三摇，晃晃悠悠地慢慢往前走。走了十几步，我终于摸出了规律，顺着小桥摆动的方向走，就走得又快又稳了。

## 神农架野人传说

神农架独特的地理位置和环境气候，造就了众多的自然之谜。神农架野人是一种未经证实的神秘生物，据说其形态似人，高大魁梧，浑身长毛，能直立行走，动作敏捷，行为机警。史书记载、民间传说、目击者报告等大量资料都提到了神农架野人的存在。新中国成立后，有关部门曾多次组队到神农架进行科学考察，但只发现了一些所谓野人的脚印、毛发和粪便，并未真正发现野人。

## 路遇野猪群

进入原始森林没多久，我感到格外艰辛。山林中根本没有路，向山上挺进，有时要爬六七十度的陡坡，有时走了一程，才发现来到了绝壁下，根本无法攀登，只能再绕到另一座山继续前行，体力消耗非常大。

傍晚时分，我好不容易才找到一块平坦的地方宿营，因为搭建

神农架原始森林里
1200多年的杉树王

原始森林里几乎没
有平地，我把相机
绑在树上，勉强拍
了这张图片

帐篷必须选择相对开阔或者一面靠山的地方，这样有利于躲避和驱赶野兽。晚上，林中静得让人有些恐惧，睡在帐篷里，不时能听到动物经过时发出的声音。为了给自己壮胆，我手里一直握着用来防身的长刀，身边放着用塑料袋包裹好的鞭炮、火柴和打火机。

第二天早晨，我起来收拾帐篷时，居然发现一条蛇盘在帐篷下面，原来它夜里一直都在以我身体的温度取暖。顿时，我的后脊梁直冒凉气，头皮阵阵发麻。

惊魂未定的我没走多远，就看到一群野猪正从不远处晃晃悠悠地迎面走来，最大的有四五百斤重，背毛像钢针一样竖着。我慌忙放下背包，取出鞭炮。还没等我点燃，它们就发现了我，快速向我奔来。情急之下，我将鞭炮往腰里一塞，三两下爬到一棵树上。野猪不会上树，便呼哧呼哧地争着拱我落在地上的背包。背包被野猪拱出了好远，东西散落一地。我一看，急了，连忙从腰包拿出来一串鞭炮，点燃后朝野猪群猛扔过去，噼里啪啦的鞭炮声吓得野猪发疯似的四处逃窜。

直到野猪群没了踪影，我才小心地从树上下来。我吓得心脏狂跳不止，过了好一会儿，才逐渐恢复平静。我迅速整理好背包，继续穿越这片神秘的森林。

## 生吞蛇肉

几天后，我翻翻背包，意识到自己快断粮了，包里只剩下一袋榨菜和半瓶用于擦拭伤口的白酒。看看四周，不知还要走多远，能不能找到野人，什么时候能走出这片原始森林。

我觉得饿的时候，就跑到小溪边喝水，再吃几条榨菜。几次过后，没走多远便感到四肢无力。我开始寻找一切能吃的东西。野果还没熟，有的味道又酸又涩，简直难以下咽。没有办法，我只能薅一点嫩树叶，挖一些植物的根茎果腹。

在吃这些植物之前，我需要先做个小试验。我把看上去能吃的野果、植物根茎挤出汁来，滴在手腕内侧和鼻腔外侧，用力摩擦一会儿，如果皮肤没有红肿，就表明它们可能没有毒，可以吃。如果发现皮肤红肿了，这种植物就不能吃。有时候还不放心，我就抓几只大蚂蚁或者大一点的昆虫，让它们吃挤出来的植物汁液，观察它们是否会死。

这个方法还算管用，虽然有时难免口中发苦，胃肠也很难受，但我还从来没有在野外中过毒。远古时期，神农氏遍尝百草、教民农耕，人类在不断尝试中走向文明，而我却在人类文明高度发展的今天，体验了原始人的生活。

树叶和野果吃多了，嘴里又苦又涩，实在忍不住了，就吃几根榨菜，抿上一小口酒。那几天肠胃特别不舒服，只好又吃了一些肠胃药。因为长期缺乏营养，走不了多久就浑身冒虚汗。我心里忽然升起一丝绝望的消极情绪，不知道这次穿越神农架能不能成功，还能不能活着走出去。我也明白，在野外有这种情绪是极其危险的，于是努力地控制着这种情绪，因为只有求生意志强烈，才可能有存活的希望。

我挣扎着在崎岖的原始森林里前行。突然，从草丛里蹿出一

## 森林中的吃、住、行

由于森林里很潮湿，人很难找到干燥的木材生火，因此只能吃一些速食。一旦断粮，可以吃一些确认无毒的树叶、野果、植物根茎或小动物充饥。在确定水源安全的情况下，应及时补充水分，防止脱水。

在森林中搭建帐篷时，应选择地势比较平坦、开阔和干燥的地方，切忌在峡谷中宿营。因为一旦山洪暴发，极容易连人带帐篷一起卷入洪水中。在河畔搭帐篷也非常危险，因为大部分野生动物都喜欢在夜间寻找水源，这随时会危及人身安全。

森林里大多没有路，随身携带一把长刀，既可防身，又可开路。森林中多雨天，鞋子一定要防滑。当然，指南针也必不可少。

条近两米长的蛇。我脆弱的神经被刺激了一下，下意识地捡起一根树杈猛追过去，用树杈叉住了蛇的七寸部位，再用刀背在蛇的头部猛击几下，蛇就再也不动了。

我左手抓住蛇头，右手用刀在蛇头上割了一圈，双手用力一扯，整张蛇皮就脱落下来。我本来想找点干柴把蛇烤熟了吃，但在森林里，常年雨雾蒙蒙，根本就找不到干柴。既然如此，我也饿急了，那就生吃吧！我迅速用刀把鲜嫩的蛇肉割下一条，撒了点盐放进嘴里。此时，蛇的神经还没有死，我能感觉到蛇肉在我的口腔里跳动着。我顾不了那么多，饥不择食，虽然有些反胃，但它能补充能量。

一条生蛇，几根榨菜，就着二两白酒很快下肚。生吞蛇肉这件事连我自己都觉得很残忍，但当时为了活命，我别无选择。

一周后，我终于走出了神农架原始森林！由于森林里一直下雨，汗水和雨水混在一起，衣服散发着浓浓的馊味，鞋子也都被刮破了，头发也比较长。当我蹲在一处山泉边喝水的时候，我发现自己映在水中的倒影蓬头垢面、满脸憔悴、狼狈不堪。我不由得苦笑了一声：没有找到野人，自己倒俨然一副野人模样了。

走出神农架的第一件事情就是找吃的。我走进一个小山村，路人用惊异的目光打量着我。我已经顾不得形象了，找到一个小卖部之后，风卷残云般大吃了一顿。

那一刻，我真正感觉到了什么是幸福：一瓶过期的啤酒、两袋方便面、一包榨菜、一盒鱼罐头，还有店家特地为我烧的一盆洗脚水。原来，幸福竟如此之简单！

# 海南五指山

　　2000年3月16日，我走到了海南省琼中黎族苗族自治县，这里是黎族聚居地，少数民族风情浓郁。

　　黎族妇女的纺织技术非常精湛，常用传统方法编织黎锦。那些织绣作品，色彩光艳，栩栩如生，闻名中外。据说，元朝有一个叫黄道婆的妇女因不堪虐待，跑到海南崖州，向黎族妇女学习纺织技术，最终成为纺织能手，被尊为我国古代纺织技术革新的鼻祖。

　　来到红毛镇吃午饭时，我和当地的黎族、苗族老乡聊天，了解到红毛镇有44个自然村，黎族占九成多。我向他们询问如何走进五指山，他们热情地给我指路，并告诉我有一条小路可以通往五指山，比走大路要近约30公里。顺着黎族朋友指的路，我开始向五指山前进。经过只有十几户人家的方洞村时，我看到有黎族妇女挥动着手中的长砍刀，在山坡上收割甘蔗。劳动人民是最可爱的人，在我眼中，这本身就是一幅美丽生动的黎锦。

　　从村子出来之后，山路变得崎岖不平，后来干脆找不到路了。

勤劳淳朴的黎族老乡，带着孩子在田间劳作

我向一位村民了解地形，他让我沿着一条小溪走，穿过一片稻田，再向山上爬。但是没走多久，一道闪电撕裂了黑沉沉的天空，紧接着响起了轰隆隆的雷声，大雨瞬间倾盆而下。

我赶紧用雨布包好背包，以防里面的物品被雨淋湿。雨水顺着头发和脸颊流淌下来，全身很快就湿透了，不过这对我来说已经是家常便饭。

大雨中的山路更加难走，路很滑，岔路也很多，艰难程度不亚于神农架。走着走着，感觉走错了方向。虽然很多时候可以靠指南针辨别方向，但是有时

穿着黎族服饰的男女

只能凭经验推断。我艰难地跋涉了一个多小时，雨终于停了，太阳也出来了。

在连续翻越了四座海拔1000米以上的高山之后，我精疲力竭，水早已喝光，嗓子干渴得快要冒烟了。没办法，我只好拿出预备消毒用的半瓶白酒，浅浅地抿一小口。

眼看天就要黑了，我很快到达了山下一条刚刚破土动工的公路旁，那里有人熟悉路线。又走了几公里，我终于到达了五指山山门。

此时天色已晚，又下起了淅沥的小雨，不远处有一个亮着灯的竹草屋，说话声不时从里面传出。我循声走过去，见屋里面有四个

黎族青年正在吃饭。他们见我进屋，露出吃惊的表情，也许是被我一头长发、胡子拉碴的形象吓着了。

我赶忙拿出证件，说我是徒步中国的，正好路过这里。他们马上友好热情地让我坐下来和他们一起吃饭。

我客气地道谢，转身看见一口水缸，用水瓢舀了一大瓢水咕咚咕咚地喝了下去，喝得酣畅淋漓。饭后，我没再打扰他们，继续往山里走，晚上借宿在五指山山寨。我估算了一下，这一天共走了45公里。

第二天一大早，我买了方便面、饼干和八宝粥，准备攀登五指山。在进山之前，我通过当地的百姓得知五指山的蚂蟥异常凶猛。为了防备蚂蟥钻进衣服里，出发前我用万金油、祛风油在手脚和脖子上都擦了一遍，又用绑带扎紧了裤脚，把浑身上下裹了个严严实实，光准备工作就耗费了半个多小时。

8点多钟，我背起行囊，踏上进山的路。

第一站，自然是第一指。远远看去，山涧云雾缭绕，边上有一条未经修葺的小路，树根裸露，盘根错节，疙疙瘩瘩，可以形象地称之为"树根路"。两旁都是茂密的热带丛林，经常有枝条缠住身体和背包。值得庆幸的是，我没有遇到大规模的蚂蟥，只有一些小虫子粘在衣服上。

从山脚到二指顶峰的过程中，我没有遇见任何人，此刻，只有我一个人享受五指山的风光。我攀爬了六座云梯，其中五座是木制的，一座是铁制的。如果没有这些云梯，很难登到顶峰。二指的顶峰是五指山海拔最高之处，站在这里，我心潮澎湃，五指山的全貌一览无余，大自然的壮美尽收眼底。向上望，碧空万里，触手可及。向下看，壁立千仞，深不见底。

下山后，我发现手背、脖子及小腿多处被蚂蟥叮咬，尽管已经

五指山山顶云雾
缭绕

做好了充分的准备，它们还是无孔不入。

我了解蚂蟥的习性，它们经常生活在草丛及植物的茎或叶子上，像五指山这样潮湿的环境，最适合它们生存。一旦有人接近它，它就会迅速吸附到人身上，把吸盘插入肉里，饱餐一顿。蚂蟥会分泌一种天然的抗凝血酶，身体被叮咬时不痛不痒，蚂蟥喝饱鲜血后，就会自动脱落。如果看到蚂蟥吸附在身上，绝不能硬生生地把蚂蟥强行扯下来，因为蚂蟥头部的吸盘会倒钩在肉里，不及时处理会引起伤口感染，严重时甚至危及生命。

2000年4月6日，我又走回海口，结束了一个月的海南之行。

在设定路线时，我将海南分为两个阶段来走，2000年走的是中线，从海口经由五指山走到了三亚的天涯海角，又从东线返回

## 如何对付蚂蟥

蚂蟥，又名水蛭，以人畜的血为食。蚂蟥身体前后各有一个吸盘，当它吸血时，吸盘一接触皮肤，就形成真空状态，因此就会紧紧地吸住人的皮肤。如果采用的方法正确，用药及时，蚂蟥并不可怕。一般可采用三种简单的方法对付蚂蟥。

其一，在受伤部位抹一些盐水或酒精，然后用手拍打周围的皮肤，刺激蚂蟥松开吸盘。

其二，用点燃的烟头去烫蚂蟥的身体，或用火烤被吸附的部位，蚂蟥遇热后会主动松开吸盘。

其三，涂抹风油精和喷洒云南白药气雾剂，是驱赶蚂蟥最有效、最简单的办法。

（个人经验，请勿模仿）

海口。2007年，我第二次走进海南，走的是西线和南线。这样，围绕着海南的海岸线，我分两次走了一圈和中间的南北线。

# 王朗自然保护区

2000年12月17日，我独自进入了王朗自然保护区。这里是原始森林，高山上白雪皑皑，植物上凝结着霜，好像披着银色的斗篷。据说这里的野生熊猫是全国最多的，有30余只。

保护区的赵主任安排我同一名工人住在一起，这里海拔2565米，周围是连绵的大雪山，温度很低。屋里虽然有电炉子，夜里依然被冻醒了好几次。第二天，天刚蒙蒙亮，我就起床，去寻找大熊猫。

大熊猫嗅觉相当灵敏，很难接近，有很多专业的考察人员或摄影师为了拍到它，要躲在隐蔽的窝棚里面，一连等上几天甚至一两个月。即便是这样，也未必能近距离地看到它。

我在森林里整整穿行了两天，偶尔发现大熊猫在雪地上留下的脚印和冒着热气的粪便，或者站在山上远远地看到它们在密

在王朗自然保护区中穿行

九寨沟内绝美的
草海

林中的身影。我决定不再寻找，从王朗自然保护区出发，向九寨沟
行进。

保护区的工作人员送给我一些饼干和蜂蜜，还有一位热心的村
民陪我翻越通向九寨沟的摩天岭，他叫梁国虎，对这一带很熟悉，
我们俩结伴而行。

我们一边走，梁国虎一边给我介绍周边的环境，不断提醒我注
意脚下的路。两个多小时之后，我们登上了海拔3160米的山顶，登
高望远，原始森林尽收眼底。山北坡，树上光秃秃的，一片萧条景
象。而山南坡，漫山遍野的杜鹃树正结着花蕾，待到春天时绽放。

下午，我们来到一处悬崖旁。悬崖下方有一潭碧水，像一块蓝
宝石一样镶嵌在那里。水域面积有万余平方米，三面是峡谷，一面
地势稍微平缓，水面大部分结冰。这种在崇山峻岭之间散布的美丽
湖泊，被当地人称为"海子"。

又用了两个小时，我们才走到湖边，发现周围长着很多高耸入

云的冷杉和杜鹃树，还有一些大树倒在了地上。从这片"海子"再走三里路，就是梁国虎所在的村子，晚上我借宿在他家。

2000年12月21日，我终于走进九寨沟。九寨沟是岷山山脉的一处沟谷，因谷内居住着九个藏族村寨而得名。这里的水清澈见底，在阳光的映照下五颜六色，行走在这里，犹如进入了童话世界。

12月23日傍晚，我走到了南坪林业局的122林场道班，两位护林员热情地接待了我。这里没有电灯，只能点蜡烛。护林员炖好了牦牛排骨，拿出四川泡菜，让我美美地吃了一顿。

第二天，护林员陪我走了五里路才回去。我翻过两道山岭，向松潘县方向行进。松潘被称为"川西门户"，海拔3500米左右，山北是九寨沟，山南则是岷江的源头。

这时，我感觉身体出现了异常，头胀痛，呼吸困难，走起路来上气不接下气。我知道，这是高原反应，我也是平生第一次高原反应。

我的高原反应一直持续到傍晚，此时已经进入松潘县。这座有着2300多年历史和文化底蕴的古城依然保留着东、南、北三个古老的城门以及城墙，其中东城门保存最为完好。

次日，我离开松潘一路向南，沿岷江江岸顺流而下。

# 高 黎 贡 山

2001年6月17日，我途经嘎拉博野牛谷、茨开镇怒江大桥，进入贡山县城。贡山县位于云南省西北怒江大峡谷的北段，北与西藏比邻，西与缅甸相连，地理位置独特。这里山高岭峻，谷深林密，自

滑溜索过怒江

然风光秀丽，只是交通不便。这里居住着怒族和独龙族人，他们出门就爬山，过江滑溜索，靠牛马驮运物资。我也同样滑溜索过江，这也是我第一次滑溜索。

我走到贡山县城时已经是下午3点多了，下一段路程很险峻，于是决定先住下来，准备翻山越岭的物品，第二天再赶路。

我来到一家驿站，驿站的客房布置得极具特色，墙上挂着独龙族版画、动物头骨，以及独龙族的箭囊，地上铺着席子，上面放着我很熟悉的野外用品——睡袋和背包等。席子是用草做成的，躺上去比床还要舒适。这一夜我睡得很香。

第二天，我早早起来收拾好东西，开始向高黎贡山挺进。

高黎贡山在国内算不上特别知名，但其重要性非同小可。今天地球的所有地方几乎都已经被人类开发，但在我国云南西部边缘，高黎贡山却保持着蛮荒原始的状态。这里集中了全国约17%的高等植物，约30%的哺乳动物，其中很多是珍稀物种。它因此被称为"世界自然博物馆""世界物种基因库""野生动物的乐园"以及"生命的避难所"。

除了丰富的动植物，这里还住着一个神秘的民族——独龙族。寻找独龙族人就是我此次翻山的目的。我顺着羊肠小路进了山，然后沿着一条湍急而清澈的河流继续向前，只见一条山谷驿道通向密林深处，一团团的云雾在山巅变幻着形状。我看到了在密林中跳跃的猴子的身影，甚至还有幸看到了数量稀少的小熊猫。因为岔路太多，在鸟鸣声中，我不知不觉走错了路，浪费了一个小时仍未能找到通往山顶的路。

正在林间彷徨的时候，我突然看见一座茅草屋。没想到，在深山老林里，竟然还有人烟，我加快脚步走过去。刚走到门口，一只大白狗就朝我扑了过来。我急忙躲到了一边，白狗围着我，汪汪叫个不停。主人听到狗叫声，从草屋里走出来。这是一位五十多岁的壮年人，以放牛羊为生。我问他前面的路怎么走，他特别热心，不仅为我指明方向，还亲自带着我来到一个叫洒马场的地方，从这里可以通往高黎贡山深处的独龙江乡。

行至高黎贡山自然保护区时，一名工作人员告诉我，前面正在下大雨，高海拔的地方可能还会下雪，劝我停下来休息。我着急赶路，便谢绝了他的好意，继续前行。

山路极为湿滑。小溪上有马帮用树枝和木头搭建的简易桥，还有为了防滑用树皮铺成的路。

在峡谷之间的河流处，当地老百姓在河两岸架起藤条，上面铺上几块木板，走上去晃晃悠悠的。条件好的地方，则用钢丝绳连接两岸，再铺上木板，走上去同样是不停地摇晃。望着脚下奔流不息的滔滔江水，我每走一步都小心翼翼，精神格外紧张。

两个多小时后，我走到一处悬崖附近。这里树木茂密，把本就狭窄的山路遮挡得严严实实，我只好拿出长刀，边砍边往前走。

突然，我不知踩到了什么，只觉得脚下一滑，就连人带包一起往下滚去。我忙伸出双手，胡乱地去抓所能抓住的一切东西，直到滑落到四五米远的地方，才抓住了一棵长在峭壁上的小树。我急忙抽出长刀插进石缝中，尽量保持身体平衡，脚踩着凸起的石头，整个人贴在峭壁上。

我战战兢兢地往下一看，陡峭的悬崖下面就是水流湍急的独龙江，顿觉双腿发软。

等稍微镇定了一下，我小心翼翼地把背包卸下，卡在小树和凸起的石头之间，再用绳子的一头绑好背包，另一头拴在腰上，开始慢慢地往上爬。一米、两米、三米……我爬得非常吃力，时刻担心双手抓着的那些小树会被连根拔起，或脚下松动的石头会被踩落。爬了近二十分钟，终于爬到了安全的地方。我浑身汗如雨下，惊恐和疲惫让我的身体一直在颤抖。我坐了下来，踩住坚固的石头，把背包从下面拉上来。

奔流不息的独龙江上的藤桥

回想起刚刚发生的惊险一幕，我不由得后怕起来。如果真要是从这儿掉到悬崖下面的独龙江里，不摔死也得淹死！下面水流湍急，江水翻滚，人肯定无法从悬崖峭壁下爬上来。唉！活着真好！

将近晚上7点，我终于走到百花岭度假村。

6月19日，我继续沿着山谷驿道前行。雨还在下，我仍用塑料布把背包裹好防止雨淋，背包里有照相机及沿途搜集的十分珍贵的纸质资料。中午时分，我爬到海拔3610米的垭口，首先映入眼帘的

045

是一片皑皑冰雪和盛开的野花，明媚灿烂，仿佛时空交错。这正是高黎贡山的神秘之处，它有着复杂多变的气候，也因此为丰富的物种繁衍创造了条件。

景色绝美，但路依然难行，当我离开山顶，继续往下走到海拔大约2500米的时候，又遇到了让人头皮发麻的蚂蟥区。在灌木和荆棘丛中，密密麻麻的都是旱蚂蟥，既壮观又恐怖。

经历过五指山蚂蟥的攻击，我这次做足了防护准备。尽管如此，蚂蟥仍是防不胜防，无孔不入。脚腕、脖颈都是它们攻击的重点。每过十分钟左右，我都要检查一遍。每次都能发现几十条蚂蟥，有的已经吸饱了血，看上去就像血红色的小蛇，诡异而恐怖。后来我用云南白药气雾剂对付它们，凡喷到的地方，蚂蟥瞬间滑落，效果真是太好了。云南白药是我徒步过程中常备的药品之一，就这样被用掉了，还是有些心疼的。不管怎样，我最终成功穿越了蚂蟥区。

傍晚我终于走到了贡山县独龙江乡巴坡村。

之前当地人听说我要翻越高黎贡山时，都十分担心，他们告诉我："山上有软脚鬼，遇上就没命了。你千万要小心啊！"我是不相信迷信的，至于他们说的什么软脚鬼，我根本就没有放在心上。后来我才搞清楚，他们说的软脚鬼，有可能就是高山缺氧

飘洒的雨滴、皑皑冰雪和盛开的鲜花，仿佛时空交错

高黎贡山山顶，被大雪压塌的茶马古道驿站

的症状。人缺氧的时候，双腿发软、呼吸困难，就好像被某种神秘力量控制住似的。翻越高黎贡山的过程中，我也出现了高山缺氧的症状，只能慢慢适应，太累了，就停下来休息一会儿。好在我的身体素质还不错，虽然不算顺利，但也通过了"鬼门关"。

# 梅 里 雪 山

2001年7月24日，我走到了梅里雪山脚下。这里矗立着一座石碑，上面镌刻着中日联合登山队十七名队员的名字，他们是在1991年1月攀登梅里雪山时遇难的。

十七条鲜活的生命，无情地被大自然吞噬，让人唏嘘不已。据说，当初他们没有听从当地居民的规劝，执意攀登，才导致最后悲剧的发生。令人惊讶的是，七年之后，他们的遗体和遗物被发现

露出真容的梅里雪山

时，却是在雪山的另外一边，和当时雪崩的地理位置相距很远。

梅里雪山是藏传佛教的朝觐圣地，居藏区八大神山之首，在藏族人心中的地位很高。每年都会有许多世界各地的游客，慕名来此观光朝拜，但是很少有人能一睹神山的真容，因为雪山常年笼罩在云雾之中，很少有云开雾散的时候。摄影师往往要架着相机等上一两个月，甚至更长的时间，才能捕捉到他们想要的精彩瞬间，也有一些人因此失去耐心，打道回府。

这次登山，我在路上遇到了一个同伴——云南迪庆电视台的记者阿福。我们到这里之前，正下着小雨，而走到神山脚下时，雨停了，只见一道彩虹悬挂在天

## 藏区八大神山

藏区八大神山是指位于藏区的梅里雪山、冈仁波齐、苯日神山、墨尔多神山、阿尼玛卿山、尕朵觉沃、雅拉神山和喜马拉雅八座大山。其中，位于云南迪庆的梅里雪山、西藏阿里的冈仁波齐、青海果洛的阿尼玛卿山和青海玉树的尕朵觉沃被称为"藏传佛教四大神山"。每年，数以万计的朝圣者都会前往八大神山转山祈福。

空中。

阿福兴奋地说："雷哥，快看！"

令人惊喜的一幕出现了：梅里雪山的云雾正在慢慢散去，渐渐地露出她那冰清玉洁的肌肤。夕阳西下，天边的彩虹与揭开面纱的神山交相辉映。阿福立刻跪在地上，向神山朝拜，我看见他的眼睛里闪着激动的泪光。阿福对我说："这是我第一次见到这么漂亮的梅里雪山，日照金山，太激动了！恐怕是你的精神感动了神山，它才会露出真容。"

看到阿福虔诚的样子，我也很受感动，向神山深深地鞠躬，发誓走完中国后一定会再回来。

离开神秘的梅里雪山之后，我与阿福挥手告别。经过一天的跋涉，我走到了云南和西藏的交界处。迈过这里的界碑，就进入了西藏自治区境内。

# 莲花秘境墨脱

墨脱是一个浪漫的词，在藏语中的意思为"隐藏的莲花"，墨脱因此被称为"莲花秘境"。它位于喜马拉雅山南麓，特殊的地理位置和巨大的海拔落差，使墨脱同时具有热带、亚热带、温带及寒带并存的立体气候，几乎囊括了森林、瀑布、峡谷、湖泊、雪山、冰川等各种景观。对于这片圣地，我的心中充满向往。

2001年8月10日，我走到了西藏的波密县。在县政府签字盖章后，我开始采购食物。从波密到墨脱这段路程，我要在冰天雪地中翻山越岭，艰难跋涉，很难找到吃的东西。

波密县城位于念青唐古拉山东段和喜马拉雅山东段之间，县域内有独特的自然风光——茂密的原始森林、洁白的冰川和星罗棋布的湖泊盆地。

第二天一早，我带了十个馒头、五个烤饼就出发了，很快踏上了从波密县城所在地扎木镇到墨脱县城的扎墨公路。这是到达墨脱的唯一道路，并且只有在每年的8月至10月才能通行。据说，扎墨公路的修筑经过了极其艰辛的历程。从1975年到1994年，这条路一直修修停停，耗费了巨大的人力、物力。竣工的时候，政府格外重视，在扎木镇举行了通车仪式。但没过多久，这条耗巨资修成的公路在只开进一辆卡车后就全线塌方了，而这辆车开到墨脱后就成了永久的"文物"，见证着扎墨公路最初通车的历史。此后，这条公路陷入了"修了塌、塌了修"的怪圈。截至那时我已在外行走了三年多，这样一条怎么也修不好的路还是第一次听说。

当天，我准备翻越嘎隆拉山口，这里每年大约有七个月是被大雪封住的，如今正是可以通过的时候。如果从波密往墨脱转运物资，也要在大雪融化的几个月中进行。我看到山口还有大量积雪，就用手杖探了探，最深的地方大概有两米。虽然找不到一条像样的路，天上又下着雨夹雪，但我还是决定冒险一试。

我就这样一步一滑地走了一天，直到将近晚上9点的时候，我才走到扎墨公路45公里处。这里海拔3400米，对面是冰川，而雨雪一直没停。我实在找不到支帐篷的地方，只好用三层塑料布把背包裹好，背在背上，再穿好雨衣，靠在一处山窝子里的大树下过夜。

我不敢睡着，怕被冻伤或冻死。到了半夜的时候，眼皮不住地打架，头一歪，我就立刻一激灵，猛地站起来。就这样，我不停地打着盹，但每隔二三十分钟，就强迫自己站起来活动一下。那时，雨衣已根本起不了什么作用，我全身都被淋湿了，就像泡在冰水里一样。

雨雪慢慢地变小了，我把背包上的塑料布揭下来一层，裹在身上，过了一会儿，身体才觉得暖和些了。

就这样，我在寒冷与困意中，好不容易熬到了天亮。当背起行囊再次站起来的时候，冻得麻木的腿脚根本不听使唤，我在原地活动了好一会儿，才迈开步子继续前行。

下午，我来到扎墨公路80公里处，俗称"80K"。公路在这里又断开了。所有进入墨脱的物资都要在这里转运，靠人背进墨脱县城。由于一整夜没睡，再加上走了大半天路，身体异常疲乏。于是，我决定在附近的小店里住下，烘烤一下湿透的衣服，再买一瓶白酒以备不时之需。这里的东西奇贵无比，外面几块钱的东西，在这里要翻上十几倍。

经过一夜的休整，体力有所恢复，下一步准备穿越蚂蟥山。我扎紧了裤腿、袖口，系好了鞋带，并且在身上洒了很多风油精。

虽然我之前经历过蚂蟥，但当我再次亲眼看到草丛、树叶、石缝里趴着密密麻麻的蚂蟥时，仍然恐惧和恶心。那些小虫子缓缓地蠕动着，让人看了心里直发毛。它们无孔不入，有些跳到我的衣服上，但很快被风油精熏掉了。

一连几天都要走这样的路，简直就像一场无法结束的噩梦。有时在没有人和蚂蟥的地方，我就直接脱光衣服，从头到脚寻找蚂蟥。一般的蚂蟥有半个牙签大小，但它吸饱血之后，甚至能达到蚯蚓一般粗。而我几乎每天都能在身上找出十几条甚至几十条正在吸血的蚂蟥。

一路上，偶尔能看到背夫，他们大部分是门巴族人和珞巴族人，也有藏族人和汉族人。一年之中，他们有半年时间是在背运东西，另外半年由于大雪封山，才有时间歇息。这些人当中也有妇

2001年长满了青草
的墨脱县政府

女，经常是走到哪里就露宿在哪里。在地上铺上一层树叶，再盖上一块塑料布，几个人挤在一起，互相取暖。有些人连续几天背着钢筋水泥翻山越岭，当东西放下的时候，人一下就瘫倒在地，死在那里，还有的人不幸滚落悬崖或掉进江里。

沿着雅鲁藏布江东岸行走，路面非常狭窄，行人勉强通过。在这么艰险的路上，背夫背着物品贴着峭壁前行。有一个门巴族汉子背着一台冰箱，已连续走了五天路。沉重的冰箱压弯了他的腰，而他依然顽强地坚持往前走。我看得胆战心惊，不时为他捏一把汗。

我走了几天，才到达墨脱县城。县城很小，只有几十户人家。所有的行政部门都在一个院子里，并且大门紧闭，进进出出的人只走侧门。后来我才知道，这个县的交通工具就是双脚，连一辆自行车都没有。

我去县邮政局取钱、盖邮戳时，发现邮戳上的日期竟然是一年前的。工作人员找了半天，也没找到当天的号码，最后只好给我盖上了一年前的邮戳。我想，这在中国邮政史上恐怕也是绝无仅有的一次吧！工作人员还为我写了几句鼓励的话，让我尤为感动。

从邮局走出来，我找了一家四川人开的小饭馆，这一路上担惊受怕，精神高度紧张，早就饿疯了，想好好地犒劳一下自己，补充一下体力。

看了看菜单，发现菜价高得离谱，一小盘土豆丝标价28元，一瓶过期的普通啤酒20多元，就连一个鸡蛋都要5元。物价之所以这么高，主要是因为这里所有的东西都是从外面花大气力背进来的。听店主讲，有一个到这里来修桥的施工队，买一头120斤重的生猪，花了3500元。

由于东西太贵了，犒劳一下自己的想法只好放弃。我决定只喝免费的酥油茶，就着一元钱一个的馒头，边吃边琢磨下面的行程。过了一会儿，我抬头问服务员："我吃了多少个馒头了？"

她说："27个了！"

当时我心中一惊，27个馒头就得27元钱，看来今天有些奢侈了！每个馒头有2两，而我居然还没吃饱，还觉得肚子里空落落的。我想，这大概是因为长期营养不良，又经常断粮，肚子里没有什么油水吧。

付了27元钱，我走出小店，路边有卖熟玉米的，2元一个，我又买了两根熟玉米吃下去，这是我在路上吃得最多的一顿饭。

在邮局时，工作人员拿出一些信，请我顺便帮忙带出墨脱，我随即答应了，把信件包好放入背包里。后来，我滑溜索过雅鲁藏布江，穿过无人区，把这些信带到了米林县，投进邮筒，全部寄了出去。我就这样为墨脱邮局当了一回邮差。

事实上，这不是我第一次当邮差了。在独龙江乡邮政所，我也帮他们把信带了出来，他们那边由于交通不便，每封信的平均成本至少在20多元钱。后来我到西沙永兴岛，又当了一回邮差，帮那些守护岛屿的战士寄出给父母或未婚妻的信件。这些事情对我来说是举手之劳，但能帮他们把思念送到亲人身边，我很高兴。

雅鲁藏布江

　　从墨脱县城向南，我用了近一天的时间，走到了背崩乡。背崩是墨脱县最南面的一个乡，从这里沿着雅鲁藏布江顺流而下，就能到达印度。整个镇子依山而建，房子大多是用圆木建的，散发着朴素的原始气息。

　　这里也是门巴族聚居地，他们主要靠背运、捕猎维持生计，淳朴热情。背崩乡乡长桑杰多吉郑重地为我签字盖章。晚上我们一起看了电视。全乡只有这一台电视机，它对他们来说非常珍贵。

　　走在雅鲁藏布江边，我看到一座被洪水冲垮的吊桥。桑杰多吉乡长告诉我，这座桥是解放军在解放初期为墨脱修建的一座钢索吊桥。修桥用的主钢绳，是几十名解放军战士和当地群众扛在肩上，一步一步从林芝穿越多雄拉山翻越"老虎嘴"，共同运进来的。修好后命名为解放大桥。这座大桥打通了墨脱县和外界的通道，但是现在大桥已经被江水冲毁了。从去年开始，政府就开始筹备新建一座大桥，仍然称为解放大桥，建桥所用的建筑材料，也还是需要靠人力背运的方式一点点运进来。

我想起路上遇到的背夫，想起修桥的解放军战士，墨脱的每一件物资都凝聚着他们的汗水，甚至是生命的代价。

　　第二天一大早，我就准备过雅鲁藏布江。可大桥被洪水冲走了，只能滑溜索过江。溜索异常粗糙简陋，一个小铁框，铺上几块木板，能站上三四个人。铁框四周只有一圈围栏，人一站上去就开始摇摇晃晃，而下面就是波涛汹涌的雅鲁藏布江，人一旦掉下去，绝无生还的可能。

　　这里的孩子们几乎不出门，也有很多村里人一辈子都没有走出过险峻陡峭的大山，就是因为怕滑溜索。我站在江边望着对岸，不由得胆战心惊。

　　那天过江的人较多，等了很长时间才轮到我。我将九十多斤重的背包移上了小铁框，一同滑向对岸。江上的风很大，我尽量不往下看，以减少心中的恐惧。

雅鲁藏布江上运木材的牛皮筏子

溜索滑到中间的时候停住了,要到达对岸就只能依靠大家用双手往前捯。但光靠小铁框上几个人的力量显然非常不够,并且溜索因长期的磨损,表面变得非常粗糙,双手被扎得钻心疼。我们几个人都焦急万分。幸好对岸有人帮忙,用绳子把我们拽到了岸边。如果对岸没有人,那就得靠我们的双手一点点捯过去。据当地的人讲,溜索曾经出过事故,有人和牛从溜索上面掉了下去,瞬间就消失在滚滚的江水中。

　　过江之后,我又翻越了几座山,走到了一个叫"老虎嘴"的地方。"老虎嘴"是个"V"字形的大峡谷,地势极为险峻。贴着岩壁的盘山小路,不到一米宽。小路又湿又滑,我弯着腰,侧着身,贴着岩壁,不敢有丝毫放松,小心翼翼地往前走。这个时候绝不能往山下看,因为山下就是万丈深渊,看了只会让你头晕目眩,如果有恐高症则更加危险。我通过"老虎嘴",又走过了一段险要的小路,悬着的心才彻底放下来。

　　2001年8月19日一早,我向多雄拉山挺进。大约用了两个小时走到山脚下。

　　雨雾很大,只能隐隐约约看见山顶。我看见好几条由冰雪融汇而成的瀑布倾泻而下,非常壮观。

　　听当地人讲,前一年冬天,十几名背夫从多雄拉山往解放大桥那边转运物资，在路上遇到了雪崩，所有人都遇难了，有的至今还没找到尸体。上山时，我在路边看见了很多被压弯了的槽钢，它们就散落在乱石之中，那应该就是那些遇难背夫转运的物资。

又用了近三个小时，我登上了海拔4300米的多雄拉山。山口的气温很低，风也很大，我不由得打了几个寒战，身体被风吹得直往后退。下山的时候，我不小心崴脚了，踝关节立刻肿了起来。疼得我坐在地上冒汗，很久才能站起来，咬着牙、忍着疼

背崩解放大桥被冲毁后，滑溜索过江是从米林县进入墨脱唯一的方式

多雄拉山的背夫

痛，勉强支撑着继续往前走。

下午4点45分，我终于到达了派乡（现为派镇）的转运站，赶紧找到一个小旅馆住下休息。躺在床上，我辗转反侧，夜不能寐。这些天在雪山、悬崖、密林、蚂蟥区以及滑溜索渡江的经历，仿佛电影里的镜头，一幕幕从眼前闪过。

值得高兴的是，2013年10月扎墨公路终于正式建成通车，结束了中国最后一个县不通公路的历史。当年背夫翻越的嘎隆拉雪山隧道也贯通了，2021年5月墨脱与外界相连的另一条公路派墨公路也全线贯通。

2004年二代解放大桥建成通车，2016年三代解放大桥也建成通车。随着解放大桥的建成，扎墨和派墨两条公路的全线通车，墨脱县发生了翻天覆地的变化。在党和政府的领导下，门巴族人和珞巴族人也不再以背运为生，他们种植茶叶、亚热带水果，大力发展藏药、旅游等特色产业。墨脱县2018年实现整县脱贫，2019年更是退出国家贫困县。

背崩的三代解放大桥，见证了墨脱的蜕变，也见证了我们伟大祖国西南边疆的发展。


# 从圣湖纳木错到唐古拉山


2001年9月2日，我行进到喜马拉雅山北侧、雅鲁藏布江中游南岸的曲松县。这里距离拉萨还有240多公里，平均海拔4200米，走完这段路大概需要一星期的时间。

进藏以来，几乎每天都在下雨，衣服、帐篷都是湿的。其间我

只洗过一次衣服，浑身散发着一股难闻的味道。脚上未愈的伤口被雨水泡烂了，感染很严重，但就是在这种情况下，我仍然坚持每天走40公里左右。

此后，我途经桑日县、山南地区泽当镇、扎囊县、贡嘎县，于2001年9月9日抵达拉萨这个充满神秘色彩的现代都市。

拉萨大昭寺铜钦

湛蓝的天空飘浮着淡淡的白云，纯净素雅。在著名的大昭寺，我看见许多不远万里前来朝拜的信徒，他们磕着长头，手持转经筒围绕大昭寺虔诚地转经。走出寺门就是繁华嘈杂的八廓街。诵经声和流行歌曲交织在一起，虔诚的信徒和来去匆匆的游客混杂一处，古典建筑与现代楼房交错而立，身穿紫红色僧裙的喇嘛和超短裙美女擦肩而过，这一切共同构成了奇特、丰富、鲜活而又令人难忘的画面。

我慢慢地走在拉萨的大街小巷，用心感受这雪域圣城的非凡之处。所谓的诗意和浪漫，不在远方，就在此时此刻，就在这庞杂而

大昭寺转经的婆婆

拉萨河畔的美丽
风光

又难解的生活中。

由于姐姐身体不好，我特意给她买了些藏药。当时身上的钱不多，我卖掉了一枚自己珍藏多年的物品。

沿青藏公路向西北方向行进，海拔越来越高，空气也越来越稀薄。我的高原反应明显加重，尤其是晚上，头疼得很厉害，呼吸困难，很难入睡。

藏北平均海拔在4500米左右，但我依然没有减少每天行进的路程，一天最多走了60公里。

2001年9月16日，我走到了位于念青唐古拉山脚下的当雄县羊八井镇。中国第一座地热发电站就建在此处，地下冒出的泉水温度可以煮熟鸡蛋。羊八井昼夜温差很大，白天人们被晒得无处藏身，如同火炉。到了晚上，穿着厚实的羊皮藏袍还嫌不够暖和。这天晚上，我投宿在羊八井货运站招待所。

第二天一早，我走到了念青唐古拉山脚下。在朝霞的映衬下，整个山峦显得红彤彤的，风景独好。

到了中午，云雾散去，雪山脚下是一片碧绿的高原草场，悠闲地吃着草的羊群像雪团一样散落在草原上。不远处，几位藏族牧民正在烧干牦牛粪煮着酥油茶，空气中弥漫着浓郁的茶香。牧民们

藏区经幡

见我走过来，招手示意请我喝酥油茶，还从牛皮口袋里抓出青稞面给我吃。

下午3点，黄豆粒大小的冰雹从天而降，持续了半个小时。紧接着，又是一场中雨。直到下午5点，雨停了，我的前方出现了两道彩虹。彩虹的两端就像扎根到草地上一样，触手可及。如此美丽的场景，让我不由得感叹大自然的神奇与美丽。

晚上，我在当雄县宁中乡住了一夜，第二天继续赶路。走到半路的时候，我的头部开始剧烈疼痛，呼吸也越来越困难，走5公里左右就要坐下来休息一会儿。将近午后1点的时候，我才走到山顶的垭口。看了一下海拔表，显示是5040米。此时，我眺望着不远处的圣湖纳木错。在四周雪山的映衬下，纳木错仿佛是天上的瑶池仙境，那么纯净。

我不敢在山口久留，就在经

青藏高原小姐妹

061

圣湖纳木错湖畔玛
尼堆

幡和转经筒前拍了几张照片，然后快步朝山下走去。这里的气候变化无常，据说还常有野狼出没，我必须要在傍晚之前到达纳木错湖边，或者找到有人居住的地方。

黄昏时分，我终于来到距纳木错8公里处的一个筑路队的工棚住了下来。当地的藏族朋友告诉我，每年的藏历年和夏季，都会有很多国内外的游客来这里朝圣。湖水清澈，一望无际，变幻莫测。湖水的颜色可以随天气变化。如果是晴天，湖水是湛蓝色的，阴天则是灰蒙蒙的，多云则是白色的，早上日出和黄昏日落时分则是红彤彤的。

第二天清晨，天空格外晴朗，我早早来到湖边。湖边的草地已经泛黄，向远处延伸，清澈的湖水如同一块巨大的翡翠，镶嵌在天地之间。湖边有一座玛尼堆，玛尼堆顶部有一个硕大的牦牛头，中间的头骨上刻着箴言。三三两两朝圣的人，虔诚地三步一叩首。可能是因为当天的天气有点冷，所以来转湖的人不多。

## 玛尼堆

"玛尼"是梵文佛经"唵嘛呢叭咪吽"的简称，石头上因刻有"玛尼"，故称玛尼石，是藏族的传统民间艺术。玛尼堆就是把刻有经文、佛像的玛尼石堆放在一起，再放上牦牛头，代表人民祛邪求福的愿望。西藏各地几乎随处可见玛尼堆。

我静静地躺在湖边，幸福地享受着阳光赐予我的温暖，一路上的疲劳都已忘记，灵魂仿佛也得到了升华。蓝蓝的天上朵朵白云，映衬着远处洁白的雪山，一切都显得那么神圣。我不禁起身，朝着纳木错湖深深地跪拜，亲吻着这片神奇的土地，希望她赐予我继续前行的力量。在午后的霞光中，我最后看了一眼美丽神秘的纳木错。

　　离开圣湖纳木错，我继续行走在藏北高原上。我看到了想象中的田园牧歌。放牧人一边赶着牦牛和羊群，一边用高亢嘹亮的嗓音唱着藏族歌曲。还有一些穿着民族服饰的妇女背着筐捡牛粪。她们直接用手把牛粪捡到筐里，背回家重新弄碎，再用水和成饼状贴在墙上，让其在太阳下暴晒，等干透以后，再从墙上拿下来，整齐地堆起来，这是烧火做饭绝佳的燃料。一方水土养一方人，每种风俗的养成都有着独特的自然原因。

藏族的春耕

　　两天后，我走到那曲县境内。下午3点的时候，我看见有六个年轻人走几步就匍匐在地磕着长头。经询问，原来他们是从青海到拉萨来朝圣的。其中一名女孩十七岁，最小的男孩十三岁。他们带

着帐篷，推着三辆手推车，上面装着粮食、水和牛粪等生活用品。
一路磕着长头去拉萨大昭寺和布达拉宫，头磕到哪里，就在哪里宿
营，就地生火做饭。我看见有两个青年的额头都磕出了老茧，他们
对信仰的坚定和虔诚让我动容，我不由得心生敬畏。关于磕长头，
藏族民歌中这样唱道：

　　　黑色的大地是我用身体量过来的
　　　白色的云彩是我用手指数过来的
　　　陡峭的山崖我像爬梯子一样攀上
　　　平坦的草原我像读经书一样掀过

拉萨布达拉宫

我沿着青藏线独行，时而烈日当头，时而雨夹冰雹，一路上几乎没有人家，只能找到道班借宿或住在帐篷里。

　　2001年9月28日，八九级大风能把人刮倒，幸亏我身上背着的八十多斤的背包起了稳定的作用。我拄着拐杖，在大风中艰难前行。天渐渐黑了，大风中夹杂着雪花。这一带人烟稀少，我需要找一个既能遮风挡雪又能搭帐篷的地方。所幸不远处有一座小桥，桥下的小河早已干涸，刚好可以在桥洞下躲避风雪。

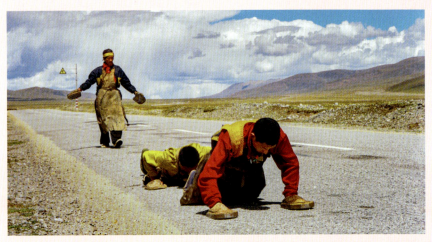

一路磕长头到拉萨的朝拜者

　　这一夜风雪交加，我没有睡好。第二天早上感觉身体异常沉重，寒冷、潮湿和寒风使我浑身关节酸痛。从帐篷出来，活动僵硬的身体，发现不远处有条结冰的小河沟。我用石头砸了一个窟窿，捧起沟里的水喝了几口，又啃了几个冻得硬邦邦的馒头。之后便收拾行囊继续赶路。走出不多远，肚子抽筋似的疼痛，估计是着凉了，这是旅途中经常遇到的困难。我忍着疼痛继续前行。

　　在青藏线第19区道班，我终于看到了一户人家，主人热情地让我坐在炉子边烤火，又端来了开水。我泡了一包方便面，热乎乎的，吃下去感觉真是幸福。当我起身离开的时候，外面已是一片银白色的世界。

天下第一道班

2001年10月1日，高原反应一直折磨着我，中午，我远远地看见了唐古拉山主峰。主峰上白雪皑皑，如同一名打坐入定的白发老人。唐古拉山看上去并不太高，但事实上其主峰的海拔为6099米。而我脚下的这条公路的海拔也已经超过5000米了。这是绝对的高寒地带，一阵风吹来彻骨的寒意，于是，我停下来穿上羽绒衣裤。

晚上7点我走到有"天下第一道班"之称的青藏线14区道班，工区区长很热情地留我住宿。喝着他为我准备的酥油茶，我再次感受到了来自高原上的温暖。在路上，我得到了很多好心人的支持和帮助。为此，我也一定要坚持走下去，不辜负大家的期望和祝福。

第二天早上，我与道班的朋友们告别，开始朝唐古拉山口挺进。他们告诉我说，在这里工作二十多年了，经常看到因缺氧而死去的人。所以他们善意地提醒我，路上一定要小心，千万不要走得太急太猛。我听从了他们的劝告，步伐明显放慢了许多。唐古拉山口距离"天下第一道班"约11公里，我共走了2小时35分钟。

虽然走得不是很快，但只要脚步不停，迟早会到达目的地。在

这样一个光秃秃的山上，除了牦牛，仅有一些紧贴地皮的稀疏小草能在这样恶劣的环境中生长。我不禁对这些顽强的生命感到由衷的敬佩。

山口的风一阵比一阵大，我的长发在风中乱舞。就在这时，几十辆军车从我身边经过，战士们随即停下车走过来与我交流。这批解放军战士是出来拉练的，去拉练的时候就看见我在路上走，现在拉练回来看见我还在路上走。得知我是徒步中国，他们都很感动，问我是否需要帮助。我正好口渴，一句话便脱口而出："我需要水，你们能给我一些水吗？"

得知我需要水，许多战士纷纷跳下车，手里都拿着矿泉水。很快就给我凑了三四十瓶水。我对他们说："谢谢解放军战士，太多了，我背不动。"他们这才作罢。然后我与他们拍照合影。之后，车队继续前行，犹如一条绿色长龙行驶在青藏高原的天路上，很快在我的视线中消失。

在唐古拉山口遇到
拉练的战士

在唐古拉山口与解放军战士的集体合影

西藏著名的阿里
扎达土林

# 西 藏 阿 里

　　2002年6月19日，我开始向阿里地区挺进。

　　阿里地区位于西藏自治区西部、青藏高原北部，平均海拔4500米以上，被称为"世界屋脊之屋脊""世界第三极""生命之禁区"。正因这些名头，我对阿里充满向往，它是我此次规划中的必去之地。

　　天还没亮，我就收拾好行囊，从地处藏西南的仲巴县城出发，向西北方向前行。仲巴县曾经归属阿里地区管辖，现在是日喀则地区最西端的小县城。行走在世界屋脊之上，眼前就是连绵不断的喜马拉雅山脉和素有"极地天河"之称的雅鲁藏布江源头——马泉河，心里有些激动。

西藏著名的阿里
扎达土林

西藏阿里地区札达
县古格王国遗址

# 阿里地区

　　位于中国西南边陲，西藏自治区西部、青藏高原西南部，平均海拔4500米。面积约34.5万平方公里，为西藏第二大地区。气候寒冷干燥，全年降雨量极少，日夜温差大，真正是"晚穿棉袄午穿纱"。阿里是喜马拉雅山脉、冈底斯山脉等山脉相聚的地方，被称为"万山之祖"。同时，这里也是雅鲁藏布江、印度河、恒河的发源地，故又被称为"百川之源"。

西藏阿里地区札达县古格王国遗址

穿行在草场，连绵不断的喜马拉雅山脉像一卷巨幅油画在眼前铺开

## 世界上海拔最高的公路

　　我即将要走的这段路是新藏公路，也就是 219 国道，被称为"世界上海拔最高的公路"，在这条路上行走对身体素质和心理素质有着超常的要求。这条仿佛铺在天际的路，北起新疆叶城，穿越昆仑山、喀喇昆仑山、冈底斯山、喜马拉雅山等，南止珠穆朗玛峰脚下的西藏日喀则地区拉孜县，全长2000多公里，有十几个冰山达坂，40多条冰河，平均海拔4500米以上，是当之无愧的天路。沿途自然条件和食宿条件十分恶劣，即使开车，也是异常艰苦，徒步就显得更加困难了。难怪当地人流传着这样一首顺口溜：

　　行走新藏线，胜过蜀道难；库地达坂险，犹似鬼门关；
　　麻扎达坂尖，陡升五千三；黑卡达坂旋，九十九道弯；
　　界山达坂弯，伸手可摸天……

　　抬头眺望前面的路，南面的喜马拉雅山脉蜿蜒无际，北面的冈底斯山脉与其平行延伸，中间则是较为开阔的高原盆地。恶劣的自

新藏线是世界上海拔最高、最险的一条公路，是连接藏北高原和塔里木盆地的生命线，是见证西藏和新疆兄弟般情谊的"连心线"

然条件意味着接下来我要走的路基本上都是荒无人烟。

这一带全是自然形成的土石路段，崎岖不平，岔路口很多。走在这样人烟稀少的地方，人的内心难免会有一种孤独凄凉的感觉。忽然，隐隐约约听见有人在喊我的名字。在这个地方会有谁认识我呢？会不会是幻觉？正在迟疑间，只见身边驶来的车里有人在向我招手。待车停下来后我仔细一看，居然是在拉萨认识的朋友老许。老许兴奋地从车上跳了下来，激动地拉着我的手说："老雷，咱们真是有缘呀，又碰上了！"

我也欣喜地说："是啊，老许，咱们又见面了！"

我们俩攀谈了很久，我得知他在普兰县做生意，经常在这条路上跑。这次他正赶着去拉萨进货，所以我们才有缘在荒无人烟的地方再次见面。他对我在路上的故事非常感兴趣，拉着我不断地问长问短，并一个劲儿地嘱咐我一定多保重身体。

由于长期独自行走，孤寂对于我来说已成为一种习以为常的状态，那一刻的相遇，让我颇有"他乡遇故知"的感觉。临别时，老许塞给我三瓶饮料，动情地对我说："老雷，走到普兰县一定要到我家里去做客。我可在那里等着你啊！"

目送着老许的车渐渐地消失在天路的尽头，我一动不动地待在原地，细细地品味着这次意外的重逢。这是一种在繁华都市里忙碌的人们很难感受到的真挚情感，也许只有你真正处在陌生的环境中、到达人迹罕至之地时，才会产生这种难以抑制的激动。

## 生吃土拨鼠

从仲巴开始，我花了整整四十多天的时间，穿越整个阿里地区。

一路上，我最大的困难是缺食少水，这也是我每天考虑最多的事情。背负着九十多斤的背包，穿行在平均海拔4000多米的高原上，我的身体承受能力已经达到了极限。为了缩短时间，我平均每天要走 40~50 公里的路程，常常一连走几天，都感觉不到周边有生命的气息。很快，我身上背的食物就所剩无几了，如果找不到新的食物，我就会再次面临断粮的局面，这时难免会有短暂的绝望。

每当饥饿难耐时，我就回想儿时的岁月——那个饥荒的年代。当时虽然艰难，但我也照样挺过来了。人的生存极限有时连我们自己都无法预知，关键时刻，意志力往往承担着比体力更为重要的角色。我告诉自己坚定信心，坚定信念。我一定会战胜困难，一定能实现我人生的梦想。就这样我战胜了绝望，不再恐惧。

一天，我偶然发现一群以吃草根和草叶为生、尾巴短短的小家伙，它们俗称"土拨鼠"。它们见我"来者不善"，都惶恐地躲进洞里。这片荒原上有不少土拨鼠的洞穴，我曾经亲眼看见野狼挖开土拨鼠的洞穴，抓住土拨鼠充当食物。

几天没吃过饱饭的我，已经跟饿狼差不多，生存的欲望让我再次无从选择。于是，我决定捕食土拨鼠充饥。

土拨鼠的洞穴大多是串联在一起的，等到土拨鼠钻进洞穴后，我先把洞口堵死，然后用事先准备好的毛草堵在另一处逃生的洞口，把毛草引燃，用烟熏它们，不一会儿，小家伙就会被烟熏晕。这时，我再用小铁铲把洞口挖开，用铁铲将它们拍死。然后，用刀剥掉土拨鼠的皮，把鼠肉一条条割下来，蘸上点盐巴，把生肉放进嘴里嚼食，强忍着胃里巨大的反应。

生鼠肉有一股土腥味，如果没有盐，很难咽下去，吃的时候反胃，想吐出来，内心不断地告诉自己：雷殿生，你不吃它们，会饿死的，要克服这些障碍，活着比什么都重要！原本也想把鼠肉烧熟再吃，但在高海拔地区，空气稀薄，气温又低，毛草稀少，根本就没有办法烧熟，也只能用这种简单粗暴的方式解决饥饿甚至是生死问题。吃的时候我也考虑过是否有细菌，身体会不会产生不良的后果，但当时我也顾不了这么多了。

唉！不到万不得已，我绝不忍心伤害这些在荒原和我一样顽强生存的小生命。可是最终，我还是像原始人一样，坐在广阔无垠的荒原上，大口大口地吞噬着刚才还是活蹦乱跳的生命。在大自然中，人逢绝境时，有时也会退变成野兽，只有遵循生物链最基本的法则才能生存。

## 玛旁雍错与拉昂错

不得不说，阿里地区的风光确实很美。天地广阔，人行走其中就像蚂蚁一样渺小。这里的天空比其他地方的都要蓝，这里的水比其他地方的都要清，这里的阳光比其他地方的都要烈。天边的云朵大团大团地簇拥着，好像伸手就能触及。我甚至想在此造一间木屋，与清风为伍，与白云为伴，全身心融入天地之间。

2002年6月25日清晨，简单地吃了点干粮后，我翻越了几座山

我历时四十天，独自穿越阿里地区

我历时四十天，
独自穿越阿里地区

峰，终于走到了朝圣的天堂——玛旁雍错。

　　玛旁雍错是世界上海拔最高的淡水湖，湖面海拔4588米，最深处77米，周长大约90公里，与纳木错和羊卓雍错并称为"藏区三大圣湖"。玛旁雍错意为"永远不败的碧玉湖"，它的名字起源于11世纪在此湖畔展开的一场宗教大战。

　　在印度传说中，喜马拉雅山的女儿乌玛女神在这里沐浴。在西藏传说中，广财龙神住在这里。佛教徒认为，玛旁雍错的圣水可以洗涤世人心灵上的"五毒"——贪、嗔、痴、怠、嫉。无论对于中国、印度，还是尼泊尔，玛旁雍错都是朝拜的圣湖。众多信徒来到这里，把圣水装到瓶中带回，作为珍贵礼品馈赠亲友。

　　来到湖边，映入眼帘的是一派欢快的景象，可爱的鱼儿跃出水面，在空中划出美丽的小弧线。一路走来，我何曾见过生命如此活泼的景象！风光如此旖旎，仿佛能够感知圣湖非凡的神力。我不禁感慨这真是一片被上天眷顾的水域。面对清澈甘甜的湖水，我再也抑制不住激动的心情，脱下衣服，跳入湖中，让这圣洁的湖水洗去身体的疲惫，荡涤心中的烦恼和罪孽。

在藏语中，"错"就是"湖"的意思。在向阿里进发的过程中，大"错"小"错"，"错"落有致，犹如一面面明镜，映着蓝天白云，美不胜收，令人流连忘返。

我继续向前走，映入眼帘的是在风中摇曳的经幡。在藏区，人们更习惯把它称为"风马旗"，旗上有印章和经文。一串串的五色经幡在大地与苍穹之间飘荡着，构成一道独特的风景，在晨曦第一缕阳光的照耀下，带着人们对幸福与希望的憧憬，默默地庇佑着它身边的每一个生灵。在合掌祈福的那一刻，我的内心分明感受到了一份慰藉，那是心灵深处发出的颤音，美好而纯洁。

我恋恋不舍地离开了圣湖玛旁雍错，继续向前走。随后来到了拉昂错，拉昂错是西藏有名的鬼湖，与圣湖玛旁雍错只隔着一个小山脊。鬼湖这边感觉阴森森的，寸草不生，没有牛羊，看不见鸟和鱼。片刻，天空阴云密布，给人的感觉十分压抑。我在拉昂错湖畔行走，冷风阵阵袭来，脚下全是一望无际的砂砾，没有任何鲜活的生命，我仿佛置身于荒凉空旷的外星球。

鬼湖拉昂错

## 神山冈仁波齐

西藏是一片神圣的土地，这片土地上有很多神圣的山，其中有座山被称为"神山之王"，它就是冈仁波齐。冈仁波齐峰与玛旁雍错一同赋予阿里双重的神秘。

冈仁波齐峰是藏传佛教四大神山之首，海拔6656米，是冈底斯山脉的主峰。峰顶终年积雪，常年云雾缭绕，外形好似圆顶金字塔，在太阳照射下发出七彩之光。冈仁波齐是中国西藏、印度、尼泊尔等地信徒虔诚朝拜的圣地。信徒都说，转山一周能净化心灵，而十二年为一个轮回，如果能每年都去转一圈，那么转十二年之后，人生就是最圆满的。但是马年最为特殊，在马年转山一周，就等于转了十二年。2002年恰好是马年，所以前来转山的人要比往年多很多。

我在大金寺山脚下住到半夜，就赶紧起来去转山，否则很难按照我的计划在一天之内转完。根据习俗，转山要沿着南、西、北、东顺时针方向依次进行。当我转到北坡的时候，我看到了一位从云南来的活佛，他五十岁上下的样子，穿着一身黄色藏袍，在做神圣的法事。我远远地绕行过去。

绕这座山转一周有约53公里，一般人转山需要两三天的时间，而那些虔诚的信徒是三步一磕头，因此他们要一周左右的时间才能转完。由于地上都是碎石乱沙，他们就自备了皮手套和小木板，以防划伤。下跪的时候，整个人的身体都趴在地上，手臂尽量前伸，在指尖的位置画上一道标记，接着起身站在标记处，不断重复着相同的动作。

绝大多数的信徒都非常虔诚，但偶尔也会看到有些人一旦发现周围没有其他人，就站起来走一段，等有人的时候再接着跪拜。对

冈仁波齐峰

于这种行为，我真的很难理解。做任何事情都要出于自己内心最真诚的想法，而不仅仅只是为了做样子给别人看。

我从大金寺开始转山。在转山途中，遇见一位西藏活佛，穿戴庄严，带着几个信徒一边做法事一边转神山。他们在这里已经转好几天了。

我走得较快，终于用13个小时转完了神山。在转山的过程中，我一直为一路上帮助我、关心我的亲朋好友祈福，祝福大家平安健康！同时也祝愿我们伟大的祖国繁荣富强，人民生活幸福美满！扎

冈仁波齐峰北坡，
一位活佛在做法事

刻着六字箴言的玛
尼堆

2002年7月中旬,
我在西藏阿里狮
泉河邮局盖上了
中国最大的一枚
纪念邮戳

西德勒!

　　翻越垭口时,我被一座座玛
尼堆所吸引。那是朝圣者堆起来
的,虽然在藏区的湖边、路口、
山间随处都能见到,但这些是我
见过的最为漂亮和壮观的玛尼
堆。望着这些刻有各种图案的石
头,我感到它们仿佛散发着某种
灵性。在这样的环境中,望着纯
净透明的天空,不管你有没有信
仰,都会从内心深处生出虔诚与
敬畏,从心底里为那些善良的人
们祈福。

　　2002年7月5日,我走到札达
县附近时扭伤了脚,走起路来一

西藏阿里地区行署办公室用笺

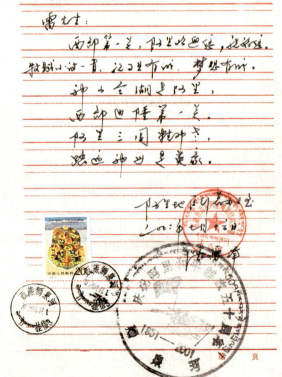

瘸一拐的。这时，一辆越野车停在我身边，从车里下来两个人，其中有个人身穿黄色藏袍。我惊讶地发现，这个人竟然就是我转神山时遇见的那位活佛。

他们走到我跟前让我上车，要载我一程。我解释说自己是徒步旅行的，婉言谢绝了他们的好意。他们得知我扭伤了脚又没有药，活佛就给我拿了几盒药，还用手摸摸我的头顶，口中念念有词，应该是为我祈福吧！接着，他拉开自己宽大的藏袍，从里面取出200元钱塞到我的手上，然后转身上车走了。

我想，莫不是神山显灵了？要不自己怎么会有这样的缘分，居然受到了活佛的庇佑？我赶紧把这200元钱放到最里面的衬衣口袋里，好好珍藏起来。然后找了一个安静的地方坐下来，慢慢处理伤口。我把药涂在扭伤处，用手指轻轻揉搓，不一会儿，扭伤处感觉火辣辣的，疼痛感很快就消失了。这是迄今为止我用过的见效最快的疗伤药。

这就是我在神山冈仁波齐的一场奇遇。正是这些好心人的无私帮助温暖着我，让我前进的脚步更加坚定。

## 陪我穿越塔克拉玛干沙漠的"小伙伴"

2002年10月20日，经过整整四年长途跋涉，我终于抵达了新疆维吾尔自治区巴音郭楞蒙古自治州的首府库尔勒市。

库尔勒的市容很好，塔里木油田和天然气的开发，给这座城市带来无限商机，也使得这座城市的面貌焕然一新。库尔勒北面是天山，南面是阿尔金山，东面是罗布泊，西面是塔克拉玛干沙漠。罗

新疆阿勒泰地区的草原石人，他到底是在守护什么或是想告诉我们什么？

布泊的大部分土地面积也属于库尔勒地区管辖。到达库尔勒市后，我穿越罗布泊和塔克拉玛干沙漠的愿望更加强烈。

第二天一早，我来到了巴州文管所，咨询如何才能走进罗布泊及楼兰古城。在了解个人进入罗布泊需要办理的手续后，我决定临时改变一下路线，先从库尔勒向西走，到轮台县向南沿着沙漠公路穿越整个塔克拉玛干大沙漠。

昆仑山北新疆塔克拉玛干沙漠南无人区路标指示牌（医院很远，请注意行驶安全！）

要想穿越塔克拉玛干沙漠，前方六百多公里的路程都将是地广人稀的沙漠公路，临时寻找水源和食物比较困难。为了能尽量减轻身体负重，同时多携带一些给养物资，我特地在库尔勒市天山东路的批发市场上，花120元钱购置了一辆独轮车。此外，我还购买了打气筒、备用轮胎和部分零部件，以备急需。

在后来的日子里，这辆独轮车就像我的伙伴一样，日夜陪伴在

11月1日我走到了塔克拉玛干沙漠中部塔中油田补给站

我的身边。当狂风刮过来时，我把帐篷用绳子固定在小车上，大风吹不跑，还能为我抵挡风沙；当毒辣辣的太阳晒得我无处藏身时，我可以把头暂时伸到小车下面躲避……

两年多的时间，这辆独轮车和我一起穿越了整个塔克拉玛干大沙漠，陪伴着我一路翻越天

"小伙伴"在路上也经常罢工

2004年在天安门广场

山、祁连山、秦岭，走过辽阔的草原，天安门广场也留下了它的影子。16000余公里的行程中，"小伙伴"前后换过70多条轮胎，最后一直陪伴我走到我的家乡——哈尔滨市呼兰区。

由于长期的相伴，我和这辆独轮车结下了深厚的情谊，一路上

世界最长的沙漠公路0-505

086

有人想买它，出价比我买的时候高一倍，还有朋友出高价收藏这辆独轮车，都被我婉言谢绝。我对这个"小伙伴"实在是感情深厚，根本就舍不得。

现在，这辆独轮车就存放在我的个人展馆中，每当看到它，我就会想到我们一起走过的岁月……

塔克拉玛干沙漠位于新疆天山以南，面积有33万平方公里，东西长1000余公里，南北宽400多公里。平均年降水量为100毫米左右，而平均年蒸发量为2500～3400毫米，是世界十大沙漠之一，是中国第一大沙漠、世界第二大流动沙漠。

10月下旬开始，我从轮台县向南至塔克拉玛干沙漠中部，

胡杨的四季——春
（树上的大灵芝）

胡杨的四季——夏

胡杨的四季——秋

然后继续向南至民丰县，途中寻找尼雅古城，又经过且末县、若羌县、尉犁县再返回库尔勒市。连续徒步三个多月，从秋天走到了冬天。

　　沙漠卫士胡杨树，千年不死，死了千年不倒，倒了千年不朽。穿行在塔克拉玛干沙漠中，胡杨精神一直激励着我。

胡杨的四季——冬

# 火焰山与艾丁湖

2003年7月，我从喀纳斯一路南行，走过天山，途经王洛宾歌曲中的达坂城，继续沿着312国道向吐鲁番方向走去。天气炎热，我感觉自己就像走在火堆上一样。越往前走越热，我渐渐有了中暑的迹象，头晕、心慌，感觉随时都会晕倒。我赶紧钻进不远处的一个桥洞里，桥洞下的阴凉顿时让我感到舒服多了。然后我用白酒擦拭胸口，喝了两支藿香正气水，铺上一层塑料布，躺在上面迷迷糊糊睡着了。

当我醒来时，夜幕已经降临，戈壁滩上的夜空中，点缀着宝石一样的繁星。我在戈壁滩上支起帐篷，独自享受夜幕下的苍穹。次日，太阳从东方升起，此时正值吐鲁番的高温天气。地表温度渐渐高达50℃，我汗流浃背地推着独轮车前行。

下午，我终于抵达了吐鲁番附近天山南麓的火焰山。每逢盛夏，红色的砂岩在阳光的照耀下熠熠发光，热浪腾腾，恰似一团团烈焰在燃烧，所以这里被人们形象地称为"火焰山"。《西游记》中孙悟空三借芭蕉扇的故事，更给火焰山增添了一层神秘的色彩。真实的火焰山也可以说热到了极点，地表温度最高达到74℃。我在想，我是否像唐僧一样，为了心中的梦想，要经历烈火一样的磨难，才能走完这条取经路。

走到火焰山西南坡时，我看到许多人正把自己的身体埋进暗红色的沙子里，只露出一个个脑袋。我感觉非常奇怪，仔细一打听才知道，原来他们是在做沙疗。据说火焰山的沙子含有一些特殊的矿物质，白天通过烈日的高温加热，可以有效地治疗病痛。因此每年盛夏，总有不少关节炎、风湿病和皮肤病患者千里迢迢来到这里，希望借助神奇的沙疗，治愈他们的病痛。

机会难得，我决定亲自体验一次。刚躺在沙子上时，感觉有些烫，但当身体覆盖一层厚厚的沙子时，我感到舒服极了，连日来的身心疲惫一扫而光。

火焰山

第二天，我离开火焰山，继续赶路。沿途有幸看到了吐鲁番地区的一大特色——坎儿井。据说坎儿井是中国古代仅次于都江堰的水利工程。因为吐鲁番盆地炎热干燥，从天山流下来的冰雪水大部分会在途中蒸发掉，所以聪明的古人就在冰雪水流经的河道旁，每隔几百米打出一口竖井，竖井和水渠在地下连接，形成网状，通向吐鲁番和哈密。地下流淌的冰雪水，经过自然的过滤，没有任何污染，且冬暖夏凉。直到今天，当地还有近一半的人在饮用坎儿井里的水。

我尝了尝坎儿井的水，它清凉甘甜，于是灌了一壶带在路上。傍晚时分，我走到了中国最低的地方——海拔-154米的艾丁湖，

新疆坎儿井

它位于吐鲁番盆地东南约30公里处。这里正在大规模地开采工业卤水，听说如果身上不小心溅到了卤水，皮肤马上会有被烧烂的危险。

站在湖边，我停住了匆匆前行的脚步。回想起一年前，我登上了珠峰海拔近7000米处的绒布冰川。这一路上，我一次又一次地以坚定的信念挑战自身体能的极限，如今，我又来到了中国的最低处。此刻，我的心中充满了自豪！

中国海拔最低的艾丁湖

# 长白山与天池

2005年5月中旬，我从祖国东极的乌苏镇一路南下，途经黑龙江省东南部的鸡西、绥芬河、东宁，进入吉林省。这一路山高路远、人烟稀少，听说东北虎及远东豹偶有出没，这让我走得提心吊胆。

同年7月下旬，我走进了长白山脉。长白山的早晨，总有浓浓的白雾笼罩着山峦。当太阳升起时，浓雾还没有散去，整个山峦就好像披着五彩霓裳，妩媚而宁静。

经过老烧山时，我看见路边有一处无人看管的房子没有上锁，这是专门为来往路人提供临时休息的地方。屋里的火炕上有被褥，炉子旁有半袋白面。此处虽然简陋，但足以消除旅途的疲惫。到这个小房子里的路人，一般不会去破坏这里，也不会拿走这里的东西，这是山里的规矩。

走在路上，我总觉得腋下和大腿根部有些发痒，我怀疑是被蜱叮了，赶紧脱下衣服仔细查找。

蜱俗称草爬子，是东北一种很常见的害虫。它外形像小甲虫，扁扁的身体，尖尖的嘴，小的如火柴头，大的像小麦粒，专门叮人耳后、腋下、肚脐等隐蔽部位。一般常见于松树林里，特别是落叶松的草丛里最多。

草爬子的毒性很大，特别是在春天青草发芽时毒性更大，人被草爬子叮咬后，容易患上"森林脑炎"，即使不死也有可能变得呆傻，因此必须警惕。我抖落了半天，最后在裤缝和衣袖里找到了四只。万幸的是，我还没被它们叮到。

草爬子叮人的时候，人可能不觉得很痛，但它的小嘴会不断地吸吮人体的血液，火柴头大小的身子，吃饱了会涨到黄豆粒那么大，紫里透黑。这时候千万不能硬拽。一拽，它的身子就会破裂，头就留在了皮肉里，非常容易感染。正确的处理办法是用火慢慢烫烤，草爬子遇热就会主动把头退出来。

7月的长白山，树木葱郁，山泉清澈，晚霞染红了半边天。晚上9点多，我才走到了珲春市春化镇。这一天行程有50多公里，全部为山路。听当地人讲，头年一位要结婚的姑娘途经这段山路时，被东北虎活活给吃了。我听后，还真有些后怕。

8月9日，我向长白山主峰挺进。途经黑风口时，我走的是一条山间小路，那里的风力有七八级，好几次把我连人带包吹出去好几米远，我不得不趴在地上，抱紧大石头，等风小了以后再走。过了一会儿，山间起了大雾，能见度仅五米左右。顶着大雾走到中午，我才登上了长白山天文峰。

我站在天文峰上，想俯瞰天池，却发现朦朦胧胧的，什么也看不清楚。一直等到下午4点多，瞬间云开雾散，我终于有幸看见了长白山天池的真面目。整个天池如同镶嵌在山间的蓝宝石，美得令人震撼。由于时间极短，我还没来得及拍下照片，天池就又一次被大雾遮住了。

我一定要再看看长白山天池的真面目，我决定走一条极其陡峭而又艰险的下山路，这条崎岖的山路就通向天池水面。我走在下山的路上，好似腾云驾雾，在极端的天气下，我最终还是到达了天池岸边，得以一睹天池风采。

几天之后，当我途经吉林省抚松县山区时，发现有一处丛林的树冠和草丛都向一个方向围拢，我十分惊喜。之前听采参人讲过，人参是百草之王，附近的植物都要汲取它的养分，同时也在守护

长白山天池

它，如果四周的植物都向一个中心点围拢，那附近很可能有人参。

我赶紧提着刀在附近寻找，发现一株类似辣椒秧的植物，花冠已经凋谢。于是我试着用刀边挖边拔，结果还真挖出了一根食指般大小的野山参。我再仔细看了一眼野山参生长的地方，土质松软肥沃，就像被油浸泡过一样。

我用成片的青苔包好野山参，再剥下一块桦树皮，将它卷了起来，放在包里慢慢阴干。

后来，我走到山东莱州时，将这棵珍贵的野山参连同西藏活佛送给我的藏药，一起送给了朋友志远身患重病的哥哥，我想这也算是物尽其用吧。

# 第 3 篇

# 辽阔祖国

## "长江源头"沱沱河

2001年10月6日清晨，我沿着青藏线行走。朝霞在苍茫高原上升起，那样绚烂美丽。我一路向前，偶尔经过的车辆向我鸣笛示意，车上的人为我加油。或许在他们眼中，行走的我也变成了一道亮丽的风景。路的尽头是什么？这对于我总是充满诱惑。

中午的时候，走到一片高原草场。我感觉有些疲累了，索性躺在草场上休息。行走的这些年，我怀着对自然、对生命的敬畏，一

躺在高原草场上休息

步步朝着我的梦想迈进。望着蓝天白云，感觉自己就如身下的小草般渺小。但即便如此，我也要努力生长绽放，为自己、为家人、为社会哪怕奉献一份小小的力量，也是生命的意义所在吧。

突然，一阵小动物的打斗声把我从飘散的思绪中拉了回来，我循着声音看过去，只见两只硕大的高原鼠正在激烈地战斗。我仔细一看，发现它们在为一只死鸟而互相撕咬。弱肉强食，是动物界最真实的生存法则。

第二天，我沿着沱沱河一路前行，目的是寻找长江源头。长江和黄河是中华民族的母亲河，而沱沱河则是长江的上游支流。我沿着河岸逆行而上，前方有块石碑，走过去一看，上面写着"长江源"。我用手抚摸着这块石碑，心里特别激动，我终于走到母亲河的源头了。

清澈见底的长江源头之水，没有任何污染，在太阳的直射下显得瓦蓝瓦蓝的，像宝石一样镶嵌在美丽的青藏高原。波澜壮阔的长江就是由无数条像沱沱河这样从雪山脚下流出的涓涓支流汇聚而成，一路向东，汇入大海。

看着蜿蜒迂回的沱沱河，我用双手虔诚地掬了一捧长江源头之水，慢慢地喝下去。因为水质有碱性，不像我想象中那样清冽甘甜，略微带点苦涩，如同人生的滋味！

"长江源"石碑

长江源头沱沱河

# "中国最西端"新疆乌恰县吉根乡

2002年7月下旬,我走到西藏的最后一个县城——日土县。

两天后,我来到了美丽的班公错,湖面海拔4242米,边疆地区的老百姓说湖里的鱼很多,湖中还有一座鸟岛,只见成千上万只水鸟在蔚蓝清澈的湖面上漫天飞舞,极为壮观。

2002年7月27日中午,我远远地看见一座山顶上有经幡飘动。走过去才发现,我已经到了新疆和西藏交界处的界山达坂。界山达坂是新藏公路的最高点。山上有一块石碑,标注的海拔为6700米,玛尼堆上放着一个巨大的牦牛头骨,人们在这里拍照留念。

我翻过两座山,经过一个咸水湖,沿着部队专用电线杆走到了全军海拔最高的机务站——红河山机务站,这里海拔5100米。我在这里住了一晚。

次日清晨,我冒雪前进。过了界山达坂以后,虽然海拔在下降,但感觉缺氧程度比在山顶还要严重。有一位面包车司机看见我,喊我上车休息一会儿。他们是西安中交第一勘探钻探队的,正

097

2002年7月27日我来到了海拔6700米的界山达坂

在这里勘测新藏公路的地质情况。这条线路的勘测难度远比青藏公路大得多。

几位勘探人员正在车里躲避大雪，他们给了我一盒热腾腾的饭菜。吃完饭，我又顶着风雪、冰雹上路了。地上的积雪足有二十多厘米厚了，到处都是泥巴、砂石，我深一脚浅一脚地走着，大雪灌进鞋里，冻得双脚数次抽筋。下午4点多，勘探队的车从山上下来了，司机看我还在走，便焦急地说："雪大又缺氧，你不要命啦，你快上车吧。"我抱抱拳，婉言谢绝了。

黄昏时，我走到了死人沟。死人沟是新藏线上一个极度危险的地方，地图上根本没有这个名字，只有泉水湖和铁隆滩两个地名。其实，死人沟就是泉水湖。有一道泉水从喀喇昆仑山流下来，在这里汇聚成湖，泉水湖因此得名。那么，为什么大家都称它为死人沟呢？这是因为从库地达坂到这条几十公里长的山沟，海拔上升得很快，此处海拔5200米，空气稀薄，山谷由两面高山夹在中间，气流不畅。人们会出现剧烈的高原反应，不少人由于缺氧而丧命于此。死人沟因而得名。

在死人沟里行走，我感受到一种悲壮的气氛。走着走着，我

## 达 坂

在维吾尔语和蒙古语中指高高的山口或盘山公路的最高处。

在附近发现了一片墓地，是纪念中印自卫反击战中牺牲的烈士。我拿出吓唬野兽的鞭炮，在墓地里燃放，伴随着噼里啪啦的响声，我站在墓地里默哀了三分钟。

英勇牺牲的军人，保卫祖国的战士，我向你们致以最崇高的敬意！

从死人沟走出来，一路风雪交加。7月份本是一年中最热的时候，然而，世界屋脊上响起雷声后，瞬间就漫天大雪，只有这里才有这样的天气。

突然，踩在雪地里石头上的脚一滑，我重重地摔倒了，钻心的疼痛，我发现脚踝骨错位了，只能坐在雪地上先处理脚伤，真是叫天天不应，叫地地不灵。我一咬牙，硬是自己把错位的脚踝骨掰回原位。疼痛让我在雪地里滚来滚去，浑身大汗淋漓。缓了一会儿，我拿出应急包把崴伤的脚踝包扎好。我无助地坐在地

在西藏5200米雪山上崴伤了脚

上，环顾四周，希望能就近找到可以扎帐篷的地方，可目之所及都是塔状草墩及乱石。没办法，我只能忍着疼痛起身，拖着伤脚，一瘸一拐地继续赶路。天黑前，我终于找到一处能避风雪的岩壁，在岩壁下搭好帐篷，就着冰冷的雪水，吃两块过期的压缩饼干，就此休息。

在缺氧的高原地带，我拖着疲惫的身躯前行。2002年8月3日，我走到喀喇昆仑山山脉。

离开祖国西部边陲，我向南疆地区走去。2002年8月28日，我走

到喀拉库勒湖畔。喀拉库勒湖是帕米尔高原上最美妙的风景，被称为高原上的"黑珍珠"。它不仅湖水清澈，而且岸边是广阔的天然草场，数不清的牛羊点缀其间。隔湖相望，对面一座座雪山连绵起伏，雄伟壮丽，其中最为著名的是海拔7719米的龚格尔山。

2002年9月1日，我沿着塔什库尔干河前行。下午6点多，我来到古丝绸之路上的一个驿站。这是一座很有特点的塔状土屋，走近观察，原来它是一座土垒的小佛塔，上面挂着一块牌子，写着"重点文物保护单位"。与当地人聊天得知，当年大唐高僧玄奘前往西天取经，曾在此住了一夜。我听了心里很是激动，想不到自己竟走到了玄奘取经时住过的地方。

小时候，我最喜欢的电视剧就是《西游记》，除了羡慕孙悟空武艺高强，还敬佩玄奘不畏艰险，克服九九八十一难，走完十万八千里，最终取回真经。玄奘取经的坚定信念，深深影响着我。于是，我决定在这里住一晚，躺在帐篷中我仿佛穿越到唐朝，怀着一颗虔诚的心去感受当年玄奘高僧的心路历程。

第二天天黑之前，我走到了红其拉甫边境，在边防战士的带领下，我站在中国和巴基斯坦7号界碑前，拍下了宝贵的照片。

古丝绸之路上的一个驿站，据说玄奘曾住宿于此

2001年3月青海唐蕃古道通天河畔玛尼堆和唐僧晒经台，传说唐僧在此晾晒掉进通天河的真经

2002年9月14日，我又走到了中国和吉尔吉斯斯坦交界的乌恰县伊尔克什坦边防检查站。这里是中国版图最西端。在这里，我见证了中国境内落下的最后一缕阳光。

中国与吉尔吉斯斯坦边境界碑

中国
77
(1)
2001

'02  9 14

中国与巴基斯坦边
境界碑，一面是中
国国徽，另一面是
巴基斯坦国徽

中国版图最西
的吉根乡

中国与巴基斯坦边境界
碑，一面是中国国徽，另
一面是巴基斯坦国徽

中国西陲第一哨

# "中国最北端"漠河北极村

2005年1月1日，我的徒步之旅进入第七个年头，我走到内蒙古自治区根河市，根河称为冷极。我在根河做了一个雪爬犁，可以把我随身携带的所有东西放到雪爬犁上，拉着它穿越冬季的大兴安岭。

2005年1月3日，我从根河出发，一路向北，一头扎进林海莽莽的大兴安岭深处，向漠河方向艰难地挺进。此时，这里早已是寒风刺骨，冰天雪地，眼前除了皑皑的白雪和成片的树林，几乎看不到人的踪影，一路上只留下我孤独的脚印和雪爬犁深深的印迹。

大兴安岭中的"兴安"在满语里是"极寒处"的意思，据说这里是中国冬季最寒冷的地方。像现在这种大雪封山的日子，室外极限气温最低时可达到零下53℃，据说大树都会被冻裂。类似"方便"这样的事情，也必须以最快的速度解决，否则后果不堪设想。因此最近一段时间，我主要选择住在林场的管护站，至少可以保证不冻死。

大兴安岭的夜特别长，自从走进大兴安岭，我每天都是天不亮就起床，简单吃一点东西后，就开始一天的行程，目的就是要赶在天黑之前走到下一个食宿点。但凌晨3点到6点，恰恰又是大兴安岭一天中最寒冷的时候，当地人称之为"鬼龇牙"。我必须一直快速前行，因为一旦停下来，手脚马上就会冻得发麻，脸部感到针扎似的疼痛。

尽管如此，我的鼻子仍然冻烂、化脓了，轻轻一碰就疼得厉

大兴安岭的天气非常寒冷，最低气温达到零下53℃。我独自穿行在大兴安岭深处，眉毛和胡子上挂满冰霜

害。为了缓解疼痛，我只好低着头走路，尽量让厚衣领给鼻子带来一些保护和温暖。

记得1999年冬天，我在太行山行走，天气较冷，大雪纷飞，但与黑龙江的冬天比较起来，还算暖和。刚开始，我的耳朵生了冻疮，我没在意。后来，耳朵慢慢红肿、流脓、变黑，用药水和棉签擦拭伤口时，烂肉就直接脱落下来。我对着镜子一照，看见冻烂的地方都露出软骨了。

就是在这种严寒的天气里，我不断地挑战着身体的极限！白天，我独自穿行在密林深处，帽子上挂满了霜，胡子上也因为呼出的热气遇冷结成了冰凌。

但是，比起一个人在旅途中的孤独和寂寞，天气的寒冷真的算不上什么。由于大兴安岭地区地广人稀，通常几天见不到一个人，偶尔能看到拉木材的大卡车在森林小路上驶过。

经过长途跋涉，2005年1月18日下午，我终于走到了中国的最北端——黑龙江省漠河县北极村。此刻，我异常兴奋，用最快的速度赶到当地邮局，盖上了一枚弥足珍贵的中国最北端的邮戳。

出了邮局，我无心欣赏冬季街边美丽的景色，匆匆向黑龙江江边奔去。在江边的"神州北极"石碑前，我支起三脚架，拿出五星红旗，给自己留下了珍贵而永恒的瞬间。

站在江边，极目远眺，江对面的俄罗斯村庄清晰可见。一百多年前，那里曾是我们先辈生活的地方啊。怀着一种复杂的心情，我

黑龙江中俄边境的
三道北极晨光

开始向黑龙江江中心的中俄边界线走去。由于江面上积雪非常厚，边防官兵们在江中心的位置拉出一条线，这便是"中俄边界"了。在"中俄边界"线上，我开始脱掉上衣，光着膀子，在江心打坐，挑战生命的极限。

2002年我行走在塔克拉玛干大沙漠，白天最高气温达到74℃，我的双手因没有遮挡被晒成了深褐色

　　2005年1月19日，我离开北极村一路南下。三天后的下午，我

零下39℃，我在黑龙江江中心的中俄边境线上打坐

105

"神州北极"石碑

到达了漠河县图强镇，这里是1989年夏天我第一次遇到余纯顺的地方。时光匆匆，转眼之间16年过去了，他的精神一直影响着我，也是我前进的动力。

## "东方第一哨"乌苏镇

2005年5月15日，我经过同江县银川乡，进入祖国陆地最东端县级行政区抚远县。到邮局匆匆盖过邮戳后，于下午5点抵达东方第一哨——乌苏镇。这里是乌苏里江汇入黑龙江的地方，滔滔的黑龙江水从这里经过俄罗斯，最后流向大海。

在乌苏镇住了一夜，第二天凌晨3点钟，我就赶到江边，准备迎接清晨的第一缕阳光，这里是中国最早见到太阳的地方。等我赶到时，灿烂的朝霞已洒满宽阔的江面。3点26分，太阳像火球一样从江面上跃出，气势磅礴，我也随之兴奋起来。据旁边的当地人说，已经有两个多月没有看到这样的景象了。

至此，我完成了通过脚步可丈量的、中国陆地四个端点的

106

晨光中的东方第一哨

在这里迎接第一缕阳光

海南省天涯海角

祖国东界碑

探访。

我所到达的陆地最南端是海南省三亚市天涯海角，时间是2000年3月25日。

最西端是新疆乌恰县吉根乡境内的伊尔克什坦，那里是中国和吉尔吉斯斯坦的边界线，时间是2002年9月14日。

最北端是在中俄边境的漠河县北极村，也是中国最冷的地区之一，时间是2005年1月14日。

最东端是乌苏镇，此时此刻，我正站在这里，看着中国境内第一缕阳光升起。

## "黄蓝交汇处"黄河入海口

2005年12月11日，伴随着一路风尘，我走到了山东省东营市境内。我此行最大的心愿，就是想好好看一看黄河入海时的壮观场面。

黄河是中华民族的母亲河，几千年来，她用宽阔的胸膛和无私胸怀，孕育了古老而灿烂的中华文明，抚育了千千万万的中华儿女，最后又带着自己的一切毫无保留地流入辽阔的海洋。

2002年3月，我沿着唐蕃古道，在青海省西宁通往西藏自治区的昌都途中，走到了母亲河的源头——扎陵湖、鄂陵湖，并经过了"黄河上游第一桥"。那里的黄河水完全不是人们刻板印象中的混浊不堪，而是清澈见底。我捧起一汪清水，缓缓送入口中，其味甘甜而悠长。

平常的季节可以乘船渡过黄河入海口，但由于此时正值冬季，黄河水道中出现了冰凌，它们从上游直泻而下，势不可当，单独的船只根本无法行驶，很多船只用钢丝绳连在一起才能通过。

冬日的清晨，太阳照射着夹杂冰凌的滔滔黄河水，波光粼粼。我从黄河南岸上了连接在一起的船只，一路听着冰凌从船底穿过，发出"咔嚓咔嚓"的声响。行至河中间时，我站在船上，举目向黄河入海口处远眺，只见黄河水夹杂着冰凌，如千军万马向渤海奔涌而去；远处，黄河水与渤海水交融处，混浊的黄色与清澈的蔚蓝色泾渭分明。

我拍了很多珍贵的照片后，继续向东营市河口区前行。经过一天的奔波，我的身体开始疲惫。黄昏时分，我正走在一个偏僻的地方，突然听到身后有摩托车加大油门向前猛冲的声音。我心里顿时咯噔一下，回头一看，只见两个彪形大汉骑着一辆摩托车向我疾驶

黄河入海口日出

黄河岸边羊皮筏子

而来，显然是想把我先逼到路旁的沟里，再进行抢劫。我见势不好，连忙拔出长刀，朝着这二人狂笑两声，吓得他们连忙调头，落荒而逃。这时，我才发现摩托车后座上的那个人手里握着一根很粗的木棒。好险啊！我差点喊出声来。

　　说心里话，我当时也非常害怕，在这个人生地不熟的地方，如果他们真的把我撞到路边的沟里，那后果将不堪设想。由于我长发披肩，一脸长髯，再拔出长刀狂笑两声，还真有点古代侠客的样子，对歹人多少有一点心理震慑。兵书上讲"不战而屈人之兵，是为上策"。这种方法我在路上经常用到，使我免遭了好几次被抢劫的危险。

黄河水夹杂着冰凌

# "长江入海口"圆陀角

2006年4月24日，经过了一天的长途跋涉，晚上6点半左右，我走到了江苏省启东市寅阳镇长江边的圆陀角风景区。这里是万里长江的入海口，江畔竖立的大禹石像面朝大海，迎风屹立，静观人世间的沧海桑田。

第二天清晨，我冒着小雨，在三条港乘坐一条私家小船离开寅阳，前往崇明岛。

崇明岛地处长江口，是中国第三大岛，素有"长江门户，东海瀛洲"的美誉。据说它也是当今世界上最大的河口冲积岛，该岛在长江口把长江一分为二，直至流入大海。

1999年，我第一次用徒步的方式走过南京长江大桥，2001年抵达长江源头，再到今天来到长江入海口。徒步中国的八年时间里，我分别走过了长江的上游、中游、下游，先后23次跨越长江。

长江作为中华民族的母亲河，几千年来养育了世世代代的中华儿女。但只要有人类居住的地方，就会出现人为的水域污染。每次我经过长江的时候，总是能看到不少江边的饭馆和附近的居民把生活垃圾直接倒入江中，沿途的工业污水排放则更为严重，经常会有带着一股浓重腥臭味的污水未经任何处理就被排入江中，严重污染了江水。我自己也是受害者，曾经由于数次喝了被污染的江水而上吐下泻，痛苦不堪。

水是生命之源，万物的生长都离不开水。在这些年的旅途中，我深知水对于生命的意义。我每天都要为找水花费不少时间，还数

次由于缺水而险些断送了性命。最艰苦的时候是走沙漠戈壁干旱的无人区，口渴难忍，用刀片割破手指，舔血润喉，喝自己的尿求生。

也许水对于大多数人来说实在是太寻常了，日常生活中天天都用。即使国家一直宣传环境保护、倡导节约用水，也是很少有人真正懂得水的珍贵，浪费水的现象比比皆是。其实，我国是缺水的国家之一，若非亲眼看见，一般人很难想象生活在缺水地区的人们用水的艰难。在有的地方，人们需要从十几里远的地方取水回来，才能勉强支撑一个家庭对水的基本需求。

我在西北地区偏僻的村庄，曾喝过村民用水窖存储的一年前的雨水，因为这一年都没有下雨。为了节水，一家人用一小盆水先洗脸，后洗脚，然后再给牛羊喝。因为缺水，有人一生从来没有痛痛快快地洗过一次澡，即使是在结婚这种人生中最重要的日子，也只是简单地用毛巾沾水擦洗一下身子。如果哪一户人家能拥有一口水窖，那是一件非常自豪的事。其实，从水窖里打出来的水，大多也是浑浊的，还需要经过长时间的沉淀才能饮用。

每每看到这样的情景，我既心痛又无奈，因此，我总是希望能为环境保护和节约用水尽一份微薄之力。我深信，只要从自我做起，从点滴开始，我们的生活环境就会变得越来越美好。

# "海防前哨" 西沙永兴岛

2007年5月11日下午5点，我在海南文昌的清澜码头，踏上了去往西沙群岛的补给船"琼沙3号"。船在波涛汹涌的大海上整整颠簸了一夜。

2007年5月12日早晨，"琼沙3号"终于到达目的地——西沙永兴岛。永兴岛是南海诸岛中最大的岛屿，刚刚下过雨，空气凉爽清新，天空中还出现了一道美丽的彩虹，彩虹的一端直入海面。

在永兴岛的海岸上，海军官兵在列队等候，两名年轻的海军战士手里举着一个牌子，上面赫然写着"接雷殿生"，这让我颇为感动。我在招待所安顿好后，随小战士去岛上走了一圈。

因为海风很大，又缺少土壤，永兴岛上的植物比较单调。这里的椰子树比较多，而羊角树则是岛上生命力最顽强的树种，它的果

西沙石岛

实形如羊角，全株有剧毒，种子毒性最烈，误食后有致命的风险。每当台风袭击，被刮断的树枝就会落地生根发芽，很快又长成茂密的树林。此外，还有一种生命力也很顽强的树叫抗风桐。在永兴岛上，我还见到了一块只有足球场大小的原始森林，据说已经有上百年的历史了。那里的树很粗壮，直径最大能达到50厘米。

永兴岛上住着一百多位渔民，他们祖祖辈辈靠以打鱼为生。岛上根本没有淡水，除了靠海南岛的补给船送水，岛上军民的用水主要来自平时收集的雨水。战士们说，刚来的时候很不习惯，渐渐地

永兴岛上的羊角树

也就适应了。他们是军人，守卫着祖国的岛屿，有些战士已经两年多没有离岛了，对亲人和家乡的思念只能埋在心里，他们主要通过岛上的卫星电话了解外面的信息。

战士们听说我有一面专门为迎接奥运制作的旗子，一致要求在旗子前合影留念。一聊起有关奥运的话题，战士们个个都是兴高采烈，滔滔不绝。令我兴奋的是，我还幸运地在永兴岛邮局盖上了西沙的邮戳。

我用两天的时间走遍了整个永兴岛，为了不给部队增加太多麻

在永兴岛与海军战士们合影

烦，我决定离开岛屿。得知我要走的消息，年轻的海军战士们纷纷把写给父母和恋人的信件交给我，嘱托我一定要带出海岛。因为在这里，如果赶上天气不好，信件会很长时间都送不出去。

2007年5月13日，我带着战士们的嘱托，重新登上了"琼沙3号"，向海南的文昌港驶去。

站在船上，我行了个标准的军礼，向战士们告别。一路上，我内心久久不能平静：如果不是这些可爱的军人用他们的青春和汗水保卫着祖国的安宁，哪里能有我们今天这样幸福的生活？

向解放军致敬！

# "东方之珠"香港

1999年11月18日，我到达深圳，着手准备去香港。

香港和澳门是我一直很向往也是此行必到的地方，但对于如何办理相关的手续，我一无所知。后来朋友告诉我，通行证很难办，需要亲自回户籍所在地办理，于是我只得从深圳返回呼兰老家。

几经周折，在老家焦急地等待了几十天后，我于2000年1月17日领到通行证。尽管姐姐一再要求我过了春节再走，我也没有多作停留。

2000年1月18日，我在车站辞别了姐姐及亲朋好友，带着对香港和澳门的美好愿望，踏上了从哈尔滨开往深圳的列车。

2000年1月22日上午，我从深圳罗湖口岸进入香港特别行政区。我先到达了上水，这是香港的一个新市镇，位于香港的最北端，连接着深圳。我没停留多久，就赶往下一站——粉岭。

到达粉岭时已是中午了。我坐在一棵古树下休息，正准备拿出压缩饼干来充饥，两位环卫工人走上来与我攀谈。我只能勉强听懂她们的普通话。我告诉她们我是徒步中国的，第一次走进香港。她们听后不约而同地向我伸出了大拇指。我们交谈了十几分钟后，她们示意我等一会，就走开了。

不一会儿，她们手里提着一个袋子回来了，里面装的是矿泉水和快餐。我感动得不知道说什么才好。这是我进入香港的第一餐，其饱含两位环卫工人的爱心和鼓励。临走时，她俩还祝福我早日实现梦想。

接下来，我沿途经过元岭、大埔、吐露港，到达沙田。到达沙田的时候，已经是将近晚上8点了。在沙田海河旁的石墙下，我支起了帐篷，吃了些压缩饼干和老家朋友送的干肠。干肠在包里放太久了，有点长毛变味了，但我也没舍得扔掉。

借着手电筒的光亮写完日记，我立刻躺下来休息。半夜，我被滴滴答答的雨声惊醒。起来看看表，已是半夜1点40分。昨天晚上支帐篷的时候，没想到半夜会下雨，所选的位置正处于一个低洼的地方，帐篷下面都被雨水浸泡，衣服、背包都湿了。我赶紧从帐篷里钻出来，挪了个地势较高的地方，又钻进帐篷里，任凭雨水有节奏地滴落在帐篷上。

这年的冬天，是香港近些年来气温最低的冬天，雨水也比较多。为了节省开销，我一连三天都住帐篷，但每天都会被雨水泡湿。

赛马是香港重要的传统体育项目，很多游客来香港旅游就是为了观看赛马。我当然不能免俗，也买票看了一场比赛，晚上就在赛马场旁边的地下人行通道支起了帐篷。我蜷缩在帐篷里，尽量不挪动身体，以保持体温。由于连日在雨中行走，我脚上的水泡发炎感染了，稍稍一碰就钻心痛。

大概半夜1点多钟，睡梦中的我被人叫醒，迷迷糊糊地拉开帐篷拉链一看，是两位香港老人。他们是香港社会福利署的，因为天气寒冷，他们正在寻找流落街头无家可归的人，为这些人提供御寒的毛毯。我连忙说我不是流浪者，也不需要救助。但是他们坚持让我接受毛毯，说天气太冷，既然来到香港，就要接受他们的帮助。言语诚恳，令我无法拒绝。

之后，他们又专门去给我买了一盒饭，每人还拿出一百港币，让我在路上买点东西，好好补充营养。我又一次被感动了。

## 捐赠器官

来到香港的这几天，除了繁华都市的高楼大厦、浓郁的商业氛围，我感受更多的是普通市民带给异乡人的温暖。无论是给我买快餐的环卫工人，送我毛毯的福利署工作人员，或者路上给我鼓励的陌生人，他们用自己的实际行动，默默地为这座城市增色添彩。

第二天一早，我起来收拾东西，因为多了一条毛毯，背包又大了不少，但我舍不得扔掉它。我把这份情谊和关怀一直背在身上，直到背回深圳后把它送给了那些更需要帮助的人。

当我走到九龙时，有市民看到我背包上"徒步走遍中国"几个大字，非常好奇，就走过来与我攀谈。他们得知我是从遥远的哈尔滨依靠自己的双脚徒步来到香港时，都非常惊讶。特别是在了解我途中的一些经历后，他们更是佩服不已。有一位叫郭大明的香港青年为我的事迹所感动，主动给《太阳报》打电话。不一会儿，《太阳报》的记者就迅速赶过来，对我进行了全面的采访，并表示会尽快见报，为我的徒步壮举加油助威。

采访结束后，我走到了金紫荆广场，在那里支起三脚架，给自己留下了几张珍贵的照片。我坐在紫荆花雕塑前休息的时候，偶然看见不远处停着一辆大巴车，车身上写的"香港卫生署器官捐赠车"几个大字引起了我的注意。我忽然想，这一年来遭遇了不少危险，有时甚至险些丧命。今后的旅途中，万一遭遇不测，我的身体器官或许还可以帮助更多的人。

想到这里，我毫不犹豫地背起行囊，向捐赠车走去，并向工作人员要了一张捐赠卡片。我拿过卡片，仔细一看，卡片的背面写着一行温馨的宣传语："重获新生有赖你，捐赠器官爱心传。"卡片

在香港金紫荆广场

的正面则是要求填写捐赠者的姓名、地址和联系方式等。

我在卡片上填了自己的名字，但在地址和联系栏里填上了姐姐家的住址和电话。之所以要这样做，是因为我一直在外徒步探险，居无定所，联系不便，但我会定期跟姐姐汇报行程，因此联系到姐姐就可以联系到我了。

我把填好的卡片递给工作人员，表明我一旦遇到不测，自愿把全部器官捐赠出去，用于救助有需要的患者，好让他们宝贵的生命得到延续。工作人员接过卡片，立刻上上下下仔细打量我一番。我便马上拿出证件以证明自己的身份，并说明了我此行的目的。

捐赠器官卡片

工作人员听完我介绍，感到非常吃惊，一个内地人居然要申请在香港捐献器官，这对他们来说是第一次遇到。当我转身准备离开的时候，一位中年人拉住我说："你先休息一会儿，和我们一起吃完午饭再走吧。"

我们边吃边聊，当谈到我要徒步全中国时，他们就问："那你为什么要到香港来捐献器官？"我说我并不是刻意来捐献器官的，而是今天看到了他们的器官捐赠车后才临时做出决定。我已经在路上徒步了一年多，有好几次差点遭遇生命危险，还有将近九年的路要走，不知道能否走完这条路。一旦遭遇不测，希望我的器官能够挽救他人的生命。

他们说："你是从内地来香港第一个捐赠器官的人。我们祝福你一路平安，完成梦想！"

几天后，我完成了在香港的徒步之旅，匆匆登上了前往澳门的客船。

120

# "海上花园"澳门

　　客船的汽笛声划破了香港雨雾中的宁静，海面上翻卷着被客船推开的浪花。澳门近在咫尺了。2000年1月28日下午4点45分，我踏上了澳门的土地。

　　这次澳门的行程路线是：葡京酒店、大三巴牌坊、妈祖阁、观音古庙、望厦山古炮台。在去往葡京酒店的途中，有一辆轿车慢慢地跟在我身后。不多时，车开过来了，车里的人问我："你是雷殿生先生吗？"

　　我很吃惊，心想，我第一次到澳门，在这里没有熟人啊！

　　那人从车窗里递出一张报纸，问道："这个人是你吗？"我向车里打量了一下，开车的这位先生中等身材，面目慈善，衣着讲究，举手投足间透出一种温文尔雅的气质。同车的还有两位男士。

　　我看了一眼那张报纸，是三天前的香港《太阳报》，上面有那天对我的采访，还配了我的照片。于是我朝车里的人点了点头。

　　"你去哪里？"

　　"我去葡京酒店。"

　　"那我们陪你去吧。你上车。"

　　我笑着跟车里的几位说："我只徒步，不坐车。"

　　"那好，你沿着这条路一直走就到了。我们先去酒店那边，在那儿等你。"

　　一个多小时后，我走到了葡京酒店门前。过去曾经听说葡京酒店的外形像个鸟笼，百闻不如一见，这真是一座金碧辉煌的"鸟笼"。

121

澳门五星级酒店

刚才路上遇见的那几位果真在门口等着我，我和他们一起走了进去。酒店里犹如皇宫，气势恢宏，巨型水晶灯放射出灿烂的光芒，各种艺术品和古董琳琅满目。

开车的那位先生认真地说："雷先生，我们可以交个朋友吗？"

"可以呀！"我说道。

"那咱们一起吃顿饭？"

自出发至今，由于各种媒体，知道我的人越来越多。有时候走在路上，会遇到陌生朋友的鼓励或是关心，他们要和我交朋友，我一般都会欣然接受。他们的热情与友好，给我的徒步之旅增添了许多美好的记忆。

那位开车的先生带我来到葡京酒店里的豪华餐厅，他自我介绍说姓王，在澳门开公司。另外两位先生，分别姓刘和瞿。王先生点了一桌子的美食，还有美酒，每一种的分量虽不多，但都非常精致。我们边吃边聊，他们非常喜欢听我讲旅途中的故事，所以聊了很久。

王先生结账时，我才发现这顿饭居然吃掉了近一万港币！我暗自心惊：这也太贵啦，够我路上半年的生活费了！稍后，一位衣着体面的先生走了过来，递给我一张房卡，表示王先生已经为我订了葡京酒店的房间，让我今晚住在这里。

我有点不知所措，赶忙说不行。这里消费太昂贵了，对于早已习惯风餐露宿的我来说过于奢侈。王先生和两个朋友纷纷表示只是想尽地主之谊，劝我安心住下来，好好休整。

盛情难却，我只好接过房卡，进入房间休息。过了一会儿，这三位朋友来到我的房间，送了我一块适合野外使用的户外运动手表、一只备了二十支笔芯的包金笔，以及一部三星相机和二十个胶卷。

我们只是萍水相逢，面对如此贵重的礼物，我真的不知道应该怎么感谢。王先生却微笑着说："是你执着的精神打动了我们，信仰和毅力不是花钱能买到的。真的不要客气，既然是朋友就一定要收下。"

也许物质的馈赠对他们来说确实不算什么，但难得他们能想得如此周到、如此细心，我无法用语言表达自己对这份厚重礼物的感激之意。

到了澳门，还是要感受一下博彩的。我不懂博彩，走马观花地转了转，真是大开眼界。接下来，我先后参观了妈祖阁、大三巴牌坊、古炮台、观音古庙等名胜古迹。这些散发着古典气息的澳门建筑，融合了东西方文化的智慧，给人一种视觉上的享受。

晚上，我把帐篷支在了望厦山山顶公园。没想到，夜里居然下

澳门大三巴牌坊

支在望厦山山顶公园的帐篷

起了雨。雨水灌进了帐篷，防潮垫湿了。后半夜我没有再睡，一直坐到了天亮。

坐在雨中的帐篷里，我回想昨晚还睡在豪华的五星级酒店，今天却又回到了真正属于自己的小窝。在短短的两天里轮番感受人世间最奢华和最简陋的居所，简直跟做梦一样。这种极致的体验充实了我的人生。

我并不留恋奢华，奢华享受不会消磨我的意志，风餐露宿才是我在旅途中最真实的生活。但我会留恋那些鼓励和温暖的话语，我会永远将它们珍藏在心底。

天亮了，我收拾起沉甸甸的行囊，朝山下走去。

## "美丽宝岛"台湾

2008年3月下旬，我抵达河南省新郑市。到黄帝故里祭拜之后，一路北上，行至安阳参观殷墟遗址时接到电话，通知我去台湾的通行证已经办好。

放下电话，我激动不已。两年多的时间，我一直为了去台湾做各种各样的准备，曾经有媒体采访时问：雷殿生，你徒步中国会去台湾吗？我毫不犹豫地回答：台湾是我们中国领土不可分割的一部分，徒步中国必须去台湾。否则，我就没有走遍中国。

因为当时台湾地区和祖国大陆没有实行"三通"，去台湾也就成为我无法确定的一个计划。但是，我从没有放过任何去台湾的机会。

经过两年多的努力，我终于有幸成为大陆第一个前往台湾的徒步旅行者。我从北京首都机场去往深圳，到深圳后又去香港，从香港飞往泰国曼谷，在曼谷买了去台北桃园机场的机票。

2008年5月17日傍晚，经过多次辗转，我终于抵达台北桃园机场。当我走下舷梯，双脚踏上宝岛台湾这片土地时，心情十分激动。这里是我一直魂牵梦萦的宝岛。

第二天，在台湾朋友的陪伴下，我先后游览了阿里山、日月潭等风景名胜区。

2008年5月20日，我行抵高雄。晚上，爱河广场举办了露天音乐会，马英九特地从台北赶来参加。广场周围人山人海，灯火辉煌，盛况空前。

深夜，我打车回酒店。司机师傅问我是哪里人，我说我是黑龙江哈尔滨人。他在车上立刻热情地跟我攀谈起来，聊的话题很多，我下车付费时，司机师傅坚决不收车费，他说："你从大陆来台湾一趟不容易，今天免费送你一程，毕竟两岸同胞都是一家人。"

这看似平常的一句话，却让我心里感觉特别温暖。虽然海峡两岸由于一些原因，很长一段时间交流不畅，但是同祖同宗、同根同源、同为中华儿女的观念一直扎根在海峡两岸。

2008年5月20日对于我来说，也是一个特别的日子。我在高雄邮政局，把56个民族大团结邮票中的高山族邮票，贴在我随身携带九年的一张纸上，在高山族邮票的左下角盖了一枚台湾高雄的邮政纪念日戳。

从1999年10月1日新中国成立五十周年当天，我把56个民族大团结邮票的中第一枚汉族邮票贴在这张白纸左上角，并且盖上1999年

盖上了台湾地区邮戳的奥运旗帜

10月1日福建三明邮政日戳时，就正式开始了56个民族走访之旅。每到一个民族聚居地，我除了探寻民风民俗、了解民族文化，还要去政府部门查阅收集一些资料，请求政府部门在信笺纸上给我写几句话留作纪念，然后我再去邮局贴上本民族的邮票，盖上当天邮政日戳。九年来，我探访了55个民族，仅剩下高山族，那天在台湾高雄邮局把最后一枚高山族邮票贴上，又盖上2008年5月20日邮政日戳，至此，56个民族走访终于圆满了。此刻，我心潮澎湃，激动的心情溢于言表。九年啊，56个民族、56枚邮票，一切都太不容易了。瞬

东澳车站

间，我的泪水夺眶而出。希望海峡两岸早日统一，中华民族伟大复兴的中国梦早日实现。

离开高雄之后，我一路经垦丁、花莲，再次回到台北，并到台北"故宫博物院"、台北孙中山纪念馆、101大楼等地参观。美好的时光总是觉得很短暂，不知不觉，回祖国大陆的日子即将到来，我的心里既感慨又有一些遗憾。感慨的是，我如愿来到了祖国宝岛台湾，完成了环游全岛的愿望。遗憾的是，由于台湾的行程只有7天，所以这次环岛之行不是纯徒步游，绝大部分行程是乘车，仅有小部分是徒步，也就不能把台湾行程算在徒步全国的公里数上了。

临行前的那天晚上，朋友为我摆酒宴送行。吃的是地道台湾风味菜肴，喝的是62度金门大高粱酒。大家边喝边聊，聊到动情处，举杯豪饮。第二天清晨，我登上了回祖国大陆的飞机，当飞机在桃园机场起飞的那一刻，我从机舱再一次回首眺望宝岛台湾，期盼着下次能真正完成走遍台湾全岛的心愿。

我从台北桃园机场几次辗转回到了河南安阳，继续完成未竟的行程。

台湾花莲县丰滨乡
北回归线纪念碑

127

# 第 4 篇

# 惊 魂 一 刻

## 险坠壶口瀑布

1999年1月10日，我走到山西省临汾境内，壶口瀑布是这里著名的景区，位于临汾市吉县壶口镇，与陕西省交界。

当时正值冬天，黄河壶口两岸的地面上都结了冰，我距离壶口瀑布2公里时，便能听到轰轰隆隆的巨大声响，大瀑布的壮观可想而知。随着距离越走越近，空气也越来越湿润了。眼前慢慢出现了瀑布的轮廓，声音越来越大，岸边的山石也越来越明显，黄河之水奔腾而下，气势磅礴。

我快步走近瀑布，"天下黄河一壶收"的壮观景色立刻展现在眼前。两岸壁立的石头堆成狭窄的出口，原来几百米宽、奔流而下的黄河之水到此收紧为十几米，能量瞬间积聚，向下急冲，声势浩大，震耳欲聋。黄河在这里形成巨大的落差——从山西河口到河南孟津，恰好是中国地势从第二阶梯向第三阶梯过渡的地段。

壶口瀑布两岸夹山，岩石被急速的水流冲出一道道巨沟，滚滚黄河水倒悬倾注，好像奔腾的野马冲向谷底，这也正是壶口瀑布的魅力所在。

　　由于此时是冬天，瀑布溅起的水花洒在周围的岩石上，结成了厚厚的冰，在阳光照射下，如镜面般光滑耀眼。同时，瀑布下泻的水流激起巨大的浪花，被阳光照射出五彩的光晕，好似雨后的彩虹。

　　我被瀑布的壮美彻底征服了，正当我不停地按动快门的时候，突然脚下一滑，身子顺势往下滚去。我心头一紧，眼看就要掉进河谷，却猛然发现脚下有一个碗口大小的冰窝，多年的锻炼终于在关键时刻发挥了作用，我赶紧用一只脚尖顶在冰窝里，总算把急速下滑的身体稳住了。

　　我小心翼翼地伏在冰面上，双手、双脚协调用力，慢慢试探着一点点地往上爬，近五分钟时间才爬了四米左右的距离。时间好像凝固了，我的心悬到了嗓子眼儿。当我慢慢地站起身来，逃离危险地段后，心还在怦怦直跳，微微发颤的身体满是冷汗……

　　后来听当地人讲，人若是掉下去，必死无疑。下面是近五十米深的河谷，水流湍急，即使扔下一大块海绵也不会漂浮起来。曾经

'99 1 10

我在黄河壶口瀑布遭遇了出发后的第一次危险

有人从这里掉下去，在下游几公里外的地方才找到尸体。我听了不由得后怕起来。

这是我第一次在路上遇到危险。有了这次经历，我在以后的路途中都把安全放在首位。每天晚上都详细计划第二天的路程，预想可能会遇到的各种危险。

# 罗霄山遇巨蟒

1999年8月中旬，我走进了湖南省株洲市炎陵县鹿原镇鹿原陂，因为炎帝陵在这里。

炎帝陵是中华民族始祖炎帝神农氏的安息地，有"神州第一陵"之称。所以我计划去那看看。

之后我从炎帝陵出发，计划穿越罗霄山山脉，前往革命圣地井冈山。8月18日，我独自走进了湖南省炎陵县与江西省井冈山之间罗霄山脉的崇山峻岭之中。

罗霄山属于国家级森林自然保护区，山高林密，峡谷幽深，天气闷热潮湿。人迹罕至之处的自然风光，保留了许多原始的风貌，在此能见到一些珍稀的树种，如银杉、冷杉和华榛等，许多古木的树龄都在百年以上。空气中弥漫着花草树木的清香，令人心旷神怡。

下午1点多的时候，路越走越狭窄，越走越艰难。忽然，天黑了下来，远处乌云密布，雷声滚滚。一眨眼的工夫，瓢泼大雨倾泻如注，我赶紧躲在一处岩石峭壁下，用塑料布包好行囊，再穿上雨衣继续前行。因丛林中大多是参天大树，为防止雷击，我不能停留太久，只能选择不停地前行，以减少危险发生的可能性。

当我跌跌撞撞地走完一段泥泞不堪的小路时，在几棵参天大树旁，我发现了一座低矮的小庙。走近一看，庙上还有一块匾额，上面赫然写着"七仙姑庙"。县志上说，湖南一带的人很信奉七仙姑。传说七仙姑是玉皇大帝的第七个女儿，她是勤劳善良的化身。

我慌忙躲进庙内。庙很小，只能容纳两个人，屋顶还漏着雨。庙内的香案上摆放着一些供品，水果已经腐烂，饼干也潮湿了，只有白酒瓶还盖着盖子。由于身上被雨水淋湿了，浑身发冷，加上肚子又饿得咕咕叫，我便打开酒瓶，喝了几口酒，又吃了几块饼干，边吃边在心中感念七仙姑的功德。

半个小时后，雨虽然小了些，但一直没有停。我不能再等下去了，如果天一黑，那就只能困在此处了。

走出小庙，山风吹来，冷飕飕的，我不禁打了个寒战。雨一直下，丛林里根本没有路，我只能按照大概的方向朝前走。沿途有的地方怪石嶙峋，需要手脚并用爬过去，有的地方还要蹚过没膝的河水。

我就这样深一脚浅一脚地往前走着，傍晚时分，我来到一座大山前，这里地势险峻，却是过路者必经之地。如果绕路，则不知道要走多远。环顾四周，我注意到这一带的高大树木不多，倒是有成片的低矮细毛竹，可以抓着毛竹试探着往前走。没有竹子的地方，则布满了荆棘和翠绿的毛草，偶尔有一些高低不平的石头。我小心翼翼地踩着凸起的石块，一点一点地向前移动。

突然，我一脚踩空，身子一歪就倒了下去。我下意识地用手抓了一把荆棘，只觉得一阵刺痛，赶紧松手，整个人就顺着山坡往下滑去。滑了大约七八米远，我看见身旁有一棵小树，就顺势抱住了它，让自己停下来。这时，我才发现双手都是鲜血，全身和背包沾满了泥水。我就像个落汤鸡一样，浑身一点力气都没有了，趴在湿

131

乎乎的地上，一点都不想动。

猛然间，耳边传来一阵"唰唰"的声响。我马上警觉起来，顺着声音传来的方向看去，只见不远处有一条巨蟒，头部竖起一米多高，吐着血红的信子向我蹿来。顿时，我喉咙发紧，头皮发麻，心脏剧烈跳动，本能地从地上爬起来就跑。

那条蟒蛇有八九米长，蛇身如大碗口一般粗，距离我只有十几米远。我朝着山坡采用"Z"字形疯狂地奔跑，全然忘了疲惫和疼痛。我一边跑一边从侧包里掏出气雾剂，朝后面喷洒，接着从衣服兜里掏出用塑料袋包了好几层的鞭炮，点燃鞭炮后快速投向蟒蛇。最后，又从三脚架包里抽出长刀，以备不测。

跑了二十几分钟，整个人累得几乎虚脱，只觉嗓子发咸，双腿发软。精疲力竭的我一屁股坐在山顶处。我心想，这会儿就是蟒蛇真的追上来要把我吃掉，我也跑不动了。幸运的是，几分钟后，没听到有什么异常的动静，我想努力地站起身来，却发觉双腿还在不停地颤抖，根本就不听使唤。

劫后余生的我大喊了一声，我又一次战胜了自己！雨水、汗水、泪水顺着脸颊一起流了下来。

我开始盘算着今天能否走出这片森林。整理行囊的时候，我差点又要绝望了——挂在背包侧面的食物袋子在奔跑的时候丢了。本想回去寻找，又怕再次碰到那条巨蟒，我只好作罢。

天渐渐黑了下来，我打着手电，提着刀，在雨中森林里穿行。晚上10点多，我终于走到了江西省井冈山境内的一个镇子，找到一家小旅店住下。我独自躺在床上，回想起遇到白天巨蟒那惊魂一幕，久久不能入睡。一闭上眼睛，就感觉它在追我，还吐着血红色的信子……

　　第二天，我和当地的一位老人闲聊，说起巨蟒的事。老人惊奇地打量我说："你的命真大啊，我们这里的牛犊子遇到蟒蛇，被缠死吞掉也是常事。蟒蛇虽然没有毒，但你千万别被它缠上。万一被缠上了，就拿出短刀，双手抱头，在它吞食的过程中，让刀尖划破它的肚子也许还可以得救……"

　　其实，用短刀自救的办法只是人们的美好愿望而已。事实上，只要被蟒蛇缠上，就再也逃不掉了。

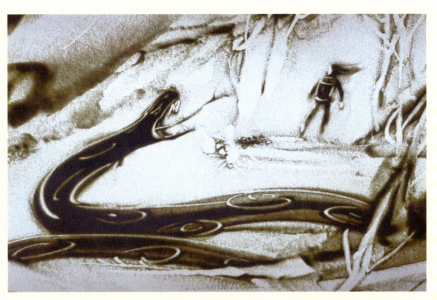

在罗霄山原始森林遭遇巨蟒（中国沙画创始人苏大宝先生创作）

## 扛过食物中毒

　　2000年5月23日，我走到广西河池市宜州区德胜镇，身体感觉很不舒服，应该是吃了不干净的东西。当晚在镇上一家小旅馆留宿。

133

肚子疼痛难忍，多次去厕所，全身大汗淋漓，虚弱无力。到了第二天早上离开旅馆的时候，我仍然双腿发软，浑身无力，但还是强撑着继续前行。

一路上，我走走停停，路过一片树林时，实在走不动了，就决定在这里休息一下。我坐在地上，靠着树干，吃了几片药，不知不觉睡着了。等我醒来的时候，已经一个多小时过去了。之后的几天里，我就这样强撑着病体走走停停。

2000年6月9日，我走到了阳朔县高田镇。

我沉浸在阳朔的秀美山水中，中午在路边一处小饭店吃饭，饭菜极不卫生，我忍着填饱肚子，饭后不久就感觉不对。我又开始上吐下泻，只能到县城找家旅馆住下。我躺在床上，腹疼得我忍不住来回打滚。更糟糕的是，我不仅肚痛腹泻而且头痛欲裂，不到二十分钟就要去一趟厕所。折腾一夜，基本上没有睡觉。第二天早上，我强打精神起床，吃了片药，又继续出发了。

接近12点的时候，我才走到阳朔县白沙镇。此时，我浑身无力，筋疲力尽，双腿酸软，每走一步都摇摇晃晃，头痛得更严重了。无奈之下，我用鞋带勒在自己的额头上，这样头疼好像减轻了一些。于是，我找到一家旅社住下，一头倒在床上，不知不觉地昏睡过去。

等我睡了30多个小时后醒来时，已经是6月12日早晨。我悲催地发现，自己竟然大小便失禁了！我挣扎着从床上爬起来，勉强把自己的衣裤和床褥收拾干净。然后扶着墙，跌跌撞撞地出去买了一份快餐。明明饥肠辘辘，可是饭到嘴边却咽不下去。想到这一路上遭受的自然灾害、野兽袭击、身体病痛，我把泪水和着饭吞进肚子里。吃完饭，我又在旁边的食杂店买了几根冰棒，我知道自己现在不能吃这么凉的东西，可我想刺激一下自己大脑和肠胃，也许是想让自己的头脑更清醒一些吧。

这次严重的胃肠病和头痛，差点让我徒步全中国的计划止步于白沙镇。其实徒步过程中病痛难免发生，人在身体极度不舒服的时候最脆弱。我不愿因此动摇信念，所以哪怕身体再不舒服，我只要还能站起来，就不会停下脚步。

我坚信，只要一步一个脚印地努力前行，终会到达梦想的彼岸。

压缩饼干是我十年徒步中的主要食物

# 剜肉自救

2000年5月，我行走在广西大瑶山区，那里是中国著名的蛇区之一，蛇非常多，一天中常常能碰上几十甚至上百条蛇。有时走着走着，突然脚下一软，发现自己已经踩在了蛇的身子上了；有时夜间在山路上穿行，蛇会不知不觉从草丛里爬到脚面上缠住双脚；有时蛇还会像一根绳子一样，从树上垂下来，也有的像一条树枝在空中荡来荡去……简直防不胜防。

不过，一般的蛇并没有毒性，即使被缠住，也不会有生命危险。最可怕的是遇到毒蛇，一旦被咬，很可能在短时间内丧命。

有一天，我在行走中不小心踩到了一条蛇，左小腿立刻被咬了一口，伤口非常疼痛，并冒出了黑色的血。我知道这次肯定是遇到

135

了毒蛇。

我之前看过一本野外生存的书，里面写到被毒蛇咬了，必须快速处理伤口，否则，等毒液随着血液流到心脏，就很难救治了，几个小时后人就会死亡。

因为是在森林里，很担心有生命危险，我选择了简单粗暴的办法——剜肉自救。我迅速拿出应急包里的刀片、云南白药、纱布、白酒及橡胶管，把伤口的上下部位勒紧，防止毒液扩散。然后取出小刀，在没有任何麻醉的情况下，把被蛇咬的那块肉剜了下来，直接露出了小腿骨膜。我顾不得钻心的疼痛与恐惧，用力把血水往外挤。为了防止毒液残留，我吃力地将嘴巴凑近伤口，把血水和毒液吸吮出来。直到血液变成鲜红色，我用白酒消毒，再撒上云南白药，用纱布包扎好伤口。

在野外旅行探险随时都有意外出现，一定要胆大心细，不仅要有好的身体，更要有好的心理素质。很庆幸伤口几天后就恢复了，从那时候开始，我就一直琢磨防蛇的药物和方法。最初，我尝试着用有剧毒的杀虫剂，它虽然有效果，但对身体有副作用。后来我又找了许多对付蛇的药，慢慢地我摸索出了一个配方。我买了一些雄黄，把它砸碎，再将晒干的紫皮蒜末、胡椒、尼古丁一并碾成粉末，再掺入一些麝香。然后用两层纱布包起来，置入50度以上的白酒中，浸泡半个月左右取出。再把清澈液体装进可以喷雾的瓶子里，随身携带。在森林或者草原蛇多的地方，把这种药水喷洒在鞋和裤子上，碰到蛇就直接喷到蛇的身上，蛇会短时间失去知觉，等药性过去之后才能缓过来。

2007年11月28日，我走到湖南省永州地界。不由得想起了唐代文学家柳宗元那篇著名的《捕蛇者说》："永州之野产异蛇，黑质而白章，触草木尽死……"我从永州市西行至东安县舜皇山国家森林公园，这一带气候温润，非常适合蛇繁衍。相关资料显示，我国共有二百多种蛇，永州境内就有七十余种，常有五步蛇、银环蛇、眼镜蛇、竹叶青、烙铁头等毒蛇出没！然而，有了这一神奇的防蛇药水的帮助，在蛇区这一路上就再也没有遇到蛇的攻击。

当然，这也许是得益于我的"自研配方"，或许是因为运气好。我的防蛇配方也仅仅是我的个人经验，大家请勿模仿。

# 遭遇山体滑坡

2000年6月22日，我在经过广西壮族自治区的十万大山和大瑶山之后，连日冒着瓢泼大雨，沿着融江边的321国道，一路向贵州省方向前进。

由于长时间连降大雨，321国道将近40%的路段已经被大水冲毁，沿途山体滑坡和泥石流灾害非常严重。有几次，我刚刚走过几十米，身后的山体开始大面积滑坡，巨大的山石就像开了闸的洪水

在321国道遭遇泥石流和山体滑坡

洪水淹没房屋

从山顶翻滚而下。一时间地动山摇，场面比电影里的灾难镜头还要恐怖，只有亲身经历过的人才能真正体会内心的那份恐惧。

　　一路走来，路过不少村庄，当时看到的惨烈场面让我至今难以忘怀：大片的房屋被汹涌的洪水吞噬，有的只剩下光秃秃的屋脊，有的早已成了残垣断壁；一些百姓看着被洪水吞没的家园和在洪水中挣扎的家禽，沉浸在极度的悲伤和惶恐之中，失声痛哭；而另外一些人则在河边拼命地打捞着从上游冲下来的木头，为今后重建家园做准备……

洪水造成的破坏

看着那些被洪水冲毁的房屋、倾斜的路面、坍塌的山体和悲伤的百姓，我的心情十分沉重。雨果说："大自然是善良的慈母，同时也是冷酷的屠夫。"人在大自然中实在太过渺小。

这是我出发以来徒步最困难的一天，一天之中经过多达四十余处山体滑坡及泥石流路段，处处充满危险。我在泥淖中小心翼翼地前行，全身早已满是污泥，由于整天都在冰凉的泥水里泡着，我的双脚被冻得数次抽筋，痛苦异常。双腿也被锋利的岩石划破，血流不止，只能拿出自己备用的应急包处理伤口。

2000年6月24日，我离开从江县向西北方向的榕江县挺进。这里洪水较大，造成321国道从江至榕江段多处道路中断，所有车辆都已禁止通行，当地百姓也从山脚下的低洼地段往山上迁移。

这次洪灾给当地的民众带来了巨大的灾难。这一带的居民主要是苗族和侗族，其中苗族多

我手脚并用爬过这段山体滑坡

## 遇到自然灾害时怎么办

洪水、泥石流或雪崩等自然灾害来临时，首先一定要冷静，选择正确的逃生路线，切忌慌不择路。选择逃生路线时，应注意寻找地势平缓、开阔的向上路段，尽量走"Z"字形，这样既可以灵活躲闪，又能有效减少体能消耗。其次，千万不能只顾低头猛跑，一定要做到"眼观六路、耳听八方"，这样才有可能争取更多的逃生时间。

住在山上，侗族则主要住在山下的江河两岸。当我走到岜沙村时，热情好客的苗族人还用略显生硬的普通话邀请我去他们家里吃饭，被我婉言谢绝了。他们的生活本来就很清苦，水灾又让他们雪上加霜，我又怎么忍心再去打扰他们！

有些路段的路基已经被洪水冲垮了，泥石流夹杂着树枝阻挡着前进的道路，寸步难行。我在淤泥碎石中艰难地走过了321国道的923公里至925公里，仅仅2公里的路程，我竟然走了两个多小时。雨还在下，我已没有退路，只能继续前进。走到321国道的1008公里至1009公里的路段时，前方发生了特大山体滑坡，山路被完全毁掉，200多米高坍塌的山体与江水相连，让人无路可寻。

我只得深一脚浅一脚地踩在泥浆里，每走一步都变得异常艰难。遇到实在无法通过的地方，我不得不用双手扒着陡峭的山崖，一步一步小心地斜着向上攀行，过去之后再小心翼翼地一点点爬下来。同时山体还在不断地下滑，我努力做到"眼观六路，耳听八方"，生怕因为一时疏忽被滚落下来的山石击中，或跌入滚滚的江水之中，长眠在这片大山的脚下！

又是一次劫后余生。然而，这条路是我自己选择的，徒步全中国更是我自己选择的，我绝不后退。


# 可可西里盗猎者


月亮挂在苍穹之上，我借着月光在青藏公路上行走。2001年10月10日这天，我走进了可可西里国家级自然保护区。这里偶尔能看到三五成群的黄羊，还有可爱的藏野驴。它们的出现让这片无人区

正在奔跑的藏野驴
（张志强先生拍摄）

我在可可西里保护区

充满生命力。这些精灵是这片土地真正的主人，我渴望与它们亲密接触。可我被大风刮得寸步难行，大风卷起地上的黄沙，形成巨大的沙柱，在空中旋转，很久才能消散。傍晚时分，我终于走到了五道梁旅社。旅社虽然简陋，但我还是可以暖暖和和地睡上一夜。

从五道梁到楚玛尔河畔，沙漠化很严重。一路的风沙，让我对长江源的生态状况不由得多了一份担心。

第二天傍晚，我走到了索南达杰自然保护站，连日的风沙和降温，迫使我不得不在保护站多停留几天。每天我趁着早晨或者

大风卷起地上的黄沙，形成巨大的沙柱，这就是我们常说的龙卷风

傍晚风小的时候，独自进入浩瀚的可可西里。一天早上走着走着，我突然看见几只藏羚羊在悠闲地吃草，我异常兴奋快步向它们跑去，谁知它们骤然弹跳而起，随即朝着远方急速奔去，掀起一溜烟尘，洒脱而优雅的身姿很快便消失在我的视线中。

它们如此敏锐和警惕，因为这里是它们的家园，我们是骚扰者，甚至是入侵者。风渐渐大起来，我怀着复杂的心情迎着风继续行走，手中拿着相机，还是希望能记录下这可爱的精灵。果真在我前方不远处，有只藏羚羊正在逆风吃草，它时不时用前蹄刨草，蹄子刨起的烟尘就被风吹到后面去了，如果是顺风吃草，灰尘就正好呛到嘴里，藏羚羊真是可爱又聪明的高原精灵。

这一次我不敢惊扰它，一边看着它，一边小心翼翼地朝它慢慢靠近，想近距离拍下它优美的身姿。

可就在这时，从我身旁猛然窜出来一只雪豹，与此同时藏羚羊也急速逃离。我呆立在原地，来不及反应。我一心只想着悄悄靠近

142

藏羚羊，连近在咫尺的雪豹都没有发现。如果雪豹对我展开攻击，我想我必定就此丧命。估计雪豹只专注于即将成为它口中美食的藏羚羊，再加上当时是逆风，所以也就没有发现我。

或许雪豹没有攻击我还有另外一种可能：在雪豹眼中，我们人类也是凶猛的野兽。

我有这个想法是因为可可西里的盗猎者给我上了血腥的一课。

我在可可西里行走，沿途看到很多被盗猎者丢弃的藏羚羊尸骨，羊皮都被扒干净了。一天晚上，我正在赶路，听见前面一阵枪响，我小心地跑过去，看见一群盗猎者正在捕杀藏羚羊。

藏羚羊有个习性，每到晚上喜欢聚到一起休息。这些盗猎者找到藏羚羊的休息地，把越野车的大灯打开。在雪亮的灯光下，藏羚羊就会朝着灯光方向跑，盗猎者端着枪，瞄准藏羚羊的脖子、肚子等部位疯狂射击，藏羚羊一片片倒地。

等我走近，盗猎者手里拿着匕首，正噌噌地扒皮，动作非常娴熟，眨眼之间，一张完整的藏羚羊皮就被剥了下来。我看着倒在血泊中呻吟的藏羚羊，心痛不已。

在保护站，我听到这样一个真实的故事：被盗猎者剥了皮的、血肉模糊的母藏羚羊尸体旁，一只小羊羔还在吮吸着妈妈被鲜血染红的奶水，却不知道妈妈已经永远地离开它了。

想起这个故事，又看着眼前这一幕，我的心揪成一团。我走过去，指责盗猎者："你们太残忍了，这样做是犯法的！"

他们丝毫不把我放在眼里，把我围在中间，其中一个大胡子用枪指着我的脑袋，说："你他妈的，多管闲事，信不信我一枪崩了你！"

另外一个人一把夺走我的照相机，把相机里的胶卷拽出来，重重地摔在地上又踩了几脚，说："赶紧给我滚，不然就崩了你！"

## 青海可可西里国家级自然保护区

位于自治区青海西南部玉树藏族自治州境内，横跨青海、新疆、西藏三省区。保护区西与西藏相接，南同格尔木唐古拉乡毗邻，北和新疆维吾尔自治区相连，东至青藏公路，总面积为4.5万平方公里。这里海拔高，气候恶劣，不适宜人类长期居住，被称为"生命的禁区"，是目前世界上原始生态环境保持得最完美的地区之一。保护区内不仅有藏羚羊、野牦牛、藏野驴、藏原羚等珍稀野生动物，而且富藏金、银、铅、锌、铁、石英、玉、煤、盐等矿产资源，在自然环境保护、生物多样性保护、科学研究和生态探险旅游等方面具有重要的科研和生态价值。

我意识到这里是可可西里无人区，他们人多势众，如果再纠缠下去，他们极有可能杀了我，就地掩埋了事，让我尸骨无存！我的梦想也将因为这群盗猎者而终结在这里。

我在可可西里保护站认识的两个动物朋友

我服了软，对他们说："各位大哥，我就是一个穷旅行的，你们的事我不管了。把相机还给我，我走。"

他们又把我的背包打开，反复看了看我的证明、相册和途中采访过我的报纸，说道："这件事不许对外人说，不要多管闲

这石头上的字，值得我们每个人思考

高原精灵——藏羚羊（张志强先生拍摄）

事，快滚吧！"

我捡起相机，怀着悲愤的心情走在可可西里的茫茫夜色中。这些年，我在路上看到了太多被破坏的生态环境，也一直在宣传保护环境的理念，可我个人的力量实在有限。

让我欣慰的是，近年来国家对可可西里自然保护区的保护力度不断加大，有效地遏制了盗猎藏羚羊案件的发生，藏羚羊数量也得到了大幅提升，藏羚羊大规模迁徙的盛况甚至重现了。

## 喝尿吮血求生

长路漫漫，我在路上行走，陪伴自己的唯有孤独的身影。

2001年10月27日，我走到一条用盐铺成的公路上。它位于柴达木盆地南部察尔汗盐湖之上，长33公里，路基底下大多是结晶盐，两旁是一望无际的卤水和盐洞。远远望去，整条公路仿佛一座浮在盐湖上的桥，俗称"万丈盐桥"。我被眼前的壮观风景折服了。一

阳光拉长了我的双腿

方面感叹大自然的神奇，另一方面感叹中国人建设能力之强。

盐桥向前延伸，盐湖浩瀚无边。在阳光照射下，我看见前方出现了一座座繁华的高楼，隐隐约约有充满活力的人群。我大喜过望，朝这座神秘的城市走去。然而，我走近一看，却只有茫茫卤水。我意识到，原来自己遇见了"蜃楼"。真是难得一见的大自然奇观，被它欺骗也心甘情愿。

在柴达木盆地行走，每一步都很艰难。柴达木盆地是干旱荒漠地带，盛产铁矿、铜矿、锡矿、盐矿等多种矿物，故被称作"聚宝盆"。虽然它名为聚宝盆，但我感觉到的是"折磨人"，因为这里人烟稀少，自然环境极为恶劣。走了几天，也没有见到一个人影。我忍着饥渴，不时遇到美丽的湖泊，然而它们都是咸水湖。在几天没有水喝的情况下，我在咸水湖旁边用工具挖了一个一米深的坑，坑底部放一个能接水的塑料盒子，上面蒙着塑料薄膜，四周用土盖严。塑料薄膜中间放上几块石子，让它凹下去，把整张塑料薄膜利用早晚温差蒸馏出来的水珠集中在一起。收集的水虽然有味道，不好喝，但是能暂时救命。

此外，我还在戈壁滩上找蚂蚁来解渴充饥。在野外，如果抓到蚂蚁，可以用舌头舔一下它的尾部，它会瞬间释放出一种叫蚁酸的物质，这种物质能刺激人的腮腺分泌唾液，从而达到解渴的目的。

146

等抓到几十只时，一起放进嘴里吃掉，既解渴又充饥。

但这种方法只是权宜之计，为了解决饮水问题，我曾按照地图上的标识，先后找到两个清澈的湖泊。刚看到湖水的时候，我喜出望外，一路小跑，在岸边捧起湖水，但并不敢直接饮用。根据我多年徒步总结出来的经验，在野外，水和食物都要通过小试验确定无毒后才能食用。我先闻了闻，感觉没有异味，再用舌尖轻轻地舔了一下，舌尖瞬间起了一层小白泡，味道咸涩，还透着苦味。我便知道，这湖水中肯定含有对人体有害的物质，如果喝下去，肠胃也许会被腐蚀。

在万般无奈的情况下，我只好把自己的尿液接到水壶里，再放上净水药片，过滤后喝下去。因为长途跋涉，多日断水，尿液也很黄，气味刺鼻，但如果不这样做，恐怕我就要渴死在路上了。

为了求生，我先后几次喝下自己的尿，但没过几天，连尿液都没有了。那时因为严重缺水，我已经嘴唇干裂，把渗出的血水用舌头舔进嘴里，带着一股腥味，润润口腔。后来，嘴唇肿起来了。我知道这样的状况再持续下去，我就得渴死。实在没办法，我一狠心，用刀尖割开手指，看着鲜血流出来，赶紧用嘴吮吸，滋润一下干渴而肿胀的喉咙，再把伤口包扎好，防止感染。虽然不能彻底解渴，但可以暂时让喉咙保持湿润，让我的呼吸能够顺畅一些。

我就这样坚持着在柴达木盆地行走。几天后，小柴旦湖进入我的视线。在我的眼前，一阵风沙席卷而来，呈螺旋状上升，就像一根黄色的柱子直插云霄。"大漠孤烟直，长河落日圆。"难道这就是诗人所描绘的大漠孤烟吗？在大自然面前，人是如此渺小，有时甚至不及一只蚂蚁。但就是在这样极端恶劣的条件下，人的生命虽然脆弱，却又如此顽强！

绝大多数人也许一生都不会经历缺水的困境，所以有一些人根

茫茫戈壁滩，我第
一次经历断水

本不懂得节约用水，不知道水是生命之源，每一滴都能救人性命。我不断告诫自己：雷殿生，一定要挺住！也许在不远处，就有一股甘泉在等着我呢！

第五天，我终于走到了公路上。此刻，我真想大喊几声，但嘴唇干裂，连张开都很困难，整个身体已快没有水分了，就像一具活着的木乃伊。

我把背包放在路边，静静地坐在地上，等待着过往车辆。当看见车辆在我身边经过时，我就使劲晃动空水壶，示意他们给我点水喝，七八辆车从眼前驶过，但没有一辆停下来。不得已，我绝望地站在了路中间，神情沮丧。这时，远处又驶过来一辆卡车，见我拼命地招手，就减缓了车速。当我狂喜地跑近时，他却一脚油门加速开走了，我无助地瘫坐在地上。

又是一阵痛苦而漫长的等待，我不知道还能不能坚持到有车停下来。当又一辆车出现在我的视线里，我再次挣扎着站在路中间疯狂挥手。心想，即使车撞过来，我也绝不让开。车终于慢慢地停下了，司机摇下车窗，大声地呵斥道：

"你想干什么？不要命啦？"

我无力地指了指衣服上写的"徒步中国"的字样，说："我没有水也没有吃的了，请您给我点儿水喝吧！"我的嗓子沙哑得快要发不出声音了，又摇晃着证件给他看。

司机犹豫了一下："我只有一点水，但还有很远的路呢，不能给你啊。"

"师傅，哪怕是您水箱里的水给我一点儿也行啊。"

司机迟疑了一下，终于打开车门下车了，他的车有一个很大的备用水箱，司机打开水箱龙头说："快接水吧！"我迫不及待地连续接了好几瓶喝下去，水箱里的水浑浊发黄且带着一股柴油味，但我已顾不上那么多了，活命要紧啊！

水灌饱了肚子，忽然返上一个嗝，一股浓烈的柴油味儿呛得我猛烈地咳嗽起来。虚弱的身体像秋风中的落叶一样瑟瑟发抖。好不容易止住了咳嗽，我赶紧把水壶和空瓶子都灌满水，谢过司机，准备继续赶路。

司机叫住我："你去什么地方？"

"西宁方向！"

"上车吧！我去西宁拉货，顺便带你去西宁。"

"我是徒步中国的，不能坐车，坐车就失去了徒步的意义啦。"

"连水箱里的水都喝了，你就别再坚持啦！带你去西宁，休整几天再走吧，我不说没人知道你这段路是坐车过来的。"

我对司机说："师傅，谢谢您！我不能自欺欺人，这是我的原则，说徒步中国，就一定要徒步。"司机看了看我，从车上给我扔下一包饼干和一瓶矿泉水。我的内心十分感动。

两天后，饥渴难耐的我再次站在了公路上。这次我拦住了两辆小轿车。后面的车上走下来一位中年男人，他仔细看过我的证件，温和地说：

## 在沙漠戈壁中如何找水

在浩瀚的沙漠戈壁滩行走，找水是最重要的一个环节。春夏之际，偶尔能看到胡杨树、红毛柳、梭梭树等植被，有时能发现地表有一点裂痕，用户外铁锹挖下去，很可能就是肉苁蓉。肉苁蓉是一种药材，可以食用，既解渴又顶饿，但因药性大，不宜多食。

此外，沙漠中只要有植被的地方，地下肯定就会有水。在植被附近找一片沙地，挖一个深一米以上的坑，只要挖出潮湿沙土即可。然后，在坑里放一个接水的器皿，用一块新塑料布将整个沙坑盖上，再在塑料布上放一块小石头或者一小把沙土，使其中间部位凹下去，对准接水的器皿。这样，蒸发出来的水就会慢慢地凝集在塑料布内层，然后从四面八方汇聚到中间，积少成多后就会滴入器皿内。用这种方法收集的水虽然很少，但能解决燃眉之急。

另外，在极度缺水的情况下，脏水也可以利用。方法是把矿泉水瓶盖用小刀扎几个眼后拧紧，再把瓶底用刀割掉。如果有草灰最好，可放在瓶子最底层，接着第二层放一些细沙，然后是中沙和粗沙，最后用毛巾或口罩把切开的瓶底包好，让脏水通过毛巾或口罩流进瓶子内，再通过几层沙子的过滤，流出来的水加点食盐和消炎药，就可以饮用。

"上车吧，我带你去西宁，找个宾馆好好洗一下，看你都成什么样子啦！"

"谢谢您，我是徒步的，不坐车。"

"没人看见你乘车啊，何必这么较真儿呢？这一带这么荒凉，太危险啦！"

"没事儿，只要你们能给我点水和吃的就行。"

见我这么坚决，那个中年男人只好作罢，给我拿了一些小食品、一瓶青稞酒和四瓶矿泉水，并诚恳地对我说："我是青海省互助土族自治县的，你走访少数民族地区肯定会到我们县城，我给你留下一张名片，到时候你提前打电话，我好好接待你。"我谢过这位少数民族的朋友继续前行。

太阳很快就落了山，我在一处桥洞下支起帐篷，享受着他们给我的青稞酒和小食品，幸福和满足感充满全身。

回想起几次拦车后给我水的司机，他们的面孔我永远都不会忘记。其中有一位司机姓蹇，他经常跑这条线，看到过我好几次，但当时车上实在没有吃的喝的了，他说几天后返回时一定会给我带一些吃的。不管是真是假，有他这几句话就足够温暖我了。

几天以后，我正在青藏公路上行走，一辆满载货物的大卡车停了下来。姓蹇的司机果真给我带来一大瓶饮料，还有两个苹果和几包饼干。那一刻，我激动的心情很难用语言来表达。在这荒无人烟的茫茫戈壁滩，能吃上美味的苹果，喝上爽口的饮料，简直就像做梦一样。

这一年，我一次次在绝境中生存下来。感恩那些陌生人给我的温暖，我也深深地体会到人只要有了坚定的信念，生命的坚韧是超乎想象的。我带着信念与感恩，继续行走在祖国的大地上。

没有生命迹象的无人区

# 纳木那尼雪崩逃生

2002年6月21日，我从西藏阿里巴嘎出发去往普兰县。普兰县位于喜马拉雅山脉南侧峡谷地带，途中要翻越圣母之山——纳木那尼峰。我抵达纳木那尼雪山脚下时，已近黄昏。夕阳照在雪山上，金

纳木那尼雪山的黄昏

灿灿的，极为壮观。

　　我被这美景震撼，沉浸其中，边爬边拍照，变换不同的角度，希望能留下这美丽的画面。突然，我看到接近山顶处升腾起一团巨大的白色烟雾，紧接着一声闷响。山顶的冰雪如惊涛骇浪般瞬间倾泻而下。

　　我心下大骇：不好，雪崩！

　　我拼命地往侧面狂奔，耳边尖锐的呼啸声让人毛骨悚然，一股

雪崩后的纳木那尼雪山

强大的气流袭来，我瞬间被冰雪击倒。我趴在雪地里，内心极度恐惧，心绪稍稍平复后，活动一下身体，感觉自己并没有大碍，就马上从冰雪中爬出来。我站起来再看眼前的山峰，它庄严肃穆，又恢复了平静，仿佛什么也没有发生过，但坍塌下来的大片冰雪，让我明白我有多么幸运。因为前方几十米处，就是雪崩的核心区，如果当时我处在核心区附近，纵使我跑得再快，也一定会被雪崩吞没。

# 孤身夜战群狼

2002年7月11日，我从西藏札达县出发，向狮泉河方向走去。

我走的这段路平均海拔在4000米以上，属于无人区。按照一般的气候规律，海拔每上升1000米，气温会下降6℃。所以虽然当时已是7月，但在这段路上，我一点都感受不到夏日的炎热，晚上的气温尤其低。

2002年7月12日，我行进在小子达坂到老子达坂之间荒凉的丘陵地带。这里几乎没有路，我沿着车轮碾压过的痕迹，以部队通信电线杆为路标，一路往前走。傍晚时分，我找了一处背靠小山崖的开阔地，支起了帐篷。

在我爬上山崖、察看四周的情况时，发现几百米外有两只野狼在四处游荡。我从包里拿出鞭炮，绑在一块鸡蛋大小的石头上，点燃后扔了出去。随着鞭炮在空中发出清脆的响声，两只野狼被吓得夹着尾巴逃跑了。

我回到帐篷，点上蜡烛，写完了当天的日记，吃了一些生牦牛肉干、压缩饼干和榨菜作为晚餐。吃饱后，我习惯性地把长刀枕在

153

遭遇狼群围攻前
搭帐篷

头下，倒头就睡了。

深夜，耳边传来一阵"唰啦""唰啦"的声音，我一激灵，一下子坐了起来，将帐篷的拉链拉开了一条小缝。只见十几米开外，一排绿莹莹的光晃动着朝我的帐篷飘来，吓得我差点喊出了声。

狼群来了！大概有二十多只！我只觉后背直冒冷汗，心脏开始剧烈地跳动，心中的恐惧丝毫不亚于在罗霄山遇到巨蟒。我迅速从枕下抽出长刀，翻出塑料袋里的鞭炮，点燃后从帐篷里扔了出去。由于存放的时间过长，很多鞭炮都已经失效不响了，只发出一阵稀稀拉拉的声音。狼群因为害怕鞭炮声后退了几米，但鞭炮声一停，它们很快又围了过来。我又开始燃放鞭炮，它们只是后退几步，并没有走。

狼群跑动的声音越来越清

无人区的野狼（龚军生先生拍摄）

154

晰，我赶紧拉上了帐篷的拉链。
有几只狼走到了帐篷跟前，其中
一只发出了"呜呜"的长嚎，其
他的狼则围着帐篷来回转圈，用
鼻子边嗅边拱。我甚至能清晰地
听到狼的喘息声，清楚地看见狼
的胡须紧贴在帐篷布上。我紧张
得拼命屏住呼吸，小心翼翼地拉
开帐篷拉链，又点燃一串鞭炮扔
了出去，狼群又后退了几步。

经过几次这样的拉锯战后，
鞭炮用光了，狼群依然在帐篷周
围来回踱步，我与它们之间相隔的仅仅是两层薄薄的布。我心里清
楚，只要它们扑上来用力一抓，帐篷随时就会被撕得粉碎，那时我
就死定了。

我开始准备后事，顺手拿起一张纸，在上面给姐姐简单地留了
几句话：

姐姐：我在阿里无人区遭遇狼群包围，如果发生意外，请姐姐
把我多年寄回去的实物资料找人帮助整理出来。

小弟殿生

2002.7.12

之后，我大脑一片空白，整个身体感觉轻得像要蒸发掉一样，
一切行动都是凭借求生的本能。突然，我想到了所有动物都怕火的
特性。我赶紧脱下衣服，点燃后用手杖挑着扔了出去，衣服带着火

给姐姐写的遗书

155

苗，落在了一只狼身上，空中顿时散发出一股毛皮被烧焦的煳味。那匹狼哀号着蹿起一米多高，在空中划出一道火线，用力地甩掉了身上燃烧着的衣服。狼群一阵骚动。紧接着，我又点燃了两件衣服，朝着狼群使劲甩了过去。

狼群开始后退，有的坐在地上，有的跑来跑去，嗷嗷地嚎叫着。我已经没有衣服可烧了，身上只有一套秋衣，如果再烧掉秋衣，我肯定会冻死在西藏阿里高原上。我赶紧拿出杀虫剂，向帐篷外喷去。杀虫剂刺鼻的气味迫使狼群又后退了很远。但是，杀虫剂很快也所剩不多了，我不得不做最坏的打算：如果狼群再扑回来，我就破釜沉舟，把杀虫剂罐点着。气罐爆炸也许会炸掉我一只手或一条胳膊，但没准儿能保住一条性命。

就这样，我每隔几分钟就往外喷几下，直到完全不见狼的踪影。大概半个小时以后，外面没有任何动静了，但我还是不敢贸然出去。因为我深知狼是一种非常狡猾的动物，说不定它们正在某个黑暗的角落紧盯着我，随时准备给我致命的一击。

虽然帐篷与外面只是隔了两层薄薄的布，但是待在帐篷里面，心里还是踏实许多。我就这样一直坐着，把刀放在腿上，一只手紧紧握着杀虫剂，另一只手牢牢攥着打火机，随时准备在必要时

在西藏阿里无人区遭遇群狼围攻（中国沙画创始人苏大宝先生创作）

天亮后我整理驱赶狼群时未烧完的衣服

点燃。

　　天渐渐亮了，我一夜未眠，小心翼翼地钻出帐篷，手里提着长刀，快速登上山崖，环顾四周，没有发现狼群的踪影。我再也不敢在此多作停留，迅速把没有烧完的衣裤和帐篷、睡袋等收拾妥当，提着刀一溜小跑离开了。

　　在海拔4700多米的萧瑟旷野中，我一口气跑了十多里路，累得气喘吁吁，嗓子干得如同着了火一样，腿也像灌了铅似的，无比沉重，最后一屁股坐在地上。

　　我喝了几口水，吃了点东西，缓了好一会儿。冷风吹来，身上只穿了一套秋衣秋裤的我不禁打了个寒战。那套曾经伴我攀登珠峰的衣服都烧掉了。突然，我想起烧的衣服兜里面有一百七十多元钱和通讯录。我猛地拍了几下自己的脑袋，埋怨自己真是太笨了，本来可以把钱和通讯录拿出来，却被白白地烧掉了，要知道那些钱足够我在藏区生活差不多一个月呀。转念一想，狼群被赶跑了，我再次死里逃生，这本身就是老天对我的眷顾，损失这么一点钱又算什么！

本文已被北京语言大学出版社全文收录于其即将出版的《高级汉语综合教程》（中册）中。

# 沙尘暴中夜宿戈壁

2003年7月，我走到新疆吐鲁番葡萄沟，翻越天山北麓东段参观关帝庙，找到了古代遗址兰州湾子。又从伊吾军马场翻越天山南麓走进哈密，哈密自古就是丝绸之路的咽喉，有新疆门户和中华拱卫之称。参观了哈密王陵、白杨沟佛寺遗址等名胜古迹之后，我一路往东南挺进。

2003年8月，我在酷暑中，走到了位于甘肃省境内的河西走廊。一路上，我不得不惊叹大自然的瑰丽雄伟。河西走廊东起乌鞘岭，北侧是荒凉的合黎山、龙首山以及腾格里沙漠和巴丹吉林沙漠，南面则是冰雪覆盖的祁连山。东西长约1000公里，南北宽数公里至100多公里，它是一条西北至东南走向的狭长地带，因形如走廊，又位于黄河以西，故得名"河西走廊"。

进入河西走廊后，我数次遇到沙尘暴，多次遭遇高温缺水，甚

祁连山天然巨石盆景

祁连山脚下骑骆驼
的牧羊人

至陷入非常绝望的境地。但每一次，我都靠着心中的信念，凭着顽强的毅力，咬牙挺了过来。

2003年8月17日，当我行至安西县（2006年8月更名为瓜州）境内时，突然狂风大作，整个天空立刻变得灰蒙蒙的，一片混沌，能见度不足十米。此时，每走1公里比平时走10公里都要困难。我一路顶着风沙，好不容易赶到疏勒河中游的双塔水库附近时，天色已晚。这时，我远远地看到马路边有一个小饭店，于是准备在这里结束一天的行程，好好休整一下。

由于随身携带的现金已所剩不多，为了节约费用，我决定跟饭店的老板套套近乎，打算在他这里花钱吃点东西，然后在饭店旁边一间没有门窗的空房子里凑合一夜。为了让他放心，我出示了自己随身携带的所有证件。没想到老板连看都不看一眼，面无表情地说："花钱吃饭可以，但要免费在空房子里住，没门儿。"我又跟他商量了好一阵子，也无济于事。最后，老板终于不耐烦了，生气地对我说："如果你不在这儿吃饭，就赶快走吧，不要影响我做生意。"

我盘算着不管怎样，必须先解决饿肚子的问题，于是询问了一

## 大风天在沙漠中行走时的注意事项

在沙漠中行走时，要走沙丘的阴面，因为阴面的沙子更为瓷实，而阳面的沙子则较为松软，若不小心，很容易陷入沙海，危及生命。遇到大风无法行走时，一定要到相对较高的沙丘之上，戴好防风面具或纱巾，或用透气性较好的衣服把头包住，逆风趴下。如果选择顺风趴下，即使头部包得再严，也会有大量的细沙刮进鼻腔和嘴里。此外，要注意经常抖动身体，以保证不会被沙子掩埋。

下饭菜的价格。不问不知道，一问吓一跳。一顿最简单的饭菜居然要五十多元。我思前想后，再回头看看老板那张冷酷无情的脸，一咬牙愤然离开了这家小店。

继续向前走了几公里之后，我又饿又困，实在走不动了。天完全黑了下来，风沙也越刮越大。环顾四周，只见一片荒漠，根本没有地方可以躲避，也无法固定帐篷，我只好把心一横，在一处沙丘上停了下来，用衣服蒙住头，顶着风沙，趴在这荒芜的戈壁沙漠之中。

之所以选择趴在沙丘上，是因为低洼处虽然可以避风，但很容易被沙子掩埋，并且沙尘也非常呛人。而沙丘上虽然风沙大，但相对来说还比较安全。饿极了，我就吃几口从新疆带来的馕饼，再喝点水，把饼含在嘴里泡软，由于馕饼上都是细沙，基本不敢嚼碎就整个囫囵吞下了。

那一夜，我几乎不敢入睡，生怕一觉睡过去便是永别。脑海里思绪万千，独自漂泊在外已有五载，尝尽了各种各样的困苦和磨难，忍受了无数次的委屈和侮辱，但还从来没有像今天这样，被人如此无情地拒绝，以致在狂沙飞舞的夜里，只能露宿在茫茫的戈壁沙漠之中。

但是，我选择以这种生活方式去追求梦想，并且数次死里逃生，上天已经对我格外厚爱了。想着想着，也就慢慢释然了。

160

# 芦苇荡陷冰河

　　2004年10月，跋涉六年后，我走回了阔别已久的家乡——哈尔滨市呼兰区。祭拜过父母，便一路向西北挺进。计划在最寒冷的季节走到中俄边境：漠河北极村。

　　2004年11月初，我走进了著名的丹顶鹤之乡——扎龙国家级自然保护区，经过一个叫肯河的小村庄后，进入了芦苇荡。这里有大片的沼泽和不计其数的小湖泊，许多丹顶鹤每年四、五月来此栖息繁衍，它们逗留一段时间后，会继续北迁至俄罗斯境内。

　　初冬的芦苇在风中摇曳，苇塘上面结了冰。我在芦苇荡外查看了一会儿地形，恰好有一位住在附近的妇女经过，我便询问她冰面冻得是否结实。她告诉我，走是可以的，但一定要小心，并顺手给了我一根长木棍，让我一边探路一边走。

　　我确定了一下方位，便试探着走上冰面。冰面不是很结实，脚

出发六年后走回家乡

下不时发出"咯吱咯吱"的响声。大概走了一个多小时，太阳快下山了，落日余晖照在芦苇荡上，四周金黄一片。我一边注意脚下，一边看看手表和指南针，不知道什么时候才能走出去。

突然，我感觉踩到了一片很薄的冰面。"咔嚓"一声，冰面裂了，冰窟窿立刻将我吞了进去。虽然冰面以下的水只有齐腰深，但由于背包又大又重，手脚根本无处用力。我赶紧卸下背包，拼命往冰面上举，最后用力一推，背包在冰面上滑行了很长一段距离。接着，我拼命地去抓芦苇，想尽量让身体跃出水面，但冰面好像发生了连锁反应，"咔嚓咔嚓"地连续裂开了。芦苇荡下面是松软的淤泥，我发现自己的双脚在不停地往下陷。我越发紧张了，这样下去我很快就会越陷越深，直到被完全吞没。

我看准了一块较厚的冰层，用力往前移动着身体，随后用力往前一蹿，整个身体趴在了冰面上，然后奋力向前爬了几米远，才在厚实的冰面上慢慢站起来。此时，我整个人完全湿透了，水不住地顺着裤腿往下流，裤腿很快就被冻得硬邦邦的。寒风吹来，冷得我瑟瑟发抖。我小心翼翼地挪到背包前，幸好包里的衣服有塑料袋隔着，没有被水浸湿。

在父母的坟前祭拜

丹顶鹤的故乡——
黑龙江扎龙国家级
自然保护区

　　我赶紧换下湿透的衣服，背起背包继续向前走。忽然听到窸窣的声音，停下来仔细一听，发现是脚步声。

　　我喜出望外，循着声音走过去，大喊了几声："有人吗？"在茂密的芦苇荡里，最多只能看到三四米远，根本看不见人。

　　"你是谁呀？"很快有人回应。

　　"我是徒步走中国的，想去扎龙国家级自然保护区，还有多远啊？"

　　"你到我这边来吧！"

在结冰的芦苇荡中
穿行

'04 11 16

我小心地走了过去，原来他们是自然保护区护卫队的两位师傅，很熟悉地形。在他们的带领下，我顺利地走出了芦苇荡。

晚上，我住在扎龙国家级自然保护区的旅馆里，一个人躺在床上，有些后怕。夜里，我梦见自己在泥塘里挣扎，结果越陷越深，想大声呼救，却喊不出声来。等我猛地从梦中惊醒，发现自己双手正紧紧地抓着枕头。

# 百年不遇的雪灾

2008年初，当我行走在湖南省与湖北省交界时，正逢一场百年不遇的雪灾。

刚开始下雪的时候，我很兴奋。白雪覆盖着大地，整个世界白茫茫的一片，星星点点的小花傲然雪中，别有一番韵味。我被眼前的美景深深吸引，一路上举起相机拍个不停。

然而，雪下个不停，而且越下越大，许多山区的民房和路边的加油站都被大雪压塌了，一幅凄惨的景象。我默默穿行在百年不遇的大雪中，感慨人在自然中的脆弱和渺小。

冻雨让地面像溜冰场一样，因为没有专业的户外鞋子，我只能将手套套在鞋子上，用草绳绑住，稍微起到保暖和防滑的作用

这天，我来到了安化县的山区。山里的路面湿滑，为了能平稳地前进，我不断地变换着行进的路线。这天下午，我正小心翼翼地沿着资江岸边行走，忽然，一辆正在行驶的汽车朝我横着滑了过来。我赶紧向路边躲闪，路

蜡梅在坚冰中绽放

太滑了，我摔倒在地，连人带包沿着斜坡向资江滑去。我本来就体力不支，再加上背包的重量，下滑的速度不断加快。眼看就要滚到江中，我下意识地死死抱住了江边的一块大石头。那一刻，大脑一片空白。

我稳了稳神，双手抱着大石头，用脚探到一块可以用力蹬住的地方，再小心地把背包卸下来，卡在旁边，让身体变得轻便灵活一些。然后我从包里取出绳索，拴在背包上，牵着绳子向上爬去。

爬了好长一段时间，才爬到路上，我牵着绳子，慢慢地把背包拉上来。最后，我一屁股坐在雪地里，大口大口地喘着粗气，心怦怦直跳，又是一阵劫后余生的惊恐和庆幸。

走到望城县（2011年县改区）附近的时候，我看到路边用来架高压线的铁塔竟然被冰雪压弯。因为铁塔和高压线上的积雪融化后又结成了冰，而且越结越多，最后形成了一溜溜粗长的冰挂，高压线塔纵然是钢筋铁骨，也难以承担这样的超重负荷。

继续前行，我惊喜地发现，路边的一株蜡梅正在风雪中傲然挺立。凌寒而开的黄色花瓣中央，粉红色的花蕊被晶莹剔透的坚冰所包裹着，就像昆虫凝结在琥珀中。看似柔弱的植物在面对从天而降的冰灾时，尚且留下最美好的一面在人间，我面对小小的挫折时，又何必畏惧呢？

165

# 第 5 篇

# 民 族 印 象

## 靠 海 生 活 的 京 族

2000年4月14日，我走到广西壮族自治区东兴市江平镇。

在去镇政府盖章的路上，我看到一些京族妇女正在海边的沙滩上挖着沙虫。她们看见我后腼腆地嬉笑着，不知道是在笑话我衣衫褴褛的样子，还是对外来人感到好奇。这些京族妇女并没有穿传统的民族服饰，我听说只有在京族传统节日的时候，才能看到她们身着盛装的模样。

京族沿海而居，是我国唯一的海洋少数民族。俗话说"靠山吃山，靠水吃水"，他们的渔业非常发达。京族男子每次出海，老人、妇女和孩子都要到海滩上送行，并举行祭海仪式。当一艘艘渔船行驶在辽阔的海面时，渔民们便互相对歌，或抒情婉约，或激越澎湃。岁月的积淀，使京族人具备了像大海一样宽广的胸怀和爽朗的性格。

一对京族老夫妇在
门前晒太阳

　　我有幸看到了京族独具特色的各种捕鱼工具。从拉网、刺网、塞网，到专门针对某种捕捞对象的鲨鱼网、南虾网、海蜇网、鲎网等，捕鱼工具之多，分工之细，令人叹为观止。其中最著名的就是渔箔，它是京族渔猎生产中独特的传统设施，据说已有二百多年的历史。

　　第二天早上，我来到巫头岛上一个叫万鹤山的地方。白茫茫的沙丘上，竟然长满了绿草和树木。这里的沙子细腻柔滑，洁白如雪，从远处望去，在碧草绿树的映衬下，白沙好似终年不化的积雪。更让人惊叹的是，这里竟然还生活着近两万只仙鹤，有黄鹤、白鹤、马褂鹤。当我步入它们的领地时，惊起的仙鹤便久久地在天空中盘旋飞舞，尽情鸣叫，蔚为壮观。我赶忙拿起相机，把珍贵的镜头对准了这些美丽的仙鹤。它们在空中不断徘徊、飞舞，仿佛是在守护着美丽的村庄和勤劳善良的人民。

## 独弦琴

　　独弦琴又称一弦琴，是一种古老的民间乐器，可分为竹制和木制两种，皆由琴体、摇杆、弦轴及挑棒等构成，全长110厘米。独弦琴是京族人民喜爱的民间乐器，不论节日或是农闲，人们都要在它的伴奏下唱起即兴编成的民歌。由于它的发音和京族民歌的音调极为相似，所以在为民歌伴奏时，琴声、歌声交融，两者浑然一体。

# 长角苗族代代相传的发髻

2000年7月16日傍晚，我走到贵州省六盘水市六枝特区的梭戛苗族彝族回族自治乡，这里居住着苗族的一个支系——古老而神秘的长角苗族。长角苗族生活在梭戛高山上，直到1993年才被发现。我打算先去看看梭戛苗族生态博物馆，再前往长角苗族生活的村寨。我在博物馆参观时碰到了博物馆的副馆长，他特别热情地给我介绍了长角苗族的情况，告诉我在梭戛乡有12个长角苗族村寨，他们的族人都生活在高山之中，很少与外界联系，民风质朴，一直保持着本民族的风俗。副馆长答应第二天带我去长角苗族居住的陇嘎苗寨。当晚我便住在了生态博物馆的招待所里。

晚上出现了月全食，我观看到将近午夜12点才休息。因为兴奋，第二天6点我就起床了。这里海拔1000多米，是典型的喀斯特地貌，早上的云海非常壮观。早餐后我和副馆长就出发了。路上副馆长告诉我，据陇嘎苗寨的老人讲，200多年前该族先辈到此定居，最初只有5户人家。

走进寨子，女子们头部大都戴着一个硕大的头饰，这让我非常好奇，我主动过去与她们交流。面对我这样的外乡人，她们大方热情，告诉我长角苗族的妇女终身不剪头发。她们头部的硕大头饰，是用麻线把梳头时散落的头发编起来，再缠绕在一个长角形状的大木梳上组成巨大发髻。盘发髻的大木梳长约六十厘米，整个发髻重三四公斤，大的甚至能达到六公斤。发髻盘得越大则越美。现在，为了使发髻显得更饱满和庞大，她们也把黑色的毛线编进去。待女

孩结婚后就不再缠头发了，只戴木角。直到年长后老人便把几辈人的头发重新盘在头上。这些编起来的发髻一代一代传下去，有些发髻甚至已有数百年历史了。

除了这独特的头饰，长角苗族的服饰也很精美，女人大都上身穿着白底蓝花蜡染的短衣，下身穿红白黑相间的条纹长裙，身前还挂着一块深色的羊毛毡护兜。男人的衣着则相对素净，就是家里织的细麻布，在领口、袖口和胸前有花色点缀，但腰间的围腰则是彩色刺绣，异常精美。这都是长角苗族妇女自己纺纱织布、缝制而成

美丽的长角苗族
少女

的。这里的妇女从小就学习刺绣和蜡染。

因长角苗族生活的地区极为缺水，妇女除了织布刺绣，每天还要用木桶走几百米去背水，枯水期还要走的更远，非常勤劳。

长角苗族，一直保持着本民族内通婚，但家族内不通婚。他们男耕女织，日出而作，日落而息，过着与世无争的自给自足的农耕生活。

告别他们后，我不禁感叹我们伟大的祖国。"56个民族，56朵花"，每个民族都有自己别样的风采。

慈祥的长角苗族婆
婆和可爱的小朋友

用木桶背水的
长角苗族妇女

# 有干爸的苗族男孩有福气

2000年8月15日，我走到思南县凉水井镇。

途中，有一个六十多岁的苗族婆婆一直盯着我看，她的眼神怪异，把我看得心里发毛。虽然一路上有不少人对我围观，但没有一个像她这样看个没完没了的。她向我走来，我停下脚步，看她到底想干什么。

"你是做什么的？"她好奇地问我。我告诉她，我是徒步全中国的。她又问从什么地方来，走多久啦。我都如实回答。这个苗族婆婆说："我有个请求，你能不能到我家里吃饭？"

听完这句话，我感到有些莫名其妙，一面之缘，我们也不认识，她为啥请我吃饭呢？她继续说："你到我家吃饭，住几天都行。但是有一个条件！你必须得让我家孩子认你当干爸。"我懵了，这到底是咋回事儿？事情的发展超出了我正常的思维认知。

171

手拿法器、身穿百鸟衣苗族老人。百鸟衣过去是苗族祭祖活动"鼓藏节"的主祭服，现在重大节日也会穿着

就在这时，苗族婆婆的女儿和外孙来了，我向他们了解情况，这才弄明白缘由。原来苗族有个风俗习惯，家里的男孩最好找个外地远游的客人当干爸，这样孩子日后就能有福气，健康长命。

这是与人为善的好事，于是我就答应了。正好还能了解一下苗族的生活习俗。我跟着他们回家，见到了那个要认我为干爸的小孩，他名叫秦程，刚满四岁，

苗族的服饰，因居住地区不同而各有特点。图为身穿"百鸟衣"的苗族少女。百鸟衣由国家非物质遗产"苗绣"用各种不同绣法刺绣而成。女子百鸟衣为前后几幅绣满各种鸟类不同造型图案的条带组成，衣脚还坠有一圈鸟的羽毛。百鸟衣色彩艳丽，十分精美。现已被列为贵州省非物质文化遗产保护名录

长得乖巧可爱。他走过来，甜甜地叫了我三声爸爸。我一下子把他搂在了自己怀里。这爸爸不能白叫，我得给他送个礼物。我从包里拿出了一件珍藏的东西送给他，祝他一生平安，健康成长。

他们开始杀鸡、宰鹅、买酒，十分隆重地在院子里摆了好多桌，亲戚朋友都来捧场祝贺。他们也给我封了一个红包，里面有几十块钱。小孩的爸爸是一名人民教师，今年三十岁了，非常热情好客，频频对我敬酒表示感谢。我也毫不客气，豪爽地开怀畅饮起来。

当我要走的时候，他们都不舍得，孩子的眼圈都红了。短短的时间里，我们从陌生到熟悉，逐渐建立了亲人一般的感情。他们想让我多住一段日子，可是我知道自己必须上路了，我要抓紧时间完成自己的目标。孩子的爸爸一定要骑摩托车送我一程，我婉言谢绝，告诉他我的徒步原则是不坐车，请多理解。

在他们的目送下，我又踏上通往远方的路。

# 白马藏族的"姻缘"

2000年12月12日一早，我从四川省青川县清溪镇出发，经过一段上坡的山路走进平武县，这里风景优美，山岭绵延，让我忘记了脚上的伤痛。一路沿涪江北上，河谷里的水清澈见底，田园里遍地葱绿，远远地还能看到高山之巅的皑皑白雪。

我来到平武县是为了探访藏族的一支——白马藏族。白马藏族的服饰绚丽奇特，男女皆编发，一年四季均头戴盘形圆顶荷叶边的白色毡帽，帽子上插着的白色鸡尾羽在风吹或走动时摇曳招展，分外引人注目。

173

据传在远古时期的一场战争中，公鸡曾救过白马人，为铭记公鸡的救命之恩，他们把鸡作为自己民族的图腾，把白公鸡羽毛作为最高礼仪的冠礼插在毡帽上。男性插一支短而直的羽毛，以示刚正不阿。未婚女性插三支长而曲的羽毛，以示温柔贤惠，已婚女性一般插两支羽毛，年长而德高望重的女性插一支羽毛。

2000年12月14日，我从木皮白马藏族乡行至距木座乡5公里处时，山里走出一个中年男子，面色黝黑，背着一大捆木柴。他远远地打量我，等渐渐走近了，他开始用很浓重的方言跟我打招呼。我猜他大概是问我从哪儿来。

还没来得及回答，他又说："看你是个有见识的人，能帮忙给我找个婆娘吗？"

这回我听清楚了，他是让我帮他找个媳妇。我问他为什么还没有结婚。他说："不为啥子，穷嘛！大哥给介绍个吧，我出5000元钱。"

我有点哭笑不得，我到哪里去找能跟他结婚的女人啊！

他继续说："我给你5000块，划算得很哟。你只要答应了我，我就给你背一个月的包包。"

白马藏族女子

我看他的样子不像跟我开玩笑。我只好连说带比画地跟他解释："花钱买媳妇是不合法的，你有5000元钱，不如做些小生意，或者到外地打工，摆脱贫困，碰到合适的对象再结婚。"

"晓得，但家里还有老娘，身体不好，离不开嘛！"言语中满是无奈。

"找人介绍对象，可别上当受骗，碰上人贩子，鸡飞蛋打的。"

"没法子呀，这里是穷山沟。女孩子都不愿留在这里。"

正在织布的白马藏族妇女

我们一路边说边走，他居然跟着我走出好几里路，还是反复央求我帮他找婆娘。看着眼前这愚钝的山里人，我心情复杂。

2000年12月15日，我路过木座乡的一个小山村，这里的女人们穿的衣服都是自己手工织成的，布料颜色艳丽，花纹精美，极具民族特色。女人们头上还戴着毡帽，最为奇特的是帽子上还插着一根雉鸡翎。

我看到有一老一少两个妇女在家门口席地而坐，正忙着织围腰，她们手里的线都是用羊毛手工搓成的。看我走过来，那个老妇人站了起来，打量了我一会儿，然后用生涩的汉语请我进去喝茶。

当时我正口渴，也没多想，就跟着进了屋。屋内光线很暗，摆设简单，正中有个火塘。她在火塘里生好了火，准备烧水。不大一会儿，那个年轻的女人也进来了。她们是母女。老妇人说女婿到很

175

在平武县木座乡的
白马藏族人家做客

远的地方做买卖去了，好几年都没回来了。

　　她们给我端来了酥油茶，又累又饿又渴的我，能在这大山里的农家喝上一碗香香的酥油茶真是意外。喝完那碗茶，我下意识打量了一下眼前的母女。女儿虽不漂亮，却透露着成熟女人的韵味。母亲六十岁上下，脸上满是皱纹，皮肤粗糙，眼神中却透着精明。

　　老妇人不住地对我说："我女儿命苦啊，结婚这么多年一直没有个孩子，拢不住男人。"她女儿一直低着头往火塘里添柴，脸上的高原红在火苗的映照下显得更加红艳。

　　老妇人忽然说："今天你就住这里吧，我给你做面皮子去。"说着就朝外面走。听了老人这话，我感觉事情有点不对劲。再看看火塘边的年轻女人，只见她满脸通红，不时地偷偷抬头看我一眼，目光怪异。

　　我明白了，赶忙放下茶碗，掏出五块钱递给老妇人说："谢谢您给我煮的茶，非常好喝。今天我不能留在这里，得赶路了。"

　　我狼狈地拿起背包，没敢逗留，快步出门。走出门没几步，就听到身后传来了母女俩的大笑声。

176

# 汶川地震前后的羌族聚居地

2000年12月28日，我来到四川省茂县，这里是全国羌族最密集的居住地。

羌族的建筑是用乱石堆砌而成的，但能盖到十几层，有四角、六角、八角等不同造型，窗户都非常小。据说修筑时根本没有图纸，全凭工匠的技术和经验建筑而成。羌族的建筑被称为碉楼，在古代主要用来防御敌人和储存粮草。我问当地人，房顶上为什么修那么平整的台子，他们说那是晒粮食、妇女做活计、老人休息以及孩子们嬉戏的场地。

羌族人至今还保持着本民族的传统服饰及习俗。羌族男人身穿长衫，外套羊皮长背心，用青布或者白布包头，腿上缠着绑腿。羌族女人的衣服上绣着各种图案，腰间扎着一条绣花的带子，鞋面上也绣着花纹，并佩戴着耳环、项圈、簪子等银质首饰。

2000年12月29日，我来到了汶川。

汶川古城位于岷江两岸的谷

羌族特色碉楼

羌族特色碉楼

底，周围山势险峻，山上还有多段保存较为完好的明代城墙。在山顶上可以一览汶川的全貌，滔滔的岷江犹如一条玉带穿城而过。岷江水质非常好，清澈得能看到水底的游鱼和卵石。汶川城附近的山上有一座大禹祠堂，传说大禹就出生在那里。

汶川也是羌族的聚居地，但这里的孩子大都不说羌语了，我只能从他们的民族服饰上区分哪些是羌族人。

从茂县到汶川的路上，种植了许多苹果树。我到汶川时，农民正在忙碌着为苹果树剪枝，一些妇女在路两旁的草地上拾牛粪。她们不戴手套，把一块块牛粪捡起来扔到背篓里。背这些牛粪回家做牛粪饼，晒干后可以作为燃料使用，这和西藏的牧民生活有相似之处。

2000年12月30日上午，突然刮起了大风，山上松动的石头被大风吹得滚落下来。躲闪中，我的眼睛不停地朝山上看，耳朵要辨别石头是从哪个方向滚下来，脚下还要注意不能被石头绊倒。一路上多次遇到过这种山石滚落的情况，每当经过这样的路段，我都胆战心惊，如果被滚石砸中，非死即伤。

行至银杏乡时，我遇到一位名叫何坤的高中生。他看到有关我的报道，拿着笔记本让我签名，并邀请我到家里住。他老家在南充，哥哥元旦放假出去旅游了，自己一个人住在哥哥家里。他非常想深入了解我，要与我彻夜长谈。我来到了他家，给他讲了一路上的各种经历甚至生死瞬间！他敬佩我的勇敢和顽强，他也对外面的世界充满了好奇。

第二天早上，何坤坚持送我出发，直到我走出很远，他依然站在路边。

没有想到，七年之后，一场突如其来的大地震改变了无数人的命运，也将美丽的汶川瞬间夷为平地。那时我行走在河南安阳一带，朋友们从全国各地发短信、打电话问我走到了哪里，担心我是否在震区。这时，我也想到了四川的朋友们，立刻给他们打电话联系，打了将近50个电话，仅有一个拨通。不知何坤现在身在何处，是否平安，是考上了大学还是回了南充老家？每当想起他，我心中不免有些牵挂。

古老的汶川城已不在了，当年走到汶川时，我收集了两本汶川县志，一本是民国时期繁体字再版，一本是20世纪90年代发行的，估计汶川地震时都被埋藏在地下。我这里的两个版本汶川县志，至今还保存在我的展馆里。每次看到它，我不由得感叹世事无常，人在大自然面前是如此渺小。

汶川县志办送的
两本汶川县志

179

# 摩梭部族的末代王妃

2001年2月7日下午，我来到了美丽的泸沽湖四川境内。这一天，正好是正月十五。

泸沽湖位于四川省和云南省交界的大山深处，是我国最清澈的高原深水湖泊之一。经过长途跋涉，初到泸沽湖的我陶醉在这如诗如画的美景中，一时竟有"偷得浮生半日闲"的感觉。

然而，泸沽湖最神秘、最让人向往的并非它的美景，而是生活在泸沽湖畔的摩梭人。《西游记》的作者吴承恩笔下有一个西梁女儿国，而在泸沽湖畔，也有一个由摩梭人建立的"女儿国"。这里一直延续着母系社会的风俗和传统。在去泸沽湖的路上，我听说她们的王妃还健在，便决意此行一定要去拜访这位摩梭人最后的王妃。

第二天上午，在当地人的指引下，我见到了摩梭末代王妃次仁尔玛。与我的想象大相径庭的是，王妃的家并非典雅气派、庭院深深的王府，而是跟其他摩梭人的住所一样的普通小院落。出现在我眼前的这位身着粗布衣衫、满头灰色短发的瘦小老婆婆，也似乎与"王妃"相去甚远。

我和王妃一番长谈。王妃谈吐得体，思路清晰，因长年抽烟，嗓音略带沙哑。一段尘封的历史由她娓娓道来，让我重新认识了坐在对面的这位满脸沧桑的老人。

王妃原是汉家女，本名肖淑明，1927年出生于成都，家境优渥。肖淑明小学毕业后，以优异的成绩考入雅安明德女子中学，她

180

摩梭末代王妃
肖淑明

能歌善舞，多才多艺，被公认为学校的才女和校花。

1943年，泸沽湖地区还处于半原始的状态，摩梭末代土司喇宝臣为了与外界交流方便，便请当时的西康省主席刘文辉帮忙物色一个知书达理、德才兼备的女子为妻。通过选拔，肖淑明脱颖而出。于是，肖淑明嫁给了喇宝臣，在土司衙门里当上了"掌印夫人"，成了"女儿国"的王妃。那一年，她年仅十六岁。

在远嫁泸沽湖的路上，十六岁的花季少女肖淑明的心情是悲切的，此去路途遥远，不知何年何月才能回到故乡，与家人再次相见。可她并未消沉，很快融入了当地的生活，并积极参与管理摩梭内部的事务和摩梭部族的征战。此外，她还从成都、雅安带来五十本小学教材和一台脚踏风琴，在当地发展教育，成效卓著。肖淑明受到了当地人的爱戴，被誉为"当代王昭君"。

1950年，泸沽湖地区和平解放，六年后宣布废除土司制度。1959年，肖淑明因被错误地划为"剥削阶级"而被捕，开始了长达十年的牢狱生活。一直到1987年，才恢复了名誉。

从淑女到王妃，从王妃到囚犯，从少女到中年，从中年到老年，历经了几十年光阴洗礼的肖淑明走过了艰难坎坷、沉浮起落的传奇人生。自她嫁给土司之后，与娘家的亲人分别近四十年才见得一面。那时已是七十四岁高龄的肖淑明早已将泸沽湖当作自己的故乡，对这里的山山水水、一草一木都充满了深深的眷恋。于是，她留在泸沽湖，守护着这片神圣的土地和勤劳善良的民族。

听完末代王妃的讲述，我不禁对眼前这位老人肃然起敬，佩服她的勇敢、坚韧和智慧，她把一生奉献给了母系氏族活化石的东方女儿国。当我问她对于自己的大起大落、饱经风雨的人生有什么感触时，老人平淡地说："三穷三富不到老，人生只是三节草，不知哪节好。我已经七十多岁了，这辈子算是溶到泸沽湖的水里头了……"

衷心地祝福肖淑明老人晚年平安幸福！在离开泸沽湖的路上，我的耳边还不断回响着老人的话："人如三节草，不知哪节好。"

沿着泸沽湖前行，走出了四川，进入了云南，2001年2月7日走到了摩梭山庄。这是一个民俗旅游景点，里面的服务人员基本上都是摩梭姑娘。我看环境很有特色，于是就拿着相机拍照。有一个小伙子热情地走来打招呼："雷大哥，你好。"

原来他是摩梭山庄的副经理，几天前在电视上看过我的访谈节目。当我经过这里的时候，他看见我的行头和装束，便一眼认出了我。我俩简单地聊了几句话，他说："雷哥，你先坐下来歇会儿，我一会儿就过来。"很快他带来摩梭山庄的薄总经理，这是一位身材魁梧、满口东北音的内蒙古人。我远在他乡近三年，听到乡音特别有亲切感。

"你现在准备去哪？"

"在泸沽湖转一圈，了解一下摩梭人的文化历史和生活习俗。"

听到这里，他说："你别走了，在我们这里住几天吧。"

我赶紧推辞道："这里太贵了，我住不起。我到外面搭帐篷，或者找家小旅馆都可以。"他大手一挥，说："你住下吧，免费吃住。只有住下来几天，才能真正了解摩梭人的习俗。"

盛情难却之下，当晚我就在充满民族风情的摩梭山庄住下了。

接下来，薄总领着我见了几位领导，正逢云南省体育局召集全省体育部门在这里开会。薄总和领导们邀请我与大家分享徒步中国的经历："这位很有毅力的壮士是我们学习的榜样。他有信念，从黑龙江哈尔滨出发，立志徒步全中国，现在走到我们这里了。让我们祝福他一路平安，完成伟大的梦想。"简单自我介绍后，我讲述了自己徒步中国的经历。台下掌声雷动，有不少摩梭姑娘含情脉脉地看着我。

活动之后，我回房休息。正当我迷迷糊糊要入睡的时候，听见一阵砰砰的敲门声。我开门一看，一位穿着民族服饰的摩梭姑娘要跟我"走婚"。她的眼神暧昧而诱惑，让我搞不清是怎么回事。我婉言拒绝，她失望地离开了。我躺在床上继续睡觉，快要睡着时，又一阵敲门声。我过去开门，又来了一位摩梭姑娘，还是要求"走婚"。这一个晚上来找我"走婚"的姑娘有三个，我无一例外都拒绝了。

第二天，我跟薄总谈论这件事："你能不能别让摩梭姑娘半夜敲我的门。"薄总哈哈大笑，说："这个我可管不着。这是她们的

泸沽湖畔的摩梭女人

摩梭老人

习俗。摩梭姑娘看上你，你不同意走婚，是你的事情。如果有你中意的姑娘，你可以跟她走婚，但是你要对姑娘负责任。"这真让我大开眼界，没想到，这竟是摩梭人的习俗。

　　走婚是摩梭人特有的婚配方式。由于摩梭人是母系社会，恋爱、婚姻均由女人主导。走婚在摩梭语中叫"色色"，意思是走来走去。男女之间，在赶集上相遇，在聚会上相见，只要看对眼了，两人情投意合，晚上就可以在一起居住，不受婚姻关系约束。小伙可到女方家走婚，姑娘也可以找小伙子走婚，不过次日天不亮就要离开，否则会被视为无礼。如果女方怀孕生下孩子，男方也不用负责，他只负责自己姐妹家的孩子就行，姑娘生的孩子由女方家负责养大成人。但现在这种走婚的习俗越来越少见了。

泸沽湖畔的摩梭部族是地球上最后一个母系氏族，被称为东方女儿国。通过这场夜半敲门事件，我对摩梭人的民俗文化有了新的认识。不过随着社会发展，如今的摩梭人也日渐融入了现代社会生活。

# 消失的独龙族文面习俗

我历尽艰难翻越高黎贡山，终于在2001年6月19日傍晚，走到了贡山县独龙江乡巴坡村。

独龙江乡邮政所就坐落在该村的一间木楞房里，我贴好独龙族邮票，请工作人员给我盖上了一枚邮戳。由于这里一年中有半年时间都是冰雪覆盖，与外界联系非常困难，所有邮件都要靠人背马驮，所以该乡收寄一封信件的价格很高，成本在二十多元。因此这枚邮戳对我来说，显得格外珍贵。

沿着独龙江东岸，我在密林深处走访了几个自然村落，最小的村落只有三户人家，村落里居住的绝大多数是独龙族人。这里地处高黎贡山和担当力卡山之间，山峦陡峭，原始森林茂密，从贡山县城到这里往返一趟需要四五天时间。

独龙族女性有一个古老的习俗——文面，就是女孩在成年之前，要在脸部文上形似蝴蝶的图案。最早的文面图形是不规则的，

独龙族文面女人

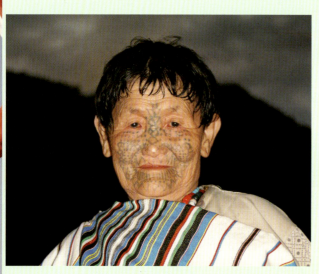

故意文得很丑，避免遭遇外族抢亲。后来，只有漂亮的女孩才有资格文面，文面也就成为一种美丽的象征。再后来，这种风俗逐渐消失。如今，年轻女性已经不再文面，整个独龙族文面女性不超过三十人，年龄最大的有八十多岁，年纪最小的也将近六十岁。

我找到孔当村村委会干部，请求他们带我去拜访几位文面人。他们很遗憾地告诉我，这些妇女不太好找，也不愿意见她们不认识的人，并且她们也不会讲普通话。我表示一定要亲眼见一下，在我的坚持下他们答应了我的请求，派一位小伙子为我带路。

186

翻山越岭走了几个小时的山路，我们终于找到了几户人家。这里的居民住在木楞房里，窗户很小，屋里漆黑一片，家家户户常年在屋内地上点着火盆，没有烟囱，所以屋内整天烟雾弥漫。有的人家房檐下横挂着一长串熊、麂子和猴子的头骨，它们已经被烟熏黑。显然，他们过着较为原始的生活。

当我拉开一户人家的房门，刚要进屋时，男主人突然关上门，插上门闩，拿出一把弓箭，从小窗口瞄准我。女主人则用自己的织锦遮住面部，手里拿着一本被烟熏得黑黑的《毛主席语录》。

身边的小伙子告诉我，他们看你留着长胡子和长头发，知道是从山外来的，他们不想让山外来的人打扰他们的正常生活，所以会有所防备。男主人手里那些弓箭本是用来射杀祸害庄稼的动物的，而女主人手里的那本《毛主席语录》则表示他们对毛主席的崇拜和敬仰。我让小伙子用民族方言说明我是好人，是从哈尔滨经过北京走到这里的，想了解这里的民族习俗。小伙子就用本民族语言向他们介绍了我的情况。

他们得知我是从北京来的，显得异常兴奋，马上收起弓箭，打开房门，热情地接待了我，并送给我一本《毛主席语录》。我也从背包里掏出两盒八宝粥和几

和独龙族文面女人
的珍贵合照

根火腿肠送给他们，又给了他们一些钱。文面的妇女拿开织锦，很友好地配合我拍了几张珍贵的照片。临行前，他们又送给我被烟熏得黑乎乎的熊头骨。这个熊头骨，至今还珍藏在我的个人展馆内。

独龙族人送我的熊头骨

# 吹草笛"苏卧尔"的图瓦老人

中国唯一一条北冰洋水系——新疆额尔齐斯河

2003年5月28日，我经过北疆的布尔津河大桥，在人烟稀少的戈壁丘陵一路北行。

中午时分，火辣辣的太阳烤着大地，身上的衣服被汗水浸透。

走过几段险峻的山路，我到达了素有"西北第一哨"之称的白哈巴
边防连。连队的领导很热情，安排人陪我到中国与哈萨克斯坦两国
交界处参观界碑。

　　中国的界碑位于阿克哈巴河东岸的一座小山丘上，不远处的山
冈上还有一座苏联将军墓，而河的西岸就是哈萨克斯坦的界碑。再
往前走几步就出边境了。

　　第二天晚上，我住在了有"西北第一村"之称的白哈巴村。这
里的建筑是尖顶木楞屋，房屋的结构墙体和房顶都是用木头和木板
搭建而成，房顶是用十多厘米粗的圆木搭成的"人"字形尖顶。当
地人告诉我，由于这里风雪很多，尖顶屋脊可以减少屋顶积雪，还

有利于迅速排水，从而保证房屋的安全。而在室内，每家每户都像是一所小型工艺品陈列馆，炕上铺着花毡，墙上挂着刺绣幔帐和壁毯，而地面正中央则是非常精致的火炉。

这里的居民主要是图瓦人和哈萨克人。传说图瓦人是成吉思汗西征时留下的蒙古人后裔，千百年来一直过着原始的生活，与世隔绝。之所以住在喀纳斯，是因为这里犹如世外桃源，生活怡然自得。直到近些年，一些游客慕名而来，打破了白哈巴固有的宁静，这里的人们才渐渐改变了原来的生活方式，除了继续放牧，还开起了家庭旅馆。白哈巴的村民大都豪爽好客，虽然一般人很难听懂他们的方言，但可以感受到他们身上的热情和淳朴的民风。

离开白哈巴村，又走了将近一天的时间，到达了喀纳斯湖区。因为近两个多月非典肆虐，所以景区内的游人寥寥无几。

傍晚时分，我来到附近的一个村庄，专门去拜访一位有名的图瓦人——叶尔德西老人。

演奏传统草笛苏卧尔的叶尔德西老人

叶尔德西老人是图瓦人中唯一一个能用传统草笛"苏卧尔"演奏的人。苏卧尔严格来说不能叫笛子，它是图瓦人特有的一种乐器，是用当地一种叫扎拉特草的茎秆做成的。苏卧尔上有三个孔，都开在下端。我不明白在这样一个与世隔绝的地方，人们是如何懂得利用这些孔来精确定音的。

在自家的小院子里，叶尔德西老人脸上洋溢着年轻人那样的光彩，吹奏出古老而神秘的音

190

风景优美的
北疆喀纳斯

律。我仿佛听到了一只逃跑的熊穿过丛林的声音，又好像听到了猎人追赶猎物的急行之声。在那纯净悠远、宛若天籁的曲调中，我仿佛在美丽的喀纳斯群山与湖畔徜徉。

闲谈时，老人告诉我，图瓦人没有文字，这些音乐都是口耳相传的。他从小在野外放牧，慢慢地体会到祖先的音乐其实就是大自然的声音。他除了能吹奏祖先传下来的三首曲子，还自己创作了两首新曲。

但是，让叶尔德西老人一直担心的是苏卧尔技艺面临着后继无人的尴尬境地。这种传统技艺很难掌握，一般人在最初的三年能吹响就很不错了。他现在亲自指导儿子和另外一个年轻人吹奏，但是年轻人好像对此并不太感兴趣，老人愈加忧愁了。

2003年6月3日，我走出喀纳斯景区。尽管一路上风景宜人，但我心头一直盘旋的却还是苏卧尔的天籁之音，以及叶尔德西老人那深邃而忧郁的眼神。

191

# 用鱼皮制作衣服的赫哲族

2005年5月11日黄昏，我走到了三江口。这里是松花江与黑龙江的汇合处，北岸便是俄罗斯。

我沿途走访了在松花江下游的渔民，他们都说江里的鱼越来越少了，松花江的水质明显受到了污染，只有黑龙江的水还算清澈。

第二天下午2点多，我走到了佳木斯市同江市街津口赫哲族乡。这里是赫哲族聚集地之一。我心中对赫哲族充满好奇和向往，急切地想了解当地民俗和生产生活等情况。

赫哲族人是一个古老的少数民族，主要分布在黑龙江省的同江、饶河和抚远三地，这是中国北方地区唯一靠捕鱼为生的民族。他们有自己的语言，但没有文字。现在，除了年长的老人能讲几句赫哲语，年轻人已基本不会讲了，一些赫哲族老人开始担心自己的民族语言会逐渐消亡。

赫哲族生活的地方土地肥沃，自古以来就是富饶的天然渔场和狩猎之地。很多年以前，人们常用"棒打狍子瓢舀鱼，野鸡飞进饭锅里"来描述这里的富庶。

我在江畔偶遇一对年近七旬的赫哲族老夫妇，闲聊中，这对老夫妇给我讲述了他们捕鱼的生活经历。他们说，他们年轻的时候，曾经在黑龙江里捕到过千斤

## 三 江 口

位于黑龙江省境内松花江与黑龙江汇合处，在同江市东北4公里处。由于松花江与黑龙江汇合后俗称"混同江"，因而此处被形象地称为"三江口"。黑龙江自西向东而来，水呈墨绿色，而松花江泥沙较多，呈黄色。黄色的松花江与墨绿色的黑龙江汇合后，江水湍急汹涌，水色分明，是东北地区著名的自然奇观之一。

左右的大鳇鱼，鳇鱼子很好吃，人称软黄金。这种鱼子一般做成昂贵的药用鱼油，跟黄金的价格差不多。因此，鳇鱼遭到疯狂捕杀。在政府明令禁止捕杀鳇鱼后，仍然有人铤而走险。他们把鳇鱼抓住以后，在江里直接剖开肚子，将鱼子取出，把鳇鱼扔进江里。过度捕捞，再加上严重污染，江里的鱼越来越少、越来越小。

以前赫哲族人穿鱼皮制成的衣服和鞋子。这些服饰做工精湛，极具特色，但自从禁止捕杀之后，那些鱼皮衣物只能当工艺品卖了，并且价格昂贵，从几千元到上万元不等。随着现代工业的发

赫哲人制作的鱼皮衣

鄂伦春人用桦树皮做各种工艺品

鄂温克族、鄂伦春
族的传统民居——
撮罗子

194

展，赫哲族人制作鱼皮衣、鱼皮鞋的传统工艺正面临着失传。我不禁想起鄂伦春人用桦树皮制作的精美手工艺品，虽然大兴安岭到处都是桦树，桦树皮极易得到，但因为年轻人都不愿意学习这种传统手艺，所以这门工艺同样面临失传的困境。目睹祖祖辈辈传承下来的这些民族工艺即将在我们手中消失，着实让人惋惜！

　　怀着对民族手工艺的惋惜之情，我离开了赫哲族乡。一路上，我默默祈祷，希望世界上一切美好的事物都能永远保留下来。

山神——"白那恰"，过去鄂伦春人生活在大兴安岭的深山密林中，主要以狩猎为生。"白那恰"是在山中狩猎的鄂伦春人在活着的大树皮上用刀雕刻而成的。现在，鄂伦春人民早已不再以狩猎为生，转为从事农牧业为主

# 第 6 篇

# 途 中 轶 事

## 明代旅行家徐霞客：我的精神引领者

1999年4月6日下午3点，我走到江苏省江阴市马镇（如今已改为徐霞客镇），这是一个让我向往已久的地方。原因很简单，这里是我的精神引领者——400多年前的明代旅行家、地理学家徐霞客的故乡。他在这里出生、长大，他的墓地也在这里。这个地方对别人来说或许没什么特别的，但对我来说却是精神圣地。徐霞客其人其事让我十分崇拜，他是我的偶像，我是他的超级铁粉。我必须要来这里参观祭拜。

我在马镇四处打听，在村民的指引下，我找到了徐霞客的墓地。墓地不大，长满青草，盛开着野花。墓前立着一块花岗岩石碑，刻着"明高士霞客徐公之墓"。这块石碑是明末清初所立，也是文物。墓地斜对面就是徐霞客纪念馆。我参观纪念馆时，竟然遇到了徐霞客的二十九世后裔徐野生。他热情地接待了我，我们一起畅谈甚欢。

之后，我又去徐霞客墓前坐了很长时间。徐霞客从二十二岁开始游历祖国大好河山，一边行走一边写作，坚持自己的信念，始终没有放弃，最后在云南丽江病重。五十七岁那年，徐霞客先贤在家乡马镇去世，给后人留下一部40多万字的经典巨著《徐霞客游记》，它至今仍在国内外广为传播。

如果没有徐霞客那套邮票，我就不可能有徒步中国这个梦想。正是在徐霞客的精神指引下，我义无反顾地踏上了这条路，走访少数民族，探险无人区，一路上关注环境，宣传环保。每个人来到这个世界都有自己的使命，我抚摸着先贤徐霞客的墓碑，心里不禁百感交集。

我深知自己学识浅薄，未来的路还很漫长，不能像徐霞客一样给世人留下鸿篇巨制，但我仍会坚持自己的梦想，这是我的追求、我的信仰，我愿为此献出自己的一生。

我与徐霞客后裔徐野生先生

# 送钱的美国人：尊严重于美元

"五岳归来不看山，黄山归来不看岳。"这句话出自明代徐霞客的《漫游黄山仙境》。在他看来，嵩山、泰山、衡山、恒山、华山这五座山是中国所有山中最美的，但这五座山与黄山相比，都黯然失色。他对黄山的奇绝风景不吝赞美之词，将它推崇到至高无上的地位。既然我的偶像徐霞客如此推崇黄山，那么我的行程里当然就少不了黄山，我一定要亲自登顶黄山，一览它的尊容。

1999年4月25日，我终于冒雨走到了安徽黄山。虽然雨下个不停，但黄山的风景依然美不胜收。我站在山顶，看着奇松、怪石、云海，仿佛自己置身云雾缭绕的仙境，有一种羽化登仙的错觉。

雨下得越来越大，一阵山风吹来，我情不自禁地打了个寒战。天空渐渐暗下来，此时我刚好走到排云亭，想找一个能够遮风挡雨的山洞。如果山洞大些，我就干脆住在里面，这样可以省一笔住宿费。

就在这时，一个戴着眼镜、文质彬彬的人一直盯着我看，可能是看到我这身打扮，来了兴趣，走过来开始和我攀谈起来。

"你是干什么的？"

"我是徒步走中国的。"

"你打算到什么地方去？"

"我计划用十年时间走遍全中国。"

他特别振奋，用手往上推了推眼镜，然后伸着大拇指称赞："你太厉害了，这是一个伟大的壮举！"

我仔细打量着眼前这位男士，这个人气质儒雅，看样子应该是个学者。于是，我就问了一句："您是做什么的？"他骄傲地说："我是美籍华人。十四年前，我从台湾移居美国，现在洛杉矶一所教堂里做牧师。这是我第一次来中国大陆旅游，没想到竟遇到你这样一个奇人，真是幸运。"

接下来，他问了我一个敏感的问题："你做这件事情，国家对你有资助吗？"

"没有，我是自费的。这是我个人的梦想，完全是自发和自愿的。"

"那你的资金从哪里来？"

"我做了十年准备，又挣了二十年的钱，就是要完成这个梦想。"

"你太可怜了！"他摇摇头。说完，从口袋里拿出来一沓美元给我。这是一沓百元大钞，少说也有十几张。那个时候，美元兑人民币汇率很高，这沓美元如果兑换成人民币估计有万元之多。但是，我拒绝了，因为他的那句话"你太可怜了"听起来很刺耳。

"对不起，我不要，中国人不可怜！"我果断谢绝了他的好意。

他的话语间充满了同情、施舍和轻蔑："如果在国外发达国家，你为了环保，为了探险，为了走访少数民族，会有很多组织支持你，但可怜的是你生在中国，没有人支持你！中国在各个方面还不够发达，不够健全，所以民间人士做事太难啦！"

听他这么一说，本来自尊心就强的我背着包转身就离开了。我不要美金，我要尊严！

第二天，我走到江西省九江市，在九江长江大桥上站立良久，俯瞰奔流不息的江水，我的心情也像这江水一样不能平静。外国人能做的事情，中国人也一定能够做到。作为中国人，我们要自强，要坚持，要完成梦想。我一定要走出中国人的精神和底气！

# 迎江寺皖峰方丈：走路也是一种修行

1999年5月3日，伴随着蒙蒙细雨，我到达了安徽省安庆市。我想参观的第一个地方就是长江岸边的迎江寺。

迎江寺始建于宋开宝七年（974年），明清两代曾多次重建，直到清朝初年才建成了较大的规模。但这座寺院在咸丰十一年（1861年）被大火烧毁，清朝同治元年（1862年）再次重建。

迎江寺的藏经楼里藏着上万卷经书，该寺历史上也出现过多位得道高僧，这是一个很有灵气的地方。一路走来，我拜访名刹古寺，这对保持内心的平静和坚忍有莫大的帮助。每每走进古寺，我就会觉得神清气爽，心灵有所依托。

我在寺门口请了一炷香，点燃后虔诚地插到香炉中。漫步走进寺院，穿过天王殿、大雄宝殿，眼前就是被称作"万里长江第一塔"的振风塔。

这座八角形的七层砖石佛塔建成于明朝，距今已有四百多年的历史。它像一位长者静静地矗立，默默地见证着数百年的沧桑风雨和世间万物的生死变迁。人生的历练也似这古塔，经风雨而后渐入化境，自可感化众生。

整整一个下午，我走走停停，用心感受这种宁静的古韵。临近傍晚时分，我到寺内的客堂投宿。一位慈眉善目的老僧问我："你一身征尘，想必是远道而来吧？"

我简单地介绍了自己的情况，并表示希望在此借住。老僧微笑着点点头说："你一路走来，想必是经历了很多磨难。皖峰方丈是

寺内的一位得道高僧，我可以给你引见。"

皖峰方丈幼年出家，一心向善，在抗战时期还曾创立过专门救助战争孤儿的组织。为了筹集经费，把迎江寺建成正规的寺院，并修复振风塔，他拖着病弱的身躯四处奔走，最终才使寺院有了今天的规模。

如今，皖峰方丈已八十六岁高龄，他面容清癯，眼神清澈，令人过目难忘。得知我正在徒步走中国时，皖峰方丈关心地问道："这一路你最大的困难是什么？"我回答道："我不怕路途艰辛，不怕忍饥挨饿，甚至不畏生死！我只怕不被理解，遭受讽刺挖苦，甚至无端打骂，这是我最难以承受的。"

方丈听完，沉默片刻，最后意味深长地说了一句："孩子啊！走路也是一种修行！"我当时对方丈的这句话似懂非懂，但又不便细问，只得点头称是，表示今后我一定会克服心中杂念，一心走好自己的路。

等我准备告辞时，皖峰方丈叫住我，用颤抖的双手从怀中掏出一个破旧的小布包，左一层右一层地剥开，里面有几沓叠放得整整齐齐的零钱。皖峰方丈把一沓钱递给我，说："孩子，钱不多，收

201

下吧。你还有很长的路要走，但要记住，每天要早走早休息，切不可贪晚，要照顾好自己的身体。阿弥陀佛。"

我推辞不过，只好收下了这些钱，然后双手合十，给方丈深深地鞠了一躬。

这一夜，我脑海中一直回想着皖峰方丈的叮嘱。"走路也是一种修行"这句话数次在最关键的时刻提醒着我，"早走早休息"也成了我多年行走的习惯。

第二天早课完毕，我辞别了皖峰方丈，继续上路。可万万没有想到的是，这次一别竟无缘再次相见。

2002年6月，我在西藏行走时，偶然听到皖峰方丈圆寂的消息，一时悲伤袭来，深感人生无常。方丈在圆寂之前还留下了一句话："人生苦短，千万不可蹉跎了光阴，越是在金钱社会，越是不可贪着。"

我默默地俯下身，向着安庆的方向三叩首，以示祭拜！

## 仗义的劫匪：从劫钱到结交

1999年5月5日下午，我走进了怀宁和潜山之间的一片荒山野岭之中。两侧是高耸的山峰，脚下是崎岖的山路，坑洼不平的路面把脚硌得生疼。又是一个荒无人烟的地方！

忽然，身后传来摩托车的行驶声，我有种不祥的预感，可能来劫匪了！

我镇定了一下，回头看一眼，尘烟中两辆摩托车向我飞驰而来，车上坐着四个身强体壮的年轻人。我赶紧往后退几步，占据有

利地势。摩托车"嘎"的一声，在我前面两米多远的地方停住。几个人迅速从车上跳下来，其中一个留着小胡子的人冷冷地说："嘿，哥们儿缺钱花了。快把你的钱和值钱的东西都给我们留下。"

我背靠着一处小山崖，说"朋友，我就是一个走路的，身上只有几百块钱。如果你们想要的话，我可以给你们，但这部旧相机我要留下！"我一边说，一边观察他们的动静。见他们没有扑上来的意思，我接着说："朋友，能行个方便让我继续赶路吗？"

"你是干什么的？"其中一个小伙子问。

"我是徒步走中国的。"

"从什么地方来？"

"黑龙江。"

"那你走多长时间了？"

"我要走十年，现在走了还不到一年。"

"谁给你拿钱走中国？"

"我是自费的。"

徒步这十年，我每天都会写日记。2002年8月8日我在219国道214公里处大桥旁一座废弃的房子里宿营写日记

当听说我要走十年，并且自费，有一个小伙子就对他的同伙说："他挺不容易，不如放他走吧。"我赶紧借机双手抱拳："谢谢几位哥们儿！"然后转身就走。

几位小伙子愣了一下，我加快了脚步。感觉他们并没有跟上来。等我听到摩托车启动的声音，回头看时，四个人已经骑上摩托车，一溜烟地开走了。

我不禁暗自庆幸。说实话，如果他们真的要劫钱，我还真有点舍不得给，这几百元钱足够我生活一个月了。我的那部旧相机就更不舍得给了，虽然它不值什么钱，但一路上记录了很多珍贵的画面。有它的陪伴，我路上不寂寞，它像老朋友一样重要。其实，以我的功夫，要和他们硬拼也不是没有胜算，但如果我把他们打伤了，这是他们的地盘，我跑不了，还要承担法律责任。如果他们把我打伤，他们跑了，人生地不熟，我去哪里找他们？无论谁把谁打伤，我的梦想一定会受到影响，甚至无法完成。想到这些，我就克制了冲动。

此时，已近黄昏，忽然身后又传来摩托车的声音。我吓了一跳，心想坏了，这几个家伙肯定是改变主意，不肯放过我。我迅速拉开三脚架包的拉链，手里紧紧地握着防身的长刀。我想，如果他们还要钱，我就给他们，只要能够安全脱身。

果然，还是那两辆摩托车，还是那四个小伙子，这回在距离我四五米远的地方停了车。从车上跳下来一个小伙子，大声对我说："哥们儿，你别那么紧张，我们来给你送点水和吃的。"我很吃惊，心想：居然还有这么客气的劫匪？

只见那个小伙子手里拎着塑料袋向我走了过来。这时只听见摩托车上有人喊了一声："你是一条汉子，我们兄弟几个都挺佩服你的，想跟你交个朋友可以吗？"我有点蒙，但还是点头答应了。那

个小伙子走过来，把塑料袋递给我，袋里有两瓶矿泉水和两包饼干，一看就是过了期的食品。在这偏僻的山区，出售过期食品是常有的事，我在路上就经常买到这样的食物。他们说"天快黑了，估计你要住在野外啦，所以给你带点东西路上吃"。我接过塑料袋，眼圈有点湿润了。

他们又给我留了电话，说如果在这方圆几十里遇到麻烦，就给他们打电话。我也给他们留下了姐姐家里的电话和地址。

走进一片树林里，我支起帐篷，吃着这几位仗义的劫匪给我的水和饼干。晚上写日记的时候，我想起了那句话：人之初，性本善。


# 柯家四兄妹：用努力转变命运

1999年5月13日下午，我从江西省九江走到湖北省阳新县境内。当我行至大德乡水源村时，天已经黑了。我打着手电筒向村里走去，结果发现这个小山村根本就没有旅店。好不容易找到一家食杂店还亮着灯，走进去一问，才知道15公里外才可能有住宿的地方。

食杂店的门口围坐着几个人在聊天，看见我跟店主打听，就主动问我是干什么的。我说我是徒步旅行的，路过这里，想问一下哪里有住宿的地方，我可以付钱。

一个十七八岁的小伙子站出来说："你到我家去住吧。"我忙问他要多少钱。旁边的一位老人说："你给他十块钱吧。"就这样，我跟着小伙子来到他家。跨进低矮的房门，昏暗的灯光下，屋子里黑乎乎的，没有一件像样的家具，真可谓家徒四壁！

进了屋，我对小伙子说："我还没吃饭，能不能给我弄点吃

的？我给你饭钱。"

　　小伙子没有说话，转身钻进了旁边的小厨房。没多一会儿，他端着一盆稀饭走了出来，外加一点咸菜。我心里有些不悦，心想：我赶了一天的路，又累又饿，这些根本吃不饱啊，况且我说过要付钱的。

　　这时，从里屋出来两个女孩和一个男孩，一副怯生生的样子。男孩儿冲着给我做饭的小伙子说："大哥，我们饿了。"

　　"好，等客人吃完我们就吃。"小伙子冲着几个孩子说道。

　　借着微弱的灯光，我发现这四个孩子身上的衣服都很破旧，脸上也没有光彩。他们看着我，眼睛里充满了疑惑、好奇，还有一丝害怕的神情。

　　我问给我做饭的小伙子："这是你的弟弟妹妹吗？"

　　"是。"

　　"你们的爸爸、妈妈呢？"我接着问。

　　"几年前，妈妈因为和爸爸吵架喝农药死了。"

　　我心头一紧，忙问："那你爸爸呢？"

　　"妈妈死后，爸爸就走了。现在也不知道他在哪里，大概是不要我们了。"

　　"那家里还有其他的亲人吗？"我控制住自己的情绪继续追问。

　　"还有外婆，她七十多岁了，身体不好，躺在里屋呢。"

　　听完小伙子的话，我的心情变得沉重起来，心里隐隐作痛。顿时明白小伙子能给我一个人做一小盆稀饭，已经是很不容易了。我无法一个人吃下去，便招呼他们说："来，我们大家一起吃吧！"

　　他们兄妹四人，做饭的小伙子是老大，叫柯有勇，十八岁；老二柯有猛，十四岁；老三柯红梅十二岁；老四柯丽梅九岁。妈妈去

世，爸爸离家出走时，柯有勇只有十二岁，正读小学四年级，弟弟八岁，刚上一年级。家庭的不幸遭遇，使柯有勇和弟弟只能辍学种地，和外婆一起养家糊口。六年过去了，四个孩子和七十三岁的外婆相依为命，住在两间破旧的土房里艰难度日。

晚上，我躺在柯家的草垫子上怎么也睡不着。回想起自己失去父母的辛酸往事，看着挤在一张破旧床上的四个孩子，心里一阵阵酸楚。他们如同孤儿一样，过早地承受着生活的艰难，在贫困中度日。这样的境遇，与幼时的我何其相似！

那一夜，我失眠了。经过反复思考，我决心为这个不幸的家庭做点什么。第二天一早，我带柯有勇去了几公里外的大德乡政府，把我的情况和想法向几名乡政府领导说了一下。我自己每年节省点钱给柯有勇的两个小妹妹寄过去，供她们上学读书，同时希望乡里能对这个不幸的家庭予以照顾，在基本生活费上给予一些补贴。

几名乡领导对我徒步走中国很感兴趣，但听到我为这个家庭争取补助的时候，都面露难色。他们告诉我，这里的贫困户很多，政府暂时还没有能力解决所有的问题，不可能只帮助柯有勇一家。只有努力发展经济，增加村民的收入，这种情况才能从根本上得到改

柯有勇一家人在吃晚餐

愁容不展的柯家四兄妹和外婆

变。乡领导的话也有道理，我无话反驳，只好无功而返。

回到柯家，我给了柯有勇400元钱，让他先给两个妹妹交两年的学费，并嘱咐他一定要让妹妹好好读书，我会继续寄一些钱过来帮助他们。困难都是暂时的，只要努力，生活一定会变样。

由于快过端午节了，我又给柯有勇另外留下20元钱，让他过节时给外婆和弟弟妹妹改善一下生活。临走时，我又给多病的外婆留下了一些常用药品。

当我背起行囊即将上路的时候，柯有勇哭了。我拍拍他和弟弟的肩膀说："不要掉眼泪，你们两个都是男子汉，不但要好好干活养家，还要多自学一些知识。这个家还要靠你们来支撑！要不怕吃苦，勤俭持家，通过自己的努力改变家庭的面貌！"

几个孩子执意要送我一程，我们一起走了很远。在一个小山丘旁，我让他们不要再送了。这时，老四柯丽梅拉了拉我的衣袖说："雷叔叔，你走完中国就来我们家一起过吧！那时我们都长大了，天天都能给你做饭吃，让你吃得饱饱的。"

这句天真的话，让我潸然泪下，我怕他们看到，赶忙转过身向前走去。在一个拐弯处，我忍不住扭头回望，还能看到他们远远地挥动着小手。

走在无人的山路上，我忍不住放声大哭，既为自己同样不幸的童年而哭，也为孩子们艰难的未来而哭。但哭过之后，我心中的沉重似乎变成了一股支撑我的信念：我一定要走回来，再次看望这些无依无靠的孩子。

旅途中我一直在惦记着他们，也没有忘记我的承诺，我每年都

2008年，柯家破旧的小土屋变成了三层小楼

会通过邮局给他们寄学费，经常通过电话了解他们的家庭状况。

人活在世上，当你伸出双手去帮助他人的时候，你本身也就得到了回报，你的精神因此变得更加充实，心志更加坚定。一路上，我曾无数次得到素不相识者的关爱，我帮助几个孩子，其实也是一次爱心的传递。我想，撒下爱的种子，一定会收获善良和美好。

分别后，我们一直有书信往来。其间，我曾给老大柯有勇打过电话。他告诉我，乡里虽然没有解决他们生活上的困难，但我留下的钱完全可以供两个妹妹上学了。他还说自己要出去打工，让两个妹妹好好读书。在我的鼓励下，老大后来去了广东，并且把弟弟也带了出去。

后来的几年间，柯有勇和他的小妹妹陆续给我写过很多封信。他们的信件，是我在六年之后走回家乡才看到的。信中的内容有的是汇报学习成绩，附带着考卷和成绩单，还有的是表达对我徒步的关心。从中能看出他们真的变得自立自强，生活也越来越好。我觉得他们真的长大了。

2008年冬天，我再次走进湖北省。我准备去柯家，看看他们现在的生活。去之前，我跟柯有勇通了电话。快到他家时，他们全家人早已等候在门口，燃起鞭炮，用当地最隆重的仪式迎接我。

这次再来，我亲眼见证了柯家的巨大变化：九年前家徒四壁的土坯房，如今变成了砖瓦结构的三层小楼，里面的陈设也是柯家兄妹一起重新添置的。那天，除了老二柯有猛在广东打工没有回来。外婆和在武汉打工的柯红梅，还有正在读初三的柯丽梅都在家。我们在一起吃了一顿最快乐的团圆饭。

穷人家的孩子早当家，柯家四兄妹通过自己的努力改善了全家人的生活，也改变了自己的命运。我真的很欣慰！希望他们继续努力工作，用勤劳的双手和智慧创造更加美好的明天。

# 戍边司令员：致敬祖国保卫者

2002年7月13日，因为前晚遭遇群狼围攻，我只能穿着一套薄秋衣行走在海拔4700多米的西藏阿里无人区。中午时分，我听到身后有汽车的声音，转身一看，是几辆军车。因为路段高低不平，车开得很慢。一位战士摇下车窗对我说："你怎么还在路上呢？"原来几天前我曾经拦过这几辆军车要水喝，当时他们简单问了我几句，给了我几瓶矿泉水就走了，没想到今天又在这里相遇。

一位年轻战士问我："你怎么穿得这么少啊？"我回答说："昨夜遇到狼群围攻，我把衣服烧了用来对付狼群。"

军车停了下来，从车上走下两位五十岁左右的军人，问我："你是从哪里来的，要去什么地方啊？"

我告诉他们，我要十年徒步走遍中国，沿途考察民风民俗及生态环境，穿越无人区探险，现在从阿里去往新疆。这时候，有一位战士告诉我："这是我们首长，南疆军区的朱司令员，另外那位是阿里军分区的许司令员。"

我长这么大还没这么近距离地接触过司令员，内心非常激动。看他们二位很朴实，丝毫没有军官的架子，顿时感觉亲切了不少。朱司令员说："我们就在这儿与雷殿生一起吃午饭，和他好好聊聊天。你们把这个经过记录下来，这是一种精神，我们部队指战员也需要这种坚毅的精神。"说完，朱司令员让一名战士送给我一套迷彩服和一个手电筒，并嘱咐我马上穿上衣服，以防着凉。

饭后，我分别与两位司令员合影留念。临分别时，朱司令员让

211

朱司令员给我
留下电话

战士多给我留下一些压缩米饭、咸菜和水，还特地让警卫员给我拿了1000元钱，叮嘱我走到有人烟的地方，买一些好的东西滋补一下身体，因为他看出那时的我身体极度虚弱。

最让我感动的是，朱司令员还在我的本子上写下了几句鼓励的话，让我一定要坚定自己的信念，勇往直前，不要退缩，并庄重地签上自己的名字。最后朱司令员嘱咐我说："从这里到新疆还有1100多公里，过了狮泉河镇和日土县还有几个兵站，需要帮助可以给我打电话。"

我们互道珍重，握手告别。接下来的路程用了一个多月的时间，终于到达了新疆的叶城县。我在行走的过程中，得到过很多军人的帮助。衷心地祝福守疆戍边的军人平安健康！你们守护着祖国的安全，我向你们致敬！

212

# 在洞庭湖抗洪抢险

1999年7月中旬，我即将由湖北省行至湖南省。连绵的大雨无休无止，我不能因为天天下雨而停下不走。于是，我把背包用雨布包裹好，冒雨前行。

快到岳阳的时候，收音机里传来消息：因连日降雨，长江、洞庭湖已经有洪水泛滥的危险。等我到达君山时，那里已经成了四面被水围困的孤岛，很多楼房的一楼都被泡在水里了。在我到达君山的第二天，码头上所有的船只都停运了。

走到岳阳，我在路边看见几十辆军车正有序地往江边运送人员和物资。报道说，湖南遭遇了前所未有的洪涝灾害，水位已经超过历史上最严重的1954年。广播里反复播放着"严防死守""确保人民生命财产安全"的动员令。

7月21日一早，我从汨罗市的新塘乡向磊石乡方向前行。路上遇到许多满载着村民的小型四轮拖拉机，他们都是去磊石乡大堤抗洪的，那里早已超过了警戒水位。

一个多小时后，我来到磊石乡政府，得知这里的抗洪形势非常严峻。于是，我决定停下来参加抗洪抢险。我把背包寄存在磊石乡大坝旁边的一家旅社，然后三步并作两步跑向大堤，向指挥人员说明了我的情况，表示要加入抗洪队伍，没想到二百多名解放军战士齐齐鼓掌欢迎我的加入。

前面不远处的大堤正在修建子堤，新塘乡光明村的抗洪队伍在往船上背石头。我立即加入进来。尽管当时由于长期营养不良，我

213

我在搬运抗洪的沙石

的身体十分消瘦，但身体底子还好，依然可以轻松地背起四五十公斤重的沙石。大家都用十分惊讶的目光看着我，没想到我居然能有这么大的力气。经过三个多小时的奋战，这段子堤终于修成了。

我频繁地穿梭在各个子堤之间，总是抢着背重沙袋，引起了岳阳电视台记者的注意。他们赶过来采访我，一起前来视察的岳阳市委书记还握住我的手说："你辛苦啦！"

7月22日，磊石乡的长湖村发生了管涌，原广州军区某部派一个营的兵力奔赴抢险。我恰好在大堤上遇到一个骑摩托车的村民，就让他带我赶往长湖村，加入了背运沙石的队伍。这些参加抢险的士兵争先恐后，干劲十足，让我真正见识了军人的风采。

晚上，我和这些战士一起住在一所学校。半夜醒来，感觉肩膀火辣辣的疼，侧身一看，原来衣服和肩膀都被磨破了。

7月23日，我继续与官兵们一起搬运沙石。有些小战士因身体过度劳累和水土不服而患病。有一位广西籍的小战士病了好几天，吃了药也不见好转，我就把旅途中的备用药物送给他，结果第二天他的病就好了，继续上大堤参加抗洪抢险。

7月24日，武警某部的徐师长来大堤视察，有人告诉他，有一名编外人员一直带头参加抗洪抢险，表现突出，他就特意赶来看我。听说我是徒步走中国经过这里参加抗洪抢险，他很惊讶，忙询问我老家是哪里的。我告诉他，我是黑龙江省哈尔滨市呼兰人。他高兴地说："我们是老乡啊，我家也是呼兰区的。"

我听到熟悉的乡音，倍感亲切。临别时，徐师长握着我的手说："老乡，看你哪儿都挺好，就是一个男人留的头发太长，不好看，能剪掉吗？"

我说："我发过誓，不走完中国绝不剪发！"

徐师长笑着点了点头，嘱咐我路上一定要保重身体，并祝愿我早日实现自己的梦想。

7月25日，洪水水位在逐渐下降，部队开始陆续撤退，我也要继续赶路了。与部队的官兵一起战斗了几天，我们彼此间已建立起兄弟般的友谊，告别时还真有些依依不舍。沿途的村民有的从电视上看到我参加抗洪抢险的报道，认出了我。他们把我当成抗洪英

堤坝上抗洪抢险的
战士

我和一起抗洪抢险的战士合影留念，庆祝抗洪成功

雄，热情地跟我打招呼，还送给我一些食物和水。

7月26日下午5点，我走到汨罗市黄柏镇，又开始下雨。连日来，由于没日没夜地参加抗洪，体力严重透支，整个人感觉又困又累。我当晚投宿在一家一晚7元钱的旅店，足足睡了一天一夜才起来，感觉身体恢复了很多。

# 遭 遇 劫 匪

1999年9月中旬，我翻越武夷山，进入福建省，之后一路南下，于11月初抵达广东省海丰县境内。

一天夜晚，我途经海丰县的偏僻山区，路上没有行人，寂静得只能听到自己的喘息声和脚步声。这种寂静让人有一种不祥的预感，我下意识地收紧了一下背包，手里攥着那把贴身长刀，放轻了

216

脚步，边走边观察周围的动静。长期的野外行走，使我的耳朵和眼睛格外灵敏。

刚绕过一处山脚的弯路，路旁忽然蹿出三个歹徒。三人气势汹汹，手里拿着的明晃晃的短刀，在月光下格外扎眼。经过瞬间的思考，我决定先发制人，不等他们近身，就把手中的长刀"唰"地抽了出来。这三个人一愣，大概是被我的气势所震慑，不由得倒退了两步。趁着他们一愣神儿的工夫，我甩开大步朝村庄狂奔，但背上的大包随着身体左右摇晃，大大减慢了我的速度，他们很快就紧追上来。

我不住地回头看，眼看他们已近在咫尺，我猛地一回身，挥起长刀向他们虚晃一招。他们又倒退了几步，彼此交换着眼色，仿佛在掂量，看来今天碰到了一个狠角色。我看出他们心里也有些胆怯和犹豫。

正在这时，一辆大卡车驶了过来。我就站在路中央和三个歹徒对峙，卡车大灯发出刺眼的光芒，照在我们四个人身上。我清楚地看见他们急忙用手遮挡脸部，明显地露出惊恐的表情。

卡车越来越近，仿佛要从我们身上碾轧过去。我急忙闪开，那三个歹徒也躲闪到路边，连滚带爬地顺着山沟方向跑去。司机无意中帮我解了围，我挥挥手表达自己的谢意。卡车没敢停下来，很快就消失在夜色中。为防节外生枝，我赶紧继续往前狂奔。一个多小时后，到达了海丰县的一个乡镇。

我先去了派出所，一个人在大铁门前等了好一会儿，后来还是无奈地拖着疲惫的身体，迈着沉重的步伐，转身离开了。

我找了一家旅店，躺在床上，翻来覆去睡不着觉。回想起刚刚发生的一切，自己背着大包寡不敌众，竟然是偶然的一束汽车灯光救了我。真是好不容易才逃过一劫啊！身体的疲惫，心理上的无助与委屈，让我这一个大男人都差一点落泪。

那时我刚刚徒步11个月，徒步十年我遭遇了19次抢劫，经历了无数次的被拒绝。有过把歹徒吓跑的经历，也有过被歹徒殴打、抢走财物的倒霉时刻。最让我心疼的是被歹徒抢走和砸坏照相机，不仅仅是因为当时相机是我身上最值钱的物品，而是2006年前我都是用的传统的胶片相机，被抢走和砸坏，也就失去了很多拍摄的珍贵照片。

现在回想起来，唐僧取经也要经历八十一难，也正是这些遭遇磨炼了我的心智，"一切都是最好的安排"。

# 质疑假徒步的跟踪

在徒步旅程中，经常有一些人对我是否真正徒步表示质疑。众所周知，真徒步要承受很多常人无法忍受的艰辛和痛苦。由于个别欺世盗名的无耻之徒，打着徒步的幌子招摇撞骗，破坏了徒步旅行的声誉，一粒老鼠屎坏了一锅汤，我对此非常愤慨。关于真假徒步这个问题，我经历过三次跟踪事件，令我至今印象深刻。

第一次跟踪事件发生在2000年4月。当时，我正在中越边境线上行走，身后传来一阵警车的鸣笛声。我回头一看，一辆警车冲我开过来，把我堵在一条小土路上。我很纳闷儿，到底发生了什么事，我可没有做违法的事啊！

车上下来的两名警察问："你是干什么的？"

"我是徒步中国的。"我说。

"你现在必须配合我们回派出所，接受调查！"警察强硬地说。

　　"我做什么事了，调查什么？"说着，我把证件拿出来给他们看。

　　他们简单看了一下，坚持说："不行，必须回去接受调查！谁知道你是真徒步还是假徒步？"

　　面对他们的质疑，我只能无奈地说："那好吧。不过我有两个条件，如果调查之后我是好人，你们必须请我吃饭！"此时已是中午，我还没吃饭，正饿着肚子呢。"调查之后，你们还得把我送到这里，我从这里接着走。"然后，我在路上停下来的位置摆了几块石头，折了一根树枝放在石头中间，做个记号。

　　我又对他们说："这是我的原则，一步不多走，也一步不少走。"

　　在警车上，我详细地讲述了我的事情，他们也认真看了我的证件，但还是半信半疑。回到边防派出所，他们给哈尔滨市公安局打电话核实我的身份，同时看到了有关我徒步事迹的报道，这才放下怀疑，并且对我徒步中国的行为表示赞叹和佩服。

　　边防派出所领导给我道歉，并且解释了调查我的原因。原来这一带贩毒和吸毒人员比较多，我被路人举报了。对此我表示十分理解，因为我当时风餐露宿的邋遢形象，的确有些"形迹可疑"。

　　他们也信守承诺，果真请我吃了一顿大餐。我走的时候，他们边防派出所几乎所有民警都出来送我。调查我的那两位警察，开着警车又把我送回了原地——摆放石头和树枝的那个地方。我从这里离开，也要从这里出发。我这种较真的态度让他们感到不可思议。无论如何，我都不能自欺欺人。这条路，我要用至诚之心走下去。

　　第二次跟踪事件发生在2000年5月16日。当时，我走到大化瑶族自治县北景乡（2005年撤乡改镇）。正在乡政府签字盖章的时候，下起了雨。乡政府的人问我："下着雨，你还走吗？"我斩钉截铁地说："要走，今天必须走到前面的凤凰乡。"他们劝道："下雨别走了，你在这边住一宿。"我婉言谢绝，离开这里继续上路。

雨越下越大，我披着一块塑料布。天快黑的时候，我终于走到了凤凰乡。停下来刚喘口气，就看见一辆车朝我开过来，到我身边，车门打开，我一眼就认出他们是北景乡政府刚才给我签字盖章的那几位公务员。

"你真的太牛了，外面下着雨，路上都是泥巴，我们之前都不相信你是真的走，认为你盖个章出来就坐车走了，感觉你就是作秀。为了看你是真徒步还是假徒步，就开车跟在你后面。我们就看着你独自走在泥泞的路上，深一脚浅一脚，满身都是泥巴，淋着雨一直走。我们真是没有白跟着你，你太让我们感动了！我们要请你吃顿饭。"

他们热情地邀请我去了饭店，一起陪我吃晚餐，还请我唱了卡拉OK。

王志远给我的
水瓶里倒满热水

第三次是在2004年寒冬，我从漠河县向北，去往中国最北的村庄——北极村。一路上我总感觉有一辆轿车跟在我的身后，快到中午时，这辆车在我身边停了下来。从车上下来一个人，他是漠河县法制办的工作人员王志远，昨晚我就住在这个人家里。

志远看了看我就笑了，说："雷哥，你真的是徒步啊，这么冷的天，我都不相信你是真的一步一步往北极村走，我就在你身后一直开开停停，就是看你是否要搭车。可你就是不回头，也不搭车，一直向前走。我给你带了点吃的和热水，你吃完了再走吧。"

"六年了，我从不搭车前行。谢谢你给我带午饭和热水，这么冷的天能喝上一口热水，我知足了。"

"从漠河到北极村70多公里，你一天是无论如何也走不到的，我帮你联系途中林场的工作人员，接待你一下。"

志远给了我一壶开水，我泡了一盒方便面。钻进温暖的轿车里，吃着热乎乎的方便面，我的身体也慢慢暖和起来。

我吃完面下车继续走，同时也愉快地接受了志远的安排。天黑时，我走到了林场，住了一夜，第二天下午终于走到了北极村。这一路我都记着志远给我的温暖，也一直与他保持着联系。

2005年夏天，我走到山东莱阳时，志远问我能否去看看他身患重病的哥哥，希望我的经历能让他哥哥重新燃起生活的勇气。我见到他哥哥，跟他讲了讲我这些年在路上的生死经历，鼓励他勇敢战胜病魔，并且把我在长白山原始森林中采到的野山参和西藏活佛送给我的藏药一并送给了他，告诉他无论如何都要好好生活下去。

这三次跟踪事件，都使别人从不相信到相信、从怀疑到赞叹。这恰恰说明，路是自己走的，不要表演给任何人看。凭着至诚之心做好自己，自然会赢得大家的尊重。

# 让人心疼的孩子们

2000年5月15日，我走到距广西河池市大化瑶族自治县七百弄乡只有9公里的一处三岔路口，就坐在路口休息。这时渐渐围上来几个小孩，他们好奇地看着我。有一个十几岁的瑶族男孩，手上一道约5厘米长的伤口，已经化脓感染。我问他这伤是怎么弄的，他告诉我上山砍柴，不小心砍伤了手。这里很偏僻，只有十几户瑶族人家，附近没有医院和诊所。

看着孩子的伤口，我很心疼。于是，我从背包里取出应急包，先用酒精在伤口上消毒，然后在伤口上喷上云南白药，接着用纱布包扎好。小男孩乖乖地配合我为他包扎伤口。

2001年7月21日，我沿着214国道从云南中甸向西藏方向出发，在一座很高的山峰上，几个藏族人刚刚转山归来。当时我正在经幡旁拍照，他们就好奇地走过来看着我。其中有一个五岁左右的小男孩，他脸上有一道很深的伤口，已经化脓了，甚至有苍蝇在伤口周围乱飞，偶尔还会落在伤口上面，但小男孩似乎没有感觉，对此不以为意。

我走过去问孩子，脸是怎么弄伤的，他一副茫然的表情，原来是听不懂汉语。我又问旁边的成年人，这是一位三十多岁的藏族男人，他说自己是小男孩的父亲，儿子几天前跟他去放牧，不小心被马踢到脸上。因为这一带非常偏僻，他找不到医生，也没有找到药，只能等着伤口自然愈合。

我心疼地摸了摸孩子的小脑袋，放下背包，拿出自己的常备药品，用酒精棉球给他擦拭伤口。这个伤口很深，像小嘴一样在孩子脸上张着，已经严重感染了。

我让孩子坚持一下，轻轻地把消炎药敷在伤口上，然后用创可贴粘好，防止伤口进一步感染。孩子很懂事，没有叫一声疼，只是咬咬牙哼了几声。我怕孩子的伤口会因为没有及时换药继续感染，就给孩子的父亲留下了几片创可贴和一些消炎药，并教会他如何使用。孩子的父亲紧紧地握住我的手说："谢谢你！我帮你背一天包吧，我陪你走一天！"我委婉地拒绝了他，又叮嘱了他一些注意事项，之后继续赶路。几位藏民一直目送我离开，小男孩的父亲双手合十，不停地说："扎西德勒！扎西德勒！"

走在偏僻的山区和边疆地区，我经常遇到一些生病的老人和孩子，他们因为找不到医生，也买不到药品，只能忍着病痛的煎熬，靠自身的免疫力慢慢痊愈。每当遇到这种情况，我都会把随身带的一些药品送给他们。后来，每次进入山区之前，我都会特意多买一些常用的药品带在身上，以便能帮助更多需要帮助的人。

2001年7月27日，我行进至西藏自治区芒康县盐井乡。这里的主要经济来源是井盐，到处是晒盐场。

贫困地区的孩子们

在冒雨翻过一座大山后，发现前面有三个藏族孩子，他们脸蛋紫红，身上的衣服又脏又单薄，头发都粘在一起。三个孩子用手托举着一块三尺见方的塑料布，挤在一起艰难地往前走。那块破塑料布根本挡不住那么大的雨，他们的身上都湿透了。

我快步追上他们，问："孩子们，你们去哪里？"他们说要去拉萨的奶奶家。

这三个孩子中，年龄最大的女孩十三岁，一个男孩十二岁，最小的男孩七岁。他们的爸爸给了他们两百元钱、一包奶粉和糌粑就让他们上路了。

我劝他们回去，这里离拉萨很远，人烟稀少，还经常有野兽出没，太危险了。我不知道他们的父亲怎么能够放心让三个孩子出门远行。

贫困地区的孩子们

"有佛菩萨保佑，不会有危险的。"女孩说。

"你们知道什么是佛菩萨吗？"孩子们摇了摇头。"爸爸说佛菩萨就是……嗯……就是想要什么，就能给我们什么。我和弟弟，要去见奶奶，佛菩萨会帮我们的。"女孩说。

孩子们铁了心一定要去拉萨见奶奶。我无法劝回他们，心里特别担心。七岁的小男孩边走边用一只小手提着裤子。裤子太肥，显然是用大人的旧衣服改做的，有时提不住，裤子就掉了下来，露出小屁股蛋儿，既可爱又让人心疼。

三个孩子边走边玩，我无法与他们同行，就从包里找出一块崭新的、一直没有舍得用的大塑料布送给他们，这样既能避雨，晚上又可以铺在地上休息。孩子们高兴极了。临别时，十二岁的男孩对我说："叔叔，你到了拉萨也去我奶奶家吧，我让奶奶给你做好吃的。"然后他说了一个奶奶家的大概地址。

转过一个山弯，我就看不见三个小孩的身影了，从这里到拉萨将近1300公里，途中要经过多座海拔4500~5000米的山口，我不知道他们会不会平安抵达。一个多月后，我到达向往已久的西藏拉萨市，我又想起了那三个孩子，真的希望佛菩萨会保佑他们平安。

贫困地区的孩子们

2002年4月16日，我走到了十一世班禅额尔德尼·确吉杰布的出生之地——嘉黎县夏玛乡。十一世班禅额尔德尼·确吉杰布俗名坚赞诺布，1990年生于嘉黎县夏玛乡的一个普通藏族家庭。他从小相貌清奇，天赋异禀，后被选为转世灵童之一。1995年，在拉萨大昭寺的佛祖释迦牟尼像前，他经过金瓶掣签和国务院批准，被确认为十世班禅转世灵童真身，成为十一世班禅。

一路风餐露宿，我患了重感冒，不停地咳嗽。因为天气异常寒冷，晚上睡不好，再加上轻度高原反应，嗓子哑得几乎说不出话来了。

三天后，我走到一座海拔5000多米的雪山脚下，本想翻越过去，但苦于没有专业的登山装备，走一步，滑两步，用了近两天的时间，几经努力都没能成功，只好原路返回，绕道另一座雪山继续前行。

此后几天，我的感冒越来越严重，头也疼得非常厉害，鼻子和嘴里经常流血。我有些担心可能得了高原脑水肿。吃了一些药，没有明显的效果。

经过一处高原牧场时，我遇到了一个穿着开裆裤的小男孩，他有六七岁的样子，正在挤羊奶。见我过来了，他自己没喝，却把热乎乎的羊奶递给了我，然后眨着大眼睛好奇地望着我。我被这个淳朴善良的小男孩感动了，把背包里仅剩的几颗糖放在小孩黑乎乎的小手上。他愣愣地看着糖果，没有动。我剥开一颗放进他的嘴里，他惊奇地睁大双眼，并把糖吐到小手上，用舌头舔了舔，又送到嘴里。他手里握着那几颗糖，在高原牧场上奔跑。

小男孩的脸蛋上有两片高原红，确切地说，是红得发黑。偏远山区里，有的孩子从出生到长大，都没有洗过澡，头发缝隙中泛着一层层黑色薄皮，头发也打结粘在一起。

见我喝完了，小男孩跑回来，用红色暖水瓶盖又挤了羊奶递给我。旅途上的饥渴和疲惫，随着一饮而尽的鲜羊奶缓解了很多。我忍不住亲了一下孩子的脸蛋，为他拍了几张照片，就又匆匆上路了。而他站在和自己差不多高的羊群里，眯缝着眼看着我，脏兮兮的小脸上有些茫然。

2002年4月23日清晨，我顶着大雪翻过了念青唐古拉山海拔5100多米的山口，从山口远远地看到山腰处的经幡在雪雾中飘动。两个小时后，我来到墨竹工卡县境内的德冲村。

在这里，我见到了海拔4600多米的高原温泉，一路上受重感冒折磨的我突然看到了希望。

我脱下行装，在纷飞的大雪中，跳进了雾气腾腾的露天温泉，一股暖流在心头升起。苍茫的天地之间，风雪漫卷，我沉浸在温暖

藏族小男孩把他刚挤完的热乎乎的羊奶送给了我

的泉水中，任由雪花在头顶纷纷洒落。一路的疲倦似乎都被暖暖的
泉水溶解，浑身上下顿感清爽，感冒似乎也好了很多。晚上我就住
在了温泉附近。

　　第二天早上，我从温泉出发，走出不远，便看到一所小学校，
十几名学生正在上课。教室是干打垒的藏式土房，房子四处漏风，
仅靠几根圆木支撑着，在风雪中摇摇欲坠。屋内还没有外面暖和，
孩子们坐在阳光照射的屋檐下读书写字。每位学生手里有一块木
板、一块黑色木炭，这就是他们每天学习用的纸和笔了。

眼前这个情景，让人欣慰又心酸。看到孩子们求知若渴的眼神，我能为这些孩子做点什么呢？课间，我打开背包，拿出了仅有的几支笔送给他们。笔不多，几个孩子只能共用一支。我又把一个新本子撕开，给每个孩子各分了几张纸。这些是我现在唯一能够做到的，孩子们接过笔和纸，欢呼雀跃地把我围起来。

寺庙门前求知若渴的孩子们

因为纸笔奇缺，能够得到一支笔和一张纸，对这里的孩子来说简直是奢望。相比城市里那些车接车送、锦衣玉食尚不知足的孩子，这些孩子的愿望卑微得让人心疼。

孩子是祖国的花朵，未来的希望。无论他们生长在山区农村还是繁华城市，都有受教育的权利。如果大家都能伸出宝贵的援助之手，帮助这些贫穷的孩子完成求学的梦想，或许能够改变这些孩子的命运。

# 藏族老人的攻击

2001年11月底，我到达青海省西宁市。之后，我一路往东，于2002年1月1日到达了陕西省宝鸡市。在这里稍作休整，我转而往西，再次进入青藏高原。经过一路长途跋涉，2002年4月14日中午时分，我到达了位于西藏自治区那曲地区东部、怒江上游的比如县达塘乡。之后，我请达塘乡政府的工作人员帮忙用藏文写一个通行便条（相当于介绍信），简单地介绍一下我的情况，并盖上乡政府的公章。这一带老百姓基本不会说普通话，但很认可政府盖的公章。

下午2点多，天空雷声大作，不一会儿，纷纷扬扬的大雪飘落下来。雷声伴着大雪，这样的景象很少见，恐怕也只有在青藏高原才能遇到吧！

我翻过一座雪山，进入了嘉黎县境内的无人区高原草场，这里没有任何路，只是朝着大概方向穿越这片荒凉的无人区地带。

第二天，我深一脚浅一脚地行进在凹凸不平的雪地中，突然脚下一滑，脚踝被重重地扭了一下，疼得我躺在地上直打滚。十几分钟后，疼痛稍有缓解，我发现脚踝扭伤严重，肿得像碗口一样粗，但这里是无人区，我只能自己简单处理一下，便再次上路了。

我忍着钻心的疼痛，一瘸一拐地爬上了海拔5000多米的雪域高原。我感觉到阵阵饥饿。拿出食物准备吃的时候，我却发现前几天刚买的压缩饼干生产日期居然是1991年，它已经过期十多年了，再看看方便面也过期半年了。这样的过期食品在藏区非常普遍，但正是这些过期的食品，支撑着我每天走几十公里的路程。

走着走着不觉天已经黑了，我拄着手杖，打着手电筒继续前行，希望能找到安置帐篷的地方。突然，远远地听见狗叫声，我顺着声音传来的方向又走了大约一个小时，前方出现了一间孤零零、低矮的藏族小房子。门口拴着的两条藏獒听到动静，拼命地想往我身上扑，我一边躲闪一边用三脚架驱赶，再用手电筒照它们的眼睛，让它们无法靠近。我怕被藏獒咬住，接连喊了几声："老乡！老乡！"

一位藏族老人弯着腰走出房门，那扇门估计只有一米半高。老人用手电筒往我脸上照了照，一句话也没说。我把手电筒照在他脚下的地上，客气地说："老乡，我能在你这里借住一夜吗？"

老人走到我跟前，突然从怀里抽出一把刀，向我肚子猛刺过来。我往旁边一闪身，下意识地用三脚架挡了一下，紧接着，又是

比如县达埔乡政府给我出具的藏文便条

拉萨大昭寺内，唐朝文成公主从长安带到西藏的释迦牟尼12岁等身佛像

བོད་རང་སྐྱོང་ལྗོངས་འབྲི་རུ་རྫོང་མི་དམངས་སྲིད་གཞུང་འབྲི་ཤོག

**西藏自治区比如县人民政府用笺**

一刀刺过来，我灵活地用三脚架把刀挡了回去。那两条藏獒更是对着我狂吠不止。

我意识到这可能是一个误会，赶紧解释，可是他根本就没听懂我说的话。情急之下，我赶忙从口袋里掏出了那张达塘乡政府给我开的藏文便条和20元钱，连喊带比画地给他递了过去。

老人看着那张便条，用手电筒照了照我的脸，犹豫了一下，把便条和钱接了过去，同时把刀子揣回怀里。我朝房门比画一下，询问能否让我进屋。老人也同样比画了一下，示意我可以进去。

我跟在老人身后，那两条藏獒还是不停地想朝我扑来，我连忙倒退着进了屋。屋里还坐着一个四十多岁的女人和一个十多岁的男孩，估计是老人的家人了。

我们基本是用手势和表情交流，我把沿途拍摄的照片和政府签字盖章的本子拿给他们看。相册里有一张在拉萨大昭寺拍的释迦牟尼等身佛像的照片，老人看到后，双手将相册捧过头顶，虔诚地跪拜在地上。

我向老人要回了那张便条，以备日后再用，也可作为纪念。老人在一个没有脱毛的羊皮袋子里弄了一碗糌粑，又给我端来一碗酥

由于语言不通，我遭到了这位藏族老人的持刀攻击

油茶。糌粑里夹杂着不少羊毛，我趁主人不注意的时候迅速挑了一些出来。

见我吃得香，老人又给我拿了一块生的风干牦牛肉，他自己也拿了一块，坐在旁边吃了起来。偶尔吃到生牛筋，根本嚼不动，我一时不知道该如何是好，便偷偷地瞄了一眼老人，看他如何处理。他也嚼不动，使劲儿一伸脖子，生生地往下咽，脖子上鼓起一个小包，再喝一口酥油茶缓缓地顺下去。我也学他的样子，实在嚼不动的时候，也一伸脖子，咕噜一声强咽下去。

睡觉前，老人安排我躺在散发着腥膻味儿的牦牛皮上过夜，我盖上自己的睡袋和衣服，半夜几次因脚伤疼醒。

次日清晨，我又给了老人一点钱，和老人一家一一告别。回想昨晚发生的一切，真有点后怕。若不是我从小练过武术，行动还算敏捷，以及提前准备了那一张藏文便条，也许我就已经死在藏族老人的刀下了。还有那两条藏獒，也可能随时要了我的命。

# 失而复得的笔记本

2002年11月15日，我走进和田，这里是世界最好的玉石籽料出产地之一。两天之后，正好赶上集日，维吾尔语叫"巴扎"。我决定去大市场看看各种土特产、手工艺品以及和田玉石一条街。

和田位于新疆西南隅，维吾尔族人占全部人口的96%，所以市场上很少看到其他民族的人。因为听不懂维吾尔语，我就请招待所的朱慧斌大姐帮我翻译。朱大姐的母亲是维吾尔族人，父亲是汉族人，所以她的维吾尔语和普通话讲得非常地道。

在这里，各种品质的玉石应有尽有，令我眼界大开，我一路狂拍了不少照片。突然间，我发现和田县政府签字盖章的笔记本不见了，大脑顿时一片空白，赶忙告诉了朱大姐。这本笔记本里面有我徒步新疆每到一地加盖的政府和邮政印章，共计八十多枚，眼看就要盖满了，这可是我徒步将近三个月的主要见证。

朱大姐也替我着急，我们俩在所经过的大街小巷来回找了好几遍，都没找到。有人提醒我们，可以用市场的大喇叭广播几遍，如果有人捡到，自然就会送来，我到时拿出一些钱表示一下谢意就行了。

这可真是一个不错的主意！于是，朱大姐马上就去市场广播室求助。不一会儿，大喇叭里就传来了播音员用维吾尔语和汉语急切播报的声音。

为了保险起见，我们又到附近的派出所去寻求民警的帮助。两位民警非常负责，听完我们的介绍后，马上拿着一个类似的笔记本来到市场，用维吾尔语反复询问过往的行人。

天渐渐黑了下来，市场里的人也越来越少，清洁人员已经在清扫垃圾了，可笔记本还是没有找到。我不死心，就又打着手电筒到男厕所去找，朱大姐去女厕所寻找。我们几次让清洁人员帮忙，并表示找到了定会酬谢，结果还是徒劳无功。

我怀着失落的心情回到招待所，茶不思，饭不想，躺在床上翻来覆去也睡不着，满脑子想的都是笔记本的事情。第二天起床后，我发现自己急得嘴角上长出了几个水泡。

一大早，我和朱大姐又匆匆赶到市场，寻遍了每个角落，还是无功而返。回来的路上，朱大姐说："小雷，我们不如让电视台发个寻物启事吧，说不定能找到。""大姐啊，那可是电视台，得花多少钱啊？"我说。

234

"我也不知道，不过，既然你的笔记本这么重要，咱们不妨去试试看！"

　　我们来到和田地区电视台，广告部的两位工作人员得知我是徒步走全国的，非常钦佩，答应免费发一个用维吾尔文滚动播放的寻物启事。

　　第一天，没有任何消息，我又是一夜未眠。为了不耽误徒步计划，次日清晨，我不得不迈着沉重的步伐离开和田。临行前，朱大姐安慰我说："小雷啊，别太着急了，我在和田会继续帮你寻找的，电视台那边如果有消息我也会马上通知你。"

　　满怀着对朱大姐的感激，我向墨玉方向走去。那天中午，我走过拉斯奎乡和罕艾日克乡，脑子里还在反复想着丢失笔记本的事。

　　忽然，我听见身后有人在喊："小雷，小雷……"这个地方怎么会有认识我的人，莫非是和田的朱大姐？我赶紧扭过头。这时，一辆中巴车停在我的身边。只见朱大姐一个箭步从车上冲了下来，手里举着一个笔记本，满脸通红，非常激动的样子。"小雷，本子找到了！"朱大姐迫不及待地大声喊道。

　　我激动得说不出话来，紧紧地握住朱大姐的手，双手接过笔记本。等心情稍微平静之后，我们坐在路边，朱大姐讲述了寻找笔记本的经过。原来，在我离开和田不久，电视台的工作人员给朱大姐打来电话，说来了几个小伙子，拿着一个有雷殿生沿途签字盖章的笔记本到了电视台，开口要价800元。电视台的工作人员觉得他们要的太多了，就立刻打电话询问朱大姐该如何处理。朱大姐一听到这个消息，马上赶到电视台，跟那几个小伙子解释，说丢笔记本的人是一名徒步行走中国的普通百姓，他并不富有，而且人也已经离开和田了，要不给他们200元钱，他们就把本子给她，然后由她寄回我的老家。

　　那几个小伙子当然不肯，表示至少要 500 元，否则就休想拿回笔记本。这时，电视台的工作人员悄悄地拨打了110。不一会儿，来了几位警察，询问起整个事情的来龙去脉。

　　那几个小伙子感觉到大事不好，想偷偷溜走，不料却被警察拦住了。警察说："给你们100元钱，把笔记本留下。要不就先回派出所调查清楚再说。"那几个小伙子一听，一脸惊恐，无奈地接过100元钱，把笔记本交给了警察。拿到笔记本后，朱大姐赶紧坐中巴车追上了我。

　　听朱大姐讲完整个过程，我内心禁不住思绪万千。一路走来，每当我身陷困境和绝望时，总会得到许多像朱大姐这样的热心人的无私帮助，这使我感觉到了人间的真情与美好，也给了我继续行走下去的信心和勇气。

　　为了不辜负这些善良人的期望，哪怕付出生命的代价，我也必须完成徒步全中国的梦想。

　　支起三脚架，以荒凉的戈壁公路为背景，我和朱大姐留下了一张永远难忘的合影。当我再次来到和田的时候，我与朱大姐一起给和田电视台送去一块牌匾，以表达深深的谢意。

# 乔装算命先生助人

2003年12月中旬，我走到了陕西长武县城。这里有一座唐代贞观年间的寺庙——昭仁寺，我推着独轮车前去参观。因大门台阶较高，我只好把小车放在门外，背着相机进入寺院参观。

刚走进去没多远，有一个二十多岁的姑娘走过来问我："需要讲解员吗？"

"哦，不需要。"我答道。

"你是算命的吧？"

我有点丈二和尚摸不着头脑。姑娘不好意思地说："看你的长相，长胡子长头发的，我猜想你是算命的。"我笑着说："我不是算命的，我是徒步走中国的。"

姑娘面容清秀，但眼神中流露出深深的忧伤，脸上带着茫然与失落。我想，她大概是遇到了什么不顺心的事吧。

"那我免费给你讲解吧！"姑娘说。

"行啊。"我求之不得。

还别说，经过她的一番讲解，整个寺庙的历史立刻变得丰富而鲜活起来。经过这短暂的相处，我们两人逐渐熟络起来，于是姑娘开始打开了她的心扉。

她说自己大学毕业后，就随男朋友回到这个县城，两人感情很好。两个月前，她意外发现自己怀孕了，但她的男朋友却要和她分手，理由是他爱上了另外一个女孩，并且他们已经同居。她知道这个事情之后很受打击，只好独自去医院做人工流产。没想到医生说她身体太弱了，必须养好之后才能做人流。可是，肚子一天比一天大，纸里终究包不住火啊。

姑娘边说边流眼泪，从衣服口袋里拿出一个纸包说："我去了几家药店才买到四十片安眠药，准备今天晚上就把药服下去！刚才看见你，感觉你会算命，想请你看看我和男朋友还有没有和好的机会。"她还说她就住在寺院，父母也不知道她现在发生的这一切。

听到这里，我有点发蒙。这是我头一次遇到想轻生的人，且就在当夜。我想该怎么办？

姑娘接着说："你真的很像算命先生，我男朋友的父母很相信算命的。你能装扮成算命先生去一趟他家吗？让他父母劝他不要和我分手。"

我很犹豫，觉得自己实在做不来，但又怕如果自己不答应，姑娘真的要轻生。于是我只好劝慰她说："你别着急，我试试看。"你先把你所知道的男友家的情况告诉我一下，我要有心理准备！

天快黑了，姑娘带我到她男朋友家周围转了一圈，约定第二天上午我去她男朋友家试一试。

临别时，我提出了一个条件："你把安眠药给我吧，千万别再有轻生的念头了。事情总会有办法解决的，我会尽力帮助你，不论结果怎么样，你都要接受事实。你还有父母，他们养育了你，你轻生了，怎么对得起他们啊！绝不能为了一个负心的男人自寻短见，那样太不值了！世上还有很多更美好的事情等着你去追求呢！"

姑娘听了，流着眼泪不住地点头，最后把四十片安眠药交给了我。

第二天，我精心装扮了一番，俨然一个真正的算命先生。当我

238

背着相机来到那个姑娘的男朋友家门口时，大门还没有开，我转了好几圈，也没见有人出来。

我壮了壮胆，开始敲门。门里传来一个女人的声音："等一下。"我的心怦怦直跳，真担心被人识破。

开门的是一位中年妇女，我诚恳地请求道："大姐，我是一位搞旅行摄影的，清晨看到你家后面的小山丘在阳光照耀下，非常美丽！想借用您家梯子，在您家房顶拍几张照片！"我迅速用眼睛扫了一下她家的院落，它是一处平顶的房。没想到大姐答应得很爽快："那请进来吧！"

我上了房顶，装模作样地从不同角度拍了几张照片。从房顶下来时，我说了声谢谢，然后边往外走边试探性地说了一句："你家这个宅院好啊，建在龙脉上，日后家里一定会有人升官发财的。"

我看了一眼大姐，没有什么反应。马上就要走到大门口了，我急中生智，回头甩下一句："您家几年前发生过大事情吧？"

大姐怔了一下，赶忙问："是啊，小伙子。莫非你会算命？"

我笑着说："会一点儿。"

"先不要走，你坐一会儿，我去给你倒杯水。"终于有机会了，我不禁暗自庆幸。

我坐在院子里的板凳上，煞有其事地讲述了她家几年前发生的事情，当然这些都是那位姑娘之前给我讲过的。她连连点头，不住称是，佩服地说："你真神啦。"我见她对我开始深信不疑，就不紧不慢地说："您家最近有点事情啊，和你儿子有关。"

那位大姐一听，立刻露出信服的眼神，说："对啊！儿子和以前的女朋友分手了，现在又找了一个，做父母的也不好干涉太多。"

我问了一下她儿子的生辰八字，掐着手指头假装算了一会儿，说道："您可得好好劝劝您儿子。您家的财运可都在之前那个女孩身上，千万别不珍惜。"之后我又说了一大堆让他们俩和好的话。大姐连忙答应一定要好好劝劝自己的儿子。

临走前，大姐非要留我吃饭。我不敢耽搁，怕多说无益，还要赶紧回去给心急如焚的姑娘报信呢。

我来到和姑娘约定的地方，把整个经过告诉了她，并对她说："不管结果怎么样，都要好好爱惜自己，要多为你的父母想想。"姑娘连连称是。

告别后，我推着小车离开了这个小县城。一路上，我还在担心那个姑娘。真希望她能坚强，珍惜生命。

一个月后，我在路途中接到了姑娘打来的电话，她说与男朋友彻底分手了，肚子里的胎儿也打掉了。她对于我那天给予的帮助非常感激，她也想通了，一个人的生命不仅仅属于自己，也属于父母，更属于社会，她要开始新的生活。

# 承受无端的恶意

2004年8月9日下午，我推着独轮车，一路走到了河北省滦平县西地乡的一个村庄。

当时正值盛夏，太阳毒辣辣地照着大地，酷热难当，就连水壶里的水也被晒得有些烫嘴。由于久旱未雨，路边的庄稼大多已经被晒得蔫了头，而我则是大汗淋漓，总感觉喘不过气来。

这时，我远远地看见路边有一家食杂店，店门口的木牌上歪歪扭扭地写着"冰镇矿泉水"几个大字。一看到"冰"字，我仿佛已经感觉到了阵阵的凉气，于是赶紧推着独轮车向店门口走去。

其实，平时我在旅途中几乎是不买矿泉水的，基本上都是到当地的老百姓家用水壶灌水喝，如果在没有人烟的地方，就喝河水或者冰雪水。如果每天都买矿泉水喝，日积月累，这可是一笔不小的开支，积蓄毕竟有限，我想把有限的资金更多地用在搜集资料等方面。另外，平时购买胶卷、电池和冲洗照片也是一笔不小的支出，因此我必须精打细算。但是今天实在是热得太难受了，我决定破例一回。还没等我走到食杂店门口，路边大树下乘凉的一群人中，一位六十多岁的老头冲我喊道：

"喂！你是干什么的？"

"徒步走中国的。"

"那你车子上插个旗子干什么呀？"

"我是在宣传环保啊！"

"你他妈的是不是吃饱了撑的没事干呀？"他出口伤人。

"这是我自己的事，我走我自己的路，你管不着。"我有些气愤地回应道。

"哎哟，你他妈的还敢跟老子顶嘴，老子今天就好好管教管教你。"

我的脾气也上来了，对他说："你这么大年纪了，说话放尊重点好不好！"

"去你妈的！尊重你？老子还要揍你呢！"

那老头说着站起身，朝我这边气势汹汹地走来。我没搭理他，径直走进了食杂店。没想到那老头手里拿了一根木棒，也跟进了食杂店，后面还有几个跟他年龄相仿的老人。

那老头二话没说，抡起木棒劈头盖脸就朝我打来，我赶紧转身躲开了。而另外一位老头迅速从后面抱住我的腰，那老头则继续将木棒朝我抡过来。当时，我多少有些冲动，准备还击。说实在话，如果对方是年轻人，我肯定会毫不犹豫以最快的速度制服他们。但他们毕竟都是老年人，如果我稍有不慎，恐怕会出意外。而且我人生地不熟，要真是惹了麻烦，也不好脱身。想到这里，我冷静了下来，决定忍气吞声，想办法尽快离开。

没想到那老头像疯了一样，继续挥舞着木棒朝我劈来。我一闪身，木棒正好打在从后面抱住我的那个老头身上。估计这一击力量不小，那人疼得龇牙咧嘴，马上松开双手，捂住痛处。而我则乘机抽身蹿出门外，他们也立刻跟了出来。

我拿起相机，准备拍下他们的丑恶嘴脸，没想到他们疯狂地冲上来，伸手抢夺我的相机。看热闹的人围了一圈又一圈，却没有一个人愿意出来替我说句公道话。我一边躲闪，一边拿起手机拨打110。我想，只要警察来了，搞清楚了事情的原委，肯定会好好教训他们一顿，我也能出一口恶气。

这帮人见我报了警，有些胆怯，气势汹汹地拿着木棒，一动不动地盯着我。我心中充满了愤怒，静静地坐在独轮车旁，等待警察过来处理。过了一会儿，警察还没有来，那些人又开始蠢蠢欲动。我见势不妙，赶紧推着独轮车，快速逃离村庄。

走到没有人的地方，我才放慢了脚步。此时，我口干舌燥，心脏也剧烈地跳动。我本来只是想买一瓶冰镇矿泉水，没想到水没喝着，却无缘无故地遭到了一顿辱骂和毒打。我招谁惹谁了，他们凭什么要这样对我？

"男儿有泪不轻弹，只因未到伤心处"，我越想越觉得委屈，眼泪忍不住流了出来。但眼泪并不代表软弱，相反，为了实现梦想，我选择走一条不同寻常的道路，那就意味着必须经历常人所不能经历的磨难。"小不忍则乱大谋"，我并非没有能力还击，但如果我不小心把他们打伤，那肯定要负法律责任，而我徒步全中国的计划必定会受到影响。

眼泪有时是一种非常好的减压剂，能够有效地释放内心的苦闷，缓解紧张的情绪。过了一会儿，我的心情平静多了。这些年在旅途中，我经常遭到无端的侮辱、嘲讽和谩骂甚至殴打，虽然每一次都让我很伤心，但最终我都能承受，这是因为我心中有一份坚定的信念：我一定要徒步走遍中国。正是这个信念，把每一次的挫折和磨难都转化为新的动力，鼓励我勇往直前！

# 走得最远的一天

2004年9月1日，不等天亮我就上路了。在黎明破晓中，我看见硕大的太阳从草原的东方升起，天地如此辽阔，我和独轮车的影子很长很长，有一种抽象的美。

中午时分草原上刮起了大风。我迎着风走了很远，还是不见人烟。我又累又饿，坐下干嚼了两包方便面，补充体力。水壶里只剩下一点儿水，我舍不得喝，得留着应急。原计划今天走40公里左右就有一个小乡镇——翁图苏杉乡，在这个乡镇住宿休息。可因为地图标注有误差，我错过了这个小乡镇。既然错过了我就不走回头路，继续往前吧。

下午3点多，我登上一处高冈上，眺望远方隐隐约约的铁塔和房屋。我向正在维护公路的工人问路："请问前方是东乌珠穆沁旗吗？"修路工回答："没错，你看到的就是东乌旗。"这句话给了我信心，我脚下生风。心想，天黑前肯定就能走到东乌旗，谁知我走了一程又一程，一连走了三个小时，天渐渐黑了下来，而东乌珠穆沁旗距离我却不知还有多远。在草原上由于没有其他参照物，看起来不算远的镇子，其实还很远很远。

从早晨到现在已经走了60多公里。夜晚的草原上有些寒冷，偶尔还有草原狼出没，并且我现在也只剩下一天的食物，在途中露营十分冒险。

草原上六七级狂风肆虐，好像要把我卷进这暗夜里的无尽深渊，但我不能停下来，必须坚持向前。凭着一口气，我终于在晚上9点多走到了东乌珠穆沁旗，再安顿下来已经是深夜11点多了。这一天我走了整整18个小时，大约86公里！等于用一天时间走了两天的路程，这是我徒步以来走得最远的一天。

一个人的潜能是无限的，有时连自己都难以想象。在野外行走，地图和指南针是必备工具。然而，地图也不是百分百精确，我在行走时也发现了不少小错误。比如延安市甘泉县的六里峁村错印成了"大里峁"，河南夏邑县的"济阳乡"错印成了"泽阳乡"，还有距离上的错误等等。套用一句话："实践是检验真理的唯一标准。"自己的路要靠自己走，自己的人生要自己做主，他人的指导和建议只能作为参考。最终能走多远、走多高，还是要靠自己一步步去实现。

# 零下35℃的人情冷暖

2004年12月18日，我像一只来自北方的狼，独自行走在呼伦贝尔草原上，这里的平均气温在零下35℃左右。

我拉着爬犁在雪地上行走

　　为了对付极端寒冷的天气，我做了充分的准备。首先，给自己买了一双46码的棉胶鞋。这双鞋比我平时穿的鞋要大三码，这样我就可以在鞋子里先套上一层毡袜，脚上再穿一双羊毛袜，以保证双脚不会被冻坏。

　　寒冬在野外还要有一副"棉手闷子"，这是东北特有的一种带有一个大拇指的棉手套，既可以保暖，又可以让手活动自如。此外，我还专门定做了一个雪爬犁，把行囊都装在上面，在雪地上拉着走，这样就可以有效地减轻负重。

　　离开呼伦贝尔，我拉着雪爬犁一路西行。野外风雪很大，我的胡子上都结了冰，但由于身上装备充分，也没觉得太冷。一天中最难熬的时光是天将亮的时候，这也是一天之中最冷的时候。我时不时地抓起一把雪，在脸上搓一搓，这样既可以保持脑子清醒，又可以防止脸部被冻伤。

　　一路上非常荒凉，很少见到人烟。

　　走到黄昏时分，我看见前面有个小火车站，它叫乌固诺尔站。

245

我沮丧地站在乌固诺尔火车站前，身后紧闭的车站大门，让我的心更冷

由于走路时内热外冷、身体潮湿，我的裤腿被汗水浸透，冻得硬邦邦的。站在车站外，我打量了一下四周的环境，发现火车站非常小，周围根本没有饭店或旅店，我只得到火车站候车室找车站领导求助。

我向站长说明了情况，又拿出证件给他看，请求他晚上能让我在候车室的凳子上过夜。他根本没有看我的证件，就直接拒绝了。车站内的炉子烧得很热，我站在那儿，已经上冻的棉衣棉裤开始慢慢融化，水顺着裤腿滴下来。

站长见我还不出去，明显有些不耐烦，直接就把我往门外推。我再次恳求他："你就忍心看着我冻死在外面吗？行个方便吧！"没想到他马上回了一句："你死活跟我没关系。"说罢，把我推出门外，"咣当"一声，关上了火车站的大门。

此刻，外面的天气很冷，但我的心更冷！我在车站外徘徊良久，无奈默默地离开了火车站。沿途又敲开了几户人家的门，但均被拒之门外。

246

我一边走一边想，如果实在不行，等到天再黑一些，我干脆就钻到牧民家的羊圈里，和羊群一起取暖。又转念一想，那也很危险，要是被牧民发现，误认为我是偷羊的贼，还不把我打死。

突然，我发现前面的雪地上停着一辆农用车，有一个人正在用火烤水箱。我立刻向那人打招呼："师傅，我是徒步全中国的，你能帮助我找个住的地方吗？多少钱都行啊！"

他头也没抬，只是说："你先帮我把车发动起来了再说吧。"

我一听有戏，赶紧帮忙一起烤水箱。车终于打着了火，他说了一句："上车吧，我拉你去微波站。我姓张，是管微波站的。"

我有些犹豫了，试探地问了一句："微波站太远了，能在乌固诺尔村帮我找个住处吗？"他说："那我试试看吧。"

车开了不到五分钟，我们来到了一户农家小院。我把雪爬犁放在院子里，背着大包跟他进了屋。此时，天完全黑透了，这户人家正在烧水做饭，厨房里弥漫着蒸汽，如果不走到跟前，根本看不清

在善良朴实的老三家里吃着热腾腾的饺子

楚对面的人。张师傅把我领进里间，喊了一声："老三，我给你带个朋友来。""进来吧。"里面应了一声。

老三一家正在包饺子。我打了一声招呼："我是徒步走中国的，黑龙江人，天气太冷啦，外面没法支帐篷，麻烦留我住一夜，多少钱都行。"

老三抬头看了我一眼，说："什么钱不钱的，先把背上的孩子放下再说。"

我笑着说："这是背包，不是孩子。"

我拿出证件，给他递了过去。他说不用看了。张师傅解释说："他叫徐向民，没读过书，连自己的名字都不会写。但为人特别仗义，你就放心住下吧。咱们一起喝点儿酒，暖和暖和身子再说。"老三跟厨房里的女人说："媳妇儿，再多包点饺子。"

一会儿工夫，热气腾腾的饺子端上了桌。老三拿出用塑料袋装的内蒙古白酒，每人一杯，分别斟满。谁曾想，几乎被冻僵的我在

离开前，我与老三在他家门前合影

248

被火车站站长残忍地拒之门外后，却在善良朴实的老三家里喝着白酒，吃上了热腾腾的饺子。"塞翁失马，焉知非福。"那一刻，我深深明白了这个道理。

今晚终于不用担心被冻死了，真的没有比这更幸福的事了。

屋子里很暖和，我的裤子又开始滴水了。徐老三看见后笑了笑，忙带我去了一间小屋，找出了他的棉大衣和棉裤让我换上，又大声叫他媳妇儿多烧点火，然后把我的衣服挂在火墙上慢慢烘干。望着忙前忙后的老三，我心里十分感动。他的热情劲儿，让我想起了远在家乡的三哥，心里很温暖。

吃完饭，张师傅回微波站去了。我实在过意不去，拿出一些钱给老三。老三沉下了脸，诚恳地说："雷哥，你徒步全中国，我很佩服你，你能住在我家那是我的荣幸啊，我哪能要你的钱呀。你要是非要给钱，今晚我就不让你在这儿住啦。"

晚上，我独自住在老三家热乎乎的小屋里，辗转反侧，久久不能入睡。在短短几个小时的时间里，我经历了从地狱到天堂的反转，真正体会到了什么叫人情冷暖。

第二天一大早，老三又亲自给我做了早饭。临别时他说："雷哥，我有个小小的请求，能跟你一起合个影吗？"

"当然！"我支起三脚架，两人一起合影留念。

老三，这份情谊，我会一路珍藏，一生珍惜！

# 一次袒露心声的
# 对话

2006年4月在南京，我见到了老朋友金生大哥。我与他是2004年在山西相识的，他考虑到我在徒步过程中鞋的磨损程度比较大，先后送给了我几双质量非常好的旅游鞋。此次到南京，金大哥专门给我安排了最好的食宿，又送给我一双新鞋和一部数码相机。这是我徒步八年来第一次使用数码相机。

在金大哥安排的聚餐上，有一位当地的记者对我进行了采访，另一位在南京从事户外运动的朋友记下了当时的访谈内容，这些或许可以代表我的一段心路历程吧。

问：你觉得八年的行走，对你最大的改变是什么？

答：最大的改变，应该说是心态的改变。行走改变了我的内心世界。我觉得自己现在比八年前更加真诚，也更能坦然面对自己了。比如说，以前我不愿意让别人知道我仅有小学文化，也不愿意让别人知道我自幼父母双亡，曾过着寄人篱下的生活。但是现在我觉得没有什么需要隐瞒的，也没有什么是不能承认的。

问：你在行走的过程中，最大的感悟是什么？

答：人在大自然中太渺小了！在穿越塔克拉玛干沙漠时，我感觉自己都不如一只蚂蚁！其实人只能战胜自己，并不能战胜大自然。对大自然应该是尊重其规律，顺其自然，而不是征服。

问：你的行囊有多重？平均一天走多少公里？最多时日行程多少？

答：以前是八九十斤，现在我把它减到五六十斤。平均每天的行程是40公里左右。距离最长的一次是在内蒙古大草原，那天我用了近18个小时，走了86公里。

问：你有没有想停下来不再走的时候？

答：开始时确实有过这样的想法，但回想起来，我为此做了十年准备，总不能遇到困难就半途而废啊！

问：你觉得苦吗？

答：应该说是乐大于苦！我看到了别人看不到的美景，感受到了别人感受不到的东西！有时在野外，一觉醒来，听到小鸟在叫，闻到花草树木的芳香，那种感觉，真是太美妙了！有一次在西藏看天上的星星，近得好像伸手就能摘到！看到最后，我觉得离得太近了，就觉得它会掉下来，哈哈哈……

问：你主要是通过什么渠道学会野外生存技能的？

答：出发前我看了不少西方野战部队关于野外生存训练方面的书，但用处不大。在行走中积累的经验，自己琢磨出来的很多办法反而行之有效。比如我在野外遇到狼群的包围，危急中我靠点鞭炮、喷杀虫剂和烧衣服才躲过那一劫。之所以烧衣服，用火驱散野兽，是因为我发现，但凡是野兽，没有不怕火的。

问：在行走中，最让你感慨万千、催人落泪的事是什么？

答：在劳累、饥饿时，走进食宿店，却遭到拒绝，甚至打骂，把我当成神经病。这时，我会觉得心里很委屈、很难过。但一路上也有很多好心人给予我无私的帮助，我经常被他们感动得热泪盈眶。

问：朋友们的支持给你更多的是动力还是压力？

答：刚开始的时候，没什么太大的压力，纯粹是为了圆自己的一个梦。但是到了后来，我觉得自己肩上多了一份责任，所以我必须要坚持走下去。

……

本文已被北京语言大学出版社全文收录于其即将出版的《高级汉语综合教程》（中册）中。

# 当选中国十大徒步人物

2007年2月3日，"首届中国十大徒步人物"颁奖仪式在北京师范大学英东学术报告厅隆重举行。本次活动当选的都是当代中国徒步探险领域最具影响力的人物。当时我正行走在江西省境内，为了参加这次颁奖仪式，我特地坐车赶到了北京。

这次获奖的除了我，还有以徒步的方式重走长征路的崔永元和登上珠穆朗玛峰的王石等十位。我和他们比起来，有些自惭形秽。

其实，早在2006年7月，我就接到了评委会工作人员打来的电话。他们告诉我，经过广泛推荐和筛选，我被推选为"首届中国十大徒步人物"的候选人，让我准备好一份自己的事迹材料，参加最后的评选。我当时认为，这些候选人中人才济济，自己当选的概率极低，于是草草地准备了一份材料寄给了评委会，算是完成了任务，然后就把这件事给淡忘了。

转眼到了2006年末，评委会工作人员再次给我打来了电话，通知我已当选为"首届中国十大徒步人物"，要求我准时参加2007年2月3日在北京举行的颁奖仪式。听到这个消息，我既感到意外，又有一些兴奋。因为我原来一直都认为，徒步探险考察只是我的个人行为，没什么了不起，没想到竟然能够得到社会各界的广泛关注和认可。大家授予我的至高

我当选"首届中国十大徒步人物"

荣誉，也说明我徒步中国的行为是有意义的。

在颁奖之前，我和几位当选人一起进行了交流，他们给我留下了深刻的印象。

中央电视台著名节目主持人崔永元，不仅带领着《我的长征》节目团队，从江西瑞金出发，重走长征路，还治愈了因工作压力带给他的经常性失眠和抑郁。

企业家王石，在五十岁之后的一次体检中发现身患重症。医生劝他住院治疗，否则这很容易导致瘫痪。但为了在有限的自由时间里证明自己，挑战极限，他选择踏上另外一场艰苦的征程。在成功登上世界七大洲的最高峰和徒步到达南北两极的极点后，他成为当今世界上屈指可数的实现"7+2"探险目标的人。

每位当选人的背后都有一串动人的故事。

人本来就是大自然的孩子，经常出去走走，呼吸呼吸大自然的新鲜空气，不仅可以锻炼身体，放松身心，还能增长见识，开阔视野。

这次意外的获奖，对我既是鼓励，也是鞭策，我把它当作我人生旅途中的一个新起点，以此推动我更加努力地完成剩下的徒步旅程。

# 致命中暑到化险为夷

2007年4月下旬，时隔七年之后，我再次来到了海南省海口市。

我第一次进入海南是在2000年3月，当时走的是中线，从海口

253

经五指山到三亚的天涯海角，然后从东线返回海口。而这一次，我决定避开老路，走西线和南线，从而完成自己徒步环行海南岛的夙愿。

2007年4月18日，我从海口市出发，一路翻山越岭，向海南西部的东方市前行。海南岛西部人烟稀少，山高林密，道路崎岖，天气潮湿而闷热，当时气温高达38℃。我每天头顶骄阳，脚踏大地，汗流浃背地艰难前行。由于高温潮湿，整个人就像被一个巨大的蒸笼笼罩着，连呼吸都感觉有些困难，豆大的汗珠从额头顺着脸颊往下直淌，一不小心流进眼睛里，火辣辣的。

由于每天都要持续负重行走，背上的背包也被不断流出的汗水浸透，整个后背因此长满指甲盖大小的湿疹，加上行走过程中背包与衣服之间的摩擦，后背的皮肤不久就被磨破，进而引发感染。我只得经常用白酒消毒，擦拭伤口，以防病症加重。 这些感染的伤口虽然很折磨人，但还不致命，高温天在外行走最关键的是避免中暑。因为一旦中暑，就有可能丧命。

4月26日中午，我背着七十多斤的背包，在海南西部的崇山峻岭中穿行。由于长期的营养不良和旅途劳顿，再加上连日的高温暴晒，我的胳膊和手臂都浮肿得非常厉害，连拳头都握不紧。走着走着，我感到一阵天旋地转，恶心欲吐。我想自己很可能是中暑了，于是赶紧找了一处阴凉的地方坐下来休息，吃了一点解暑药。

"要是有点凉水洗一洗该多好。"这时，我无意中发现前方有个桥洞，桥洞的下面有一条水沟。"真是天助我也！"我快步跑了下去，捧起水沟里的水洗了洗脸。但这里的水被晒得很热，根本起不到降温的作用。我实在没有力气再搭帐篷了，于是草草地铺了一个防潮垫，就直接躺在桥洞下的水沟旁休息。不知过了多久，我的眼前好像出现了幻觉，朦朦胧胧之间，我仿佛看到自己拿起了一瓶冰镇矿泉水喝了起来，那叫一个痛快！

我一直昏昏沉沉地睡着，等醒来时已经是次日清晨。我感觉全身一阵阵发痒，仔细一看，才发现自己脸上、手上和身上全都是被蚊虫咬出的大包，而我当时竟然浑然不觉。我的心底多少有些酸楚，如果我就这样一睡不起，我远在家乡的亲人们知道吗？但是，既然选择这条路，我就不能退缩。为了不影响接下来的行程，我调整好心情，匆匆吃了一些干粮和防暑药后，又继续上路了。当然，为了防止再次中暑，此后的每一天，我都会提前吃一些人丹、藿香正气水等解暑药物，防患于未然。

在徒步十年的生涯中，我曾数次中暑，但幸运的是每次都化险为夷。

1999年盛夏，走在江苏省境内时，我中暑非常严重，昏睡在路边的树林里，幸亏被当地派出所的民警发现后及时叫醒，给我用西瓜和矿泉水解渴消暑。

2000年夏天，我走在中国三大火炉之一的重庆市境内，由于体力透支，加上严重脱水，昏倒在一条崎岖的小山路旁，后被大雨浇醒。

2003年夏天，我走在新疆吐鲁番盆地时，地表温度高达74℃，由于缺水和干燥，一天内几次中暑，每次都是靠用白酒擦拭前胸后背，解暑自救……

我一路上的艰辛和磨难是常人难以想象的，虽然数次差点付出生命的代价，但每次我都咬紧牙关坚持了下来。每当回想起这些，我的信念就会更加坚定。想要做的事情尽力去做，无论成功还是失败，我都不会觉得遗憾。

# 脚伤恶化险截肢

2007年12月1日，我走到了舜皇山国家森林公园。由于刚刚更换的旅游鞋不太合脚，加之雨多潮湿和长途跋涉，我的双脚被磨得大面积溃烂，肿得非常厉害。更要命的是，我又莫名地发起高烧，浑身乏力，走起路来非常吃力。为此，我不得不停下脚步，不断地给伤口消毒，再吃一些消炎药，期盼能够早点好起来。但这些简单的办法显然只能暂时缓解疼痛，根本无法根治脚伤。

下午的时候，一辆越野车缓缓地停在我身边。从车上走下来几个一身户外打扮的年轻人，在了解我的情况之后，对我脚上的伤情非常担心。于是，他们邀请我上车，赶回县城帮我治疗脚伤。

我当时对自己的伤情认识不足，总认为伤口虽然非常疼痛，但是对我来说是家常便饭，根本不算什么，于是婉言谢绝了。他们见我坚持不上车，也不便勉强，就介绍说他们是新宁县的，并给我留下电话，希望我走到新宁时联系他们。

此后的三天里，他们一直给我打电话，不断地询问我的伤情，并提醒我一定要好好休息，注意消毒，防止伤口感染。等我接近新宁时，他们已早早地等候在城外迎接我。他们当中有一个帅气的年轻人是一名医生，叫李中瑜，坚持要求查看我的脚伤。由于长时间在外徒步，我已经很久没有洗澡了，此刻身上又脏又臭，不好意思麻烦别人，便推辞说我脚伤没问题，就不必麻烦了。

没想到李医生根本就不听我的解释，严肃地对我说："雷大哥，你别客气了，你的脚伤很严重，必须得好好检查一下，否则以后会有大麻烦。"面对这样的热情和真诚，还有什么理由可以拒绝呢？我只

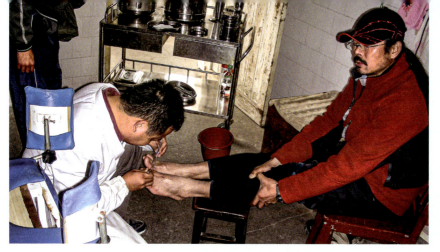

李医生为我治疗脚伤

好坐下来，艰难地脱下鞋袜，让李医生帮助检查脚伤情况。

没想到李医生仔细检查之后，被吓了一跳，急切地说："雷大哥，你的伤口都溃烂到这个程度，你怎么还敢继续走呀！你现在赶紧跟我去医院治疗，如果再这样耽搁下去，可真的有截肢的危险了。"

说完，李医生和朋友们让我立即上车，一路向医院开去。到了医院，李医生先仔仔细细地对伤口进行消毒，然后用手术刀除去我脚上溃烂的腐肉。大约半个小时之后，李医生给我的伤口上了药，并进行了包扎，接着又给我输液消炎。

在李医生和朋友们的精心照顾下，我的脚伤不再继续恶化，慢慢痊愈了。

我在徒步旅行的过程中，经常遇到这样一些素不相识的人，虽然与他们只是萍水相逢，却得到了他们无私的支持与帮助，这让我在感慨人性善良的同时，更不忍心打扰他们原本平静的生活。于是，休养了两天之后，我决定再次踏上征程。

第三天一早，当我走出新宁县的时候，朋友们按照当地亲戚外出的风俗，给我放了一挂长长的鞭炮送行。临别之际，大家依依不舍，和我一一拥抱。这样隆重的送行场面，让我至今难忘。

大概又走了十多天，我顺利地从湖南进入了贵州境内。由于脚伤慢慢康复，我的步履也变得更加轻快。

257

# 奥运火炬手的荣誉之路

2001年7月13日晚，我在香格里拉县（现为香格里拉）附近一个藏族老乡家看电视，一个振奋人心的消息传来，北京成为第29届夏季奥林匹克运动会的举办城市。那一夜，我激动得无法入眠。

我有了一个想法：我要制作一面长、宽均为2008毫米的正方形旗帜，旗帜的左上角印有中国国旗，中间部位是北京奥运会会徽和奥运五环。从申办奥运成功这一天开始，到奥运会闭幕式那一天为止，我要在这面旗帜上盖满包括中国每一个省、自治区、直辖市、港澳台和西沙群岛在内的共计2008枚邮戳，以这种特殊的方式庆祝奥运会首次在中国举办。

奥运火炬传递

主意已定，我立即打电话给云南大理的朋友，让他们连夜按照我设计的方案把这面旗帜制作出来，然后，快速通过长途客车送到香格里拉县带给我。

2001年7月14日，我就收到了这面特殊的奥运旗帜。我立刻带着它前往当地邮局，希望能盖上奥运申办成功当天即2001年7月13日的邮戳。但邮局的工作人员告诉我，按规定不能把邮戳调回昨天的日期。于是，我开始跟他耐心地解释，把我徒步走遍

中国、沿途盖满2008枚邮戳、迎接北京奥运会的想法告诉了他。正在这时，从外面进来的几位云南迪庆藏族自治州电视台的记者要求采访我。邮局的工作人员见我所说情况属实，这才破例为我加盖了2001年7月13日的邮戳。

此后七年多的时间里，这面旗帜一直陪伴着我。无论在怎样恶劣的环境下，我首先要把它保存得完好无损。也正是因为这面旗帜，我在2008年2月26日荣幸地当选第29届北京奥林匹克运动会火炬手。

2008年7月初，正徒步行走在河北与天津交界地带的我接到了一个重要通知：7月12日回家乡哈尔滨参加奥运会火炬接力传递。接到通知后，我非常兴奋，整整一夜都没睡好觉。这份荣誉是我的意外收获，我做梦也没想过能当上奥运会火炬手。

2008年7月12日早上8点，哈尔滨晴空万里，火炬传递活动在冰城的防洪胜利纪念塔前开始。当我与第18棒火炬手完成交接、点燃手中的火炬时，我十分激动。在群众的欢呼声中，我迈开大步，高举火炬向前走去，心中迸发的强烈情感让我忍不住亲吻了一下手中的祥云火炬。

我视那一段不长的传递之路为荣誉之路，我多想再多走一会儿，但我很快点燃了下一位火炬手的火炬，然后默默地退了下来。当我坐进集结车里的时候，心还在剧烈地跳个不停，双手捧着尚有余温的祥云火炬，就像是捧着一件珍宝。

这把奥运火炬对于我是一份特殊的荣誉与肯定，更是一种鞭策与鼓励。我再次审视自己，感觉责任更加重大，我要执着而坚定地走好人生的每一步。

在哈尔滨完成火炬接力后，我又回到徒步中断的地点，继续我的徒步之旅。7月24日下午，我途经天津武清、河北廊坊，之后沿京津铁路线继续向北京进发。奥运的气氛越来越浓，安检也越来越严格。经过华北油田驻地时，先后四次被警察和治安员检查询问。经北京大兴区安定镇路段时，又三次被检查询问。

2008年7月27日，我一路北上，途经青云店、大红门、东高地、木樨园、天桥。傍晚时分，我走进了天坛西门附近的一家旅馆，心里盘算着京城的旅馆价格可不菲，正想着与店主讲个价，没想到店主先开口说："看你的这身装束，像一个游侠啊！"

"我是徒步走中国的。住这里一晚需要多少钱？"

"不收你的钱！"店主爽快地说。

我有点不敢相信！店主见我一脸疑惑，忙解释说自己是一家车友会的成员，经常去外地，知道人在旅途不容易，尤其是对徒步者来说。店主不仅为我免费提供了住宿，还为我买了一份快餐。

第二天清晨，再次谢过店主王先生后，我离开旅馆，来到天坛接受电视台采访。之后走到了天安门广场，这是我走完9年9个月零9天的终点。接下来我将要只身穿越"死亡之海"罗布泊。

260

# 第 7 篇

# 为保护环境尽绵薄之力

## 亲眼看见的环境破坏

在徒步中国的过程中，我始终坚持三个主题：宣传环保理念、走访56个民族和无人区探险。在20世纪90年代，虽然国家广泛开展环保教育，但是环保理念还远远不够深入人心。

我的家乡黑龙江呼兰区有一条呼兰河，呼兰河畔有个山叫团山子，我就在团山子脚下出生。团山子和呼兰河就像我心中的圣山和圣河，呼兰河里的水清澈得可以捧起来直接就喝，用小网去捞点河里的鱼和小虾米，那都是下饭的好菜。这里的青山绿水、鸟语花香给我的童年留下很多美好的回忆。

但在20世纪80年代，家乡的环境破坏越来越严重，人们在团山子上砍树、放炮炸石头，在呼兰河里面挖沙子，在河边建化工厂，往河里排污。这种情况到近些年才好转，现在的呼兰河和团山子已经基本恢复到我小时候的生态了，但我目睹了童年的圣山、圣河被

环保教育的宣传
标语

一点一点慢慢破坏的全过程，那种痛心和无能为力真的令我难受。

我在青年时为了赚钱攒路费，还去过大兴安岭的工地，看到直径一米粗的百年老松被伐倒，而被伐的原因却仅仅是为了树上的松子。在几十米高的松树上，摘松子比较困难，那就把树伐倒，然后再把松塔拿下来，摘松子。伐倒后的松树只有一部分作为木材被运了出来，因为山高谷深运不出来而烂在山里的树也有很多。

关于环保，我的认识也仅仅是停留在节约用水，不乱砍乱伐树木，保护野生动物，减少河流、空气污染，爱护我们的生活环境等肤浅的层面。但看到这么多令人心痛的环境破坏现象之后，我决心要在徒步中国的过程中尽一点微薄之力，沿途宣传环保理念，让更多的人树立环保意识。抱着这种初衷，我把宣传环保理念作为徒步中国最重要的主题。

262

# 拍照取证被持枪威胁

我在背包上面插了一个写着"环保、民族、探险"的小条幅，这个主题条幅十年来在陪我走遍全中国的同时，也好几次给我带来了直接的人身威胁。

2000年，我走到中国中南部一座距离县城几十公里的深山里，边走边拍风景，突然看到不远处有五个盗猎者坐在树底下休息。他们一边抽烟一边聊天，地上摆着他们刚打的"战利品"——麂子，这是我国濒危保护动物。

我离他们不远，想用相机拍些照片，方便日后当作举报的证据。结果我刚拍了几张，就被听觉敏锐的盗猎者发现了，五个人带着猎枪过来把我围起来盘问。有个盗猎者看到我背包上写着环保两个字的小条幅，上来就夺下了我的相机，用力地摔在地上。相机后盖直接被摔开，里边的胶卷底片也被曝光。我看到相机被摔坏，情绪也激动起来："摔我相机干吗，不让拍照的话我把胶卷撕了不就行了。"盗猎者端起枪对着我的头："撕了？我都想整死你！"

遭到猎杀的野生动物

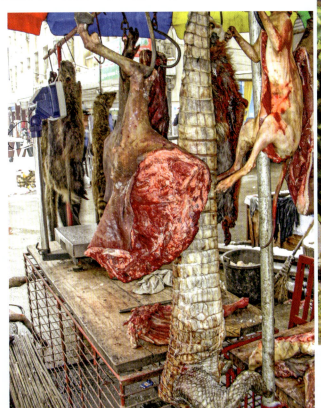

保护区的棕熊一家
（龚军生先生拍摄）

　　这是我第一次被人拿枪指着头，在这深山老林里，既没有人烟更没有监控，真要被盗猎者打死在这里并就地一埋，真是谁都发现不了。我不能硬顶，只能服软，说是好奇才拍照。盗猎者就这么拿枪指着我，也不说话，端详了一会儿。当时的我将近两年没剪头发了，身上也脏兮兮的，看上去确实不像记者。于是，盗猎者把已经曝光的废胶卷直接撕了，然后骂骂咧咧地用枪比画着让我有多远走多远。我心脏狂跳不止，顾不上别的，飞快地捡起相机，头也不回地逃了。

　　这是我徒步中国的第二年，第一次在野外直面盗猎者。为了宣传环保理念，我一路走，一路拍照，一路举报，得罪了不少人，有一次差点儿被枪打死，就是在可可西里无人区遭遇盗猎藏羚羊团伙的那一次。这两次都是盗猎野生动物。此外，一次与盗伐树木者相遇的遭遇也让我至今记忆犹新。

　　那是2001年初，我在西南某省的森林中穿行时，被一阵阵刺耳的电锯声吸引，我顺着声音的方向找过去，发现几个人正拿着油锯在伐树，远处还横着几棵被砍伐但还没有修枝的树。我同样拿出相机拍照，还是被他们发现了，几个人把我围住，其中一个人把伐树的油锯打开架在我的脖子上。转动的油锯、刺鼻的油味，带来的恐惧不亚于被枪指头。

　　这一路上，因为环保我遭遇了无数危险，但比起野兽和天灾，最危险的往往还是人。

被砍伐的树木

原始森林里偷伐木材，烧炭

# 攀登珠峰捡垃圾

2002年5月30日，我到达西藏日喀则地区定日县的巴松乡，我终于走到了向往已久的世界最高峰珠穆朗玛峰的山脚下。

我决定先去珠峰脚下的绒布寺参观。绒布寺始建于16世纪，位于卓玛山山顶，海拔5000多米，是世界上海拔最高的寺庙，寺内有大量保存完好的壁画和经书。

为了更多地了解绒布寺的历史和文化，我开始与几位喇嘛攀谈起来。这时，一位年轻的喇嘛看见我带了一本《新华字典》，便问："能送给我吗？"

说心里话，这本《新华字典》是我随身携带的常用工具书，我一直非常珍惜，但考虑到喇嘛也许比我更需要它，我毫不犹豫地答应送给他们，又送给他们一些自己背了上百公里的方便面和豆奶粉。喇嘛们很感动，让我留在寺庙里过夜。因为寺庙里没有电，点的都是酥油灯和煤油灯，整个房间已经被熏得黑乎乎的，床铺也十分简陋。但是，这对一名长期在外的旅行者来说，却是一件很幸福的事，再简陋的房间也比露宿野外好得多，毕竟房子能为我遮风挡雨。

次日清晨，太阳刚刚升起，我就起床了。简单地吃了一碗糌粑，喝了一碗酥油茶，离开绒布寺，开始新一天的行程。

一个多小时后，我走到了珠峰大本营。这里有一排用石头建造的房屋，是大本营工作人员的食宿点。旁边的空地上，零零星星地支着几顶帐篷，是运动员攀登珠峰前的临时住所。另外一边的帐篷里，便是珠峰大本营临时邮政所，专门负责为世界各国的登山运动

266

员寄信件和加盖纪念邮戳。这个临时邮政所每年大概只有两个月的时间对外营业。

我走进帐篷，跟工作人员说明了自己的情况，希望他们能给我盖几枚邮戳。本来在这里盖邮戳是要收费的，但工作人员得知我是从哈尔滨徒步走到这里的并且还要走遍中国，觉得我非常不容易，决定破例免费给我盖邮戳。这是中国海拔最高、最简陋的邮政所，因此，在这里盖上的邮政日戳，自然有着非同寻常的纪念意义和收藏价值。盖完邮戳，我决定从这里开始攀登珠峰。

但是我当时也很清醒地知道，以我当时的条件，是百分之百没办法爬到珠峰峰顶的。想攀珠峰，要提前很久做好充分准备，不仅仅是准备体能，还要准备很多专业的装备，包括专业的登山衣帽、鞋子、氧气罐等，也要考虑天时。这些都准备好了，也不保证能登顶成功，死在登顶路上的人很多，其中世界各国的登山爱好者都有。

而当时的我，根本没有那么充分的准备，尤其是装备方面完全没有准备，更别说什么专业登山服和氧气瓶。我当时上身就一件夹

267

珠穆朗玛峰大本
营，海拔5200米

克衫，里边一件厚毛衣，下身一条秋裤套一条牛仔裤，这四件都是地摊货，加起来才90多元钱，鞋是40多元的普通鞋，全身上下的装备加起来就130多元钱，靠这种装备去登顶珠峰就是送死。

所以我一开始就抱着攀到哪算哪、挺不住了就马上下来的想法，向上攀登。结果这一攀就攀到了海拔近7000米的高处，那里有座冰川，应该是绒布冰川。站在海拔近7000米的珠峰冰川，极目远眺，远处那片曾经在我眼里巍峨雄伟的喜马拉雅山山脉，现在竟然变得没有那么高耸入云，看起来就好像连绵不断的雪山山丘一样！我调整呼吸，那种像与天地对话的感觉很美好。

气温已经降到零下20℃左右，氧气稀薄的程度也快速加剧，我感觉再向上攀可能会有危险，于是就拍了些冰川的照片，准备下山。环顾四周，在这海拔7000多米的地方，除了我，还有些东西也不应该留在这里，那就是世界各地前来攀登珠峰的人留下的垃圾。这些垃圾绝大多数是食品包装，有水瓶、罐头盒这种，还有废氧气瓶，也有部分看不出是旗子还是衣服的废布料，垃圾上写中文和外文的都有，大部分都是塑料和金属这种永远不会降解的废弃物。

我拿出随身携带的蛇皮袋子，边捡边下撤，直到捡了满满一大袋子，也没有把能看到的垃圾都捡完。但是我已经没有更多装垃圾的袋子了，并且负重下山会更加危险，我背着这一大袋垃圾，走到海拔5000多米的珠峰营地时，把垃圾留在了营地里专门存放处理垃圾的地方。

我把本不属于珠峰的东西带了下来，珠峰也给了我一个小小的惊喜。在海拔6000多米高的地方，我捡到了一个海螺化石。珠峰在一亿年前曾是海洋，能捡到沧海桑田的见证，也稍稍弥补了我没法登顶的遗憾。

实践环保理念一直是我徒步过程中的一个重要主题，我想，每一位

珠峰北坡海拔近6000米处的裸露松动山体

能来到地球之巅、以攀登珠峰为荣的人都应该具备这种认知！

一个人从来到这个世界的第一天开始，就在不断地消耗着地球的宝贵资源，我们的衣食住行，每一样都离不开地球的恩赐。然而地球上的资源毕竟是有限的，我们没有理由不去好好保护地球、关注生态环境。我希望用行动唤醒更多的人，让大家一起关注环保，善待我们赖以生存的地球。

穿着一套90元的单薄衣服和一双40元的鞋子，我站在了海拔近7000米的绒布冰川，这也是我徒步十年中走到的最高点

# 难有结果的污染举报

2003年，我走到中西部的一个县城，在当地看到了一座重污染型化工厂，离得很远就能看到厂房大烟囱里排出红黄色的烟，闻到刺鼻的气味。我给化工厂的毒烟拍了照，并在当地住了几天，了解一下情况，发现更惊人的还在后头。

那个化工厂就盖在县郊的农田附近，从厂里排出的重金属废水直接灌到田地里，周围的庄稼全死了，那一大片地什么都不长，这个县的人也知道污染严重，都不吃当地种出来的粮食。有的污染企业是当地的纳税大户，会给当地老百姓补贴点钱，老百姓就不再多话，刺鼻的气味闻久了也就习惯了。

我带着化工厂的照片把污染事件举报到了当地的环保部门，这种举报的事我一路做了很多，得到的答复一般就是"知道了，后边会处理"。可是我没法在一个地方停留太久，所以不知道每个举报

"防治大气污染"

271

最终是什么结果。我作为一个普通人，很难改变什么，但是想尽自己的力，能做多少算多少。

提交完举报材料后，我准备启程去下一个目的地。然而，我刚走出县城没多远，就被身后驶来的一辆越野车拦住了，车上下来三

工业废水被直接排
放，导致河流变成
黑色

个人，直接开口向我索要照片。我意识到是我举报的事情泄露出去
了。我说我真没有什么相片，只拍了几张风景照，你们要就给你们
吧。他们把相机后盖打开，也看不出来拍的是什么，便威胁我，叫
我别拍不该拍的东西，骂了我几句，然后开车走了。

被工业废水污染的
河流失去了原本的
清澈

273

铺满垃圾的河道和
岸边的大排档

干旱的土地上枯死
的农作物

这是我第一次因为举报工业污染而被人威胁，之后这样的情况发生了多次，但无论举报是否有结果或是否被人威胁，看到破坏环境的事我依然尽力取证举报。

被生活垃圾污染的
河流

274

## 国家环境保护总局

　　雷殿生同志作为我国环境保护的志愿者，徒步走中华，关心我国的环境保护，此举可嘉可敬，望所到地区环保部门予以支持。

二〇〇四年七月二十六日

## 中国科学探险协会

历尽千辛万苦，走遍华夏每个角落，收集常人无法收集的文化信息，记录中国生态现状。超常的付出必有超常的收获。

祝：雷先生一路平安，万事如意！

中国科学探险协会
王方辰
2004年7月25日

尊敬的雷先生：
　您二行为是中华民族的骄傲，我们愿您能为我们的环保事业做出自己的贡献，祝愿您取得圆满的成功！

二〇〇五年八月卅日

2004年7月下旬，我走到北京，向国家环保局反映情况

保护环境与先进和四自然和谐。人人有责，规范发生行为

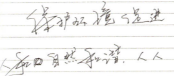

我宣传环保，一路上受到了很多的支持和鼓励

希望中国能涌现出更多像雷先生这样的环保志愿者，让我们共同开创中国环保了出美好的明天。

二〇〇五年四月二日

# 第 8 篇

# 31天穿越
# "死亡之海"罗布泊

## 罗布荒原的诱惑

罗布泊，曾经的湖泊，如今的荒漠。这里极端干燥，夏季地表温度高达70℃，每年沙尘暴时间长达五个月，是世界上自然环境最恶劣的无人区，被称为"死亡之海"。漫漫黄沙下，不仅有金、银、钾等矿藏，还埋藏着众多古迹，掩藏着神秘的人类过往。

千百年来，罗布泊都以其无法抗拒的魅力吸引着世界各地的科考队员、探险队员前来挑战，但复杂多变的天气和诡异奇特的自然现象让他们随时都有性命之忧。我国著名的科学家彭加木在这里神秘失踪，探险家余纯顺在这里倒下，曾经也有飞机在罗布泊消失。2008年之前还从未有人只身徒步穿越成功。

罗布泊一直是我魂牵梦萦的地方，穿越罗布泊一直是我挥之不去的梦。我渴望在这里用自己的双脚实现人类对罗布泊徒步零穿越的突破，为我十年徒步生涯画上圆满的句号，更渴望在这里再一次挑战生命极限。

　　我与罗布泊之间有着不解之缘，早在2002年秋，当我徒步到新疆库尔勒的时候，就曾经想穿越罗布泊。因当地专业的向导需要五万元左右的费用，而我一时又拿不出这么多经费，再加上当时我还没有完全掌握罗布泊的地形、地貌，对穿越罗布泊也没有十足的把握，于是只得暂时搁置，但是我并没有放弃穿越罗布泊的梦想。

　　为了完成这个梦想，这些年来，我想尽一切办法，积攒经费，研究关于罗布泊的资料，为穿越罗布泊做最后的准备工作。随着资料搜集和准备工作的推进，我决定放弃相对容易的南北向穿越，而选择东西向穿越，这是从来没有人敢挑战的路线。

　　我知道，这一去生死未卜，稍微遇到一点意外，我可能就永远葬身罗布荒原了。所以在临行前那天晚上，我在敦煌一家旅馆里给

31天自东向西只身徒步穿越罗布泊路线图

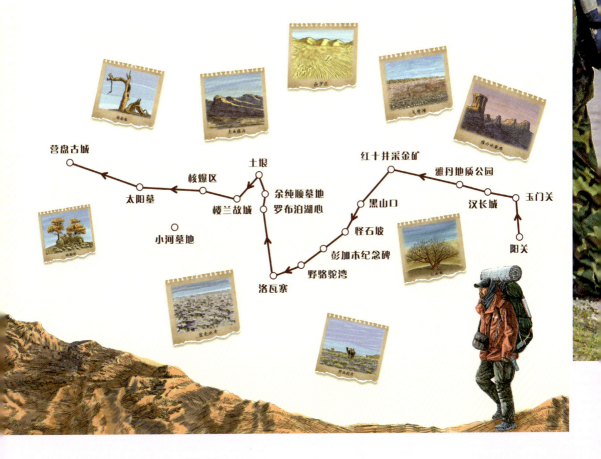

姐姐、姐夫写信。在这封信里，我表明了自己的心迹，交代了一切后事，免得遇难后给大家留下麻烦和遗憾。

　　亲爱的姐姐、姐夫：

　　你们好！

　　自从父母去世以后，你们对我的关爱我永远铭记在心。尤其在我这十年徒步全中国的日子里，你们帮助我完整地保存了大量的资料及实物，使我能安心地完成我一生中最大的心愿与梦想。你们辛苦啦！谢谢！

　　这次罗布泊之行，是我多年的愿望。虽然我做了比较周密的计划，但是依然危险重重，如果我真的走不出来，请你们不要为小弟难过。人终有一死，如果是为了追求梦想而死，就是有意义的、值得的，你们应该为我感到骄傲！如果你们听到我不幸遇难的消息，千万不要来新疆，这里距哈尔滨太远了。请姐姐嘱咐我的朋友们，把我埋葬在罗布荒原，因为这里是没有喧嚣的天堂……在逢年过节时，为小弟上一炷香，倒一杯酒，以念姐弟之情！

　　另外，请姐姐、姐夫把我所有的资料托付给有责任心的朋友，让他们帮助整理出来，这也是我一生最大的愿望。这次徒步穿越罗布泊，有20万元保险费，除了还三哥3万元，你们也留下3万元，供整理资料之用，其余的请你们都捐给四川地震灾区，供建学校之用。

　　姐姐、姐夫，我的手机和通讯录里有很多好朋友的联系方式，一旦出了什么事，请与他们联系。

小弟殿生

2008年10月8日夜

于敦煌

我以阳关为起点，
开始穿越罗布泊

至此，我再也没有什么后顾之忧了！

2008年10月9日，我从甘肃敦煌阳关故城遗址出发。我特别喜欢唐代诗人王维那首诗："渭城朝雨浥轻尘，客舍青青柳色新。劝君更尽一杯酒，西出阳关无故人。"自古以来，阳关都是送别壮行之地。选择从这里出发，无形中就有了几分仪式感。我把这首诗抄在日记本上，斟酌再三，将最后一句"西出阳关无故人"改成了"西出阳关雷殿生"。因为我觉得，"无故人"三个字不吉利，有不好的暗示。虽然此去凶多吉少，但我还是想活着归来，还想跟亲朋再次把酒言欢。

本文已被北京语言大学出版社收录于其即将出版的《高级汉语综合教程》（中册）中，有删节。

# 出发前削发明志

沿着戈壁滩一路向北，眼前一片荒凉。

2008年10月10日，临近中午，我远远看见一个方土堆，走近才知道这是汉代玉门关遗址，曾经的雄关如今只剩下残垣断壁，被当地人唤作"小方盘城"。残墙高不足十米，四壁黄土裸露，在两千多年的风雨侵蚀下形成了一道道皱褶纹理，成为苍凉历史的见证。

继续前行3～5公里，一段保留最完整的汉代长城遗址进入视线。起伏斑驳的土墙被黄沙埋掉大半。城墙外形很是特别，有的平直，有的呈波浪状起起伏伏。这种波浪不是人力的创作，而是自然的造化之功。烽燧旁边报警用的积薪垛凝结得像化石一样坚硬，这

玉门关遗址

汉长城遗址

些薪垛由芦苇组成。据这里的专家考证，敦煌遗存下来的"积薪"数量之多、保存之完好，为全国之最。

下午2点，气温猛升到34℃。玉门关这个地方，虽然春风不度，但是烈日当头。

有人说，出了玉门关才算走上了地道的古丝绸之路。一个考古界的朋友告诉我，趴在古驿道上细看，能看见古代丝绸的残丝碎片。我试着趴在古驿道上看了半天，眼拙，没有看见。不过，那天我还是有收获的，在戈壁滩上行走时，捡到了一块鹅蛋大小、近乎透明的石头。朋友告诉我，这是白玛瑙，比较珍贵。

黄昏时分，又经过一处汉长城遗址，安营扎寨。

2008年10月11日过午，我进入了雅丹地貌群。雅丹是维吾尔语"雅尔当"的音转，意思是"险峻的土丘"。据地质专家说，这里曾是古罗布泊的湖底，面积相当大。

傍晚时分，我走到了雅丹国家地质公园。

我将进入神秘莫测的罗布荒原无人区，开始独自徒步穿越。在正式踏入罗布荒原之前，我做出了一个重要的决定——让朋友刘少义帮我把留了十年的长发剪掉。一是进入罗布荒原后，长发打理起来太难；二是我不知道自己能否活着走出来，留下这陪伴我十年的

雅丹地貌

长发，也算是一种纪念吧！

少义兄手哆嗦着，实在不忍心剪。我鼓励他道："剪吧！"随着喇喇几声，陪伴我徒步十年、见证我完成一个又一个挑战的长发落地了。想起当初我蓄发明志发誓不走完全中国不剪发！如今我削发明志，勇敢面对死亡，挑战生命极限。

2008年10月12日上午，在雅丹地貌群前，我与大家一一拥抱作别后，工作人员说连线接通了我远在哈尔滨的姐姐。她叮嘱我千万小心，一定要活着回来。说着说着，姐姐泣不成声了。我挂断电话，义无反顾地上路了。

好友刘少义为我剪去十年长发

我拿着剪掉的长发

站在高耸的沙丘上回头再看一眼送行的人们，我挥挥手，转身毅然前行。那一刻，眼泪忍不住流下来。接下来，一路伴随我的就只有心中的信念了。我快步走下沙丘，擦干泪水，用最短的时间平复心情，继续向西北方向挺进，步入一望无际的无人区，开始穿越神秘莫测的"死亡之海"。

# 初识盐壳地

2008年10月13日上午，我沿着库鲁克塔格山脉的边缘一路向西。地面坑坎沟壑，遍地碎岩石块，折磨着我的双脚。据说这里就是西汉年间"玉石之路""丝绸之路"的正道所在，故道于此，是依仗着库鲁克塔格山脉，为往来的商贾抵挡来自北方的风沙，便于通行。

除了我独行的身影，周围没有一丝人影和绿色。正午时分，我终于看见远处沙丘上有那么一抹黄色。走近一看，原来那是稀疏的植物，似乎已经枯死。彻底干涸的河床、沼泽，泛起一片片白色的盐碱，阵风吹过，空气仿佛都变成了咸的。

这种严重盐碱化的土地，被称为盐壳地。走近看去，盐碱形态各异，有的像蜂巢，隆起不规则的土堎；有的龟裂成多边形的土片儿，中间还有个粗糙的圆；还有的像被犁杖翻过，凹凸不平，坚硬得如同石头。

盐壳地是罗布泊特有的地貌，在湖水干涸后，水中的盐碱沉积、凝结成坚硬的盐壳。原本应该是很平的，因昼夜温差大，盐壳不断经历强烈的热胀冷缩的过程，发生变形、爆裂、隆起，最高的

罗布泊湖心像刚被犁杖翻过、坚硬如铁的盐壳地

地方甚至超过一米。

据说，1980年5月，彭加木科学考察队的汽车曾开进盐壳地，高低不平的盐壳地面使汽车猛烈摇摆，最终轮胎硬生生地被一块块削了下来，差点儿把彭加木等人困在里面。

深入了解罗布泊，我才知道这块盐壳地仅仅是罗布泊盐壳地的冰山一角，罗布泊湖心像刚被犁杖翻过一样的盐壳地才让我真正领略了它的威力，也深刻体会到了当年彭加木科考队的艰辛。

罗布泊内除了有沙漠、戈壁、雅丹外还有盐壳地、盐碱地、雏形雅丹等自然地貌，还有一些枯死的芦苇等植物，被沙尘和盐碱包裹起来，长年累月，形成了一种特殊的盐碱地貌

盐碱地

盐碱滩

雏形雅丹

盐壳地

# 荒漠中的淘金人

　　下午，我远远望见，在库鲁克塔格山脉的一座山坡上有一个硕大的"金"字，它是用白色石头摆成的。这就是红十井金矿。

　　红十井金矿是1973年才被发现的，虽说依托矿山设立了村子，但由于周边环境太恶劣，几乎是一座孤岛。这里不通公路，距离最近的村庄也要一天的车程。

红十井金矿

我眼前的红十井，到处都是矿坑，大小从几米到几十米不等。这里的淘金人来自新疆、青海和甘肃等地。据他们说，红十井淘金人最多时有100多人，分散在各个山头上挖掘矿坑。当时金矿的开采没有规划，人们到处乱挖，个别山丘竟然有多达四五百个小矿坑。这样的挖掘方式对于本来就寸草不生的库鲁克塔格山脉，不啻雪上加霜。

我走到一个简易的土屋门口，和两个淘金人攀谈。一位是中年人，一位是小伙子。中年人是个大胖子，皮肤黝黑，身材魁梧，蓄着小胡子。起初，他有些拘谨，目光呆滞，说话也含糊不清，加上长时间不能洗澡，身上散发出刺鼻的气味。他对我说，这里的淘金人，每年3月进来，12月前后撤出。因为长时间在干旱高温和风沙中作业，常有人因患病不治而身亡。

他疑惑地问我："你到这里干什么？"

我告诉他，我要徒步穿越罗布泊，这是我徒步中国的最后一段路。他听了特别震惊，觉得不可思议，眼神中的诧异就像我了解他们的生存环境时的惊愕一样。

若不是亲眼看见，我无论如何也想象不到，淘金人是怎样长时间生活在这种地方。我看了他们的住房，和东北早年的"地窨

286

子""干打垒"差不多，山脚下挖出四框，上面横几根木头，再覆盖树枝杂草，顶部用厚厚的沙土压上，用来遮挡风沙。这种房子从远处看与地面基本上是齐平的，只有一个向下去的入口，没有窗户，室内全靠煤油灯照明。

中年汉子解释说，这里也曾试着盖过一些铁皮房子，但戈壁滩经常刮大沙尘暴，那种房子经不住吹，铁皮顶经常被掀翻甚至刮走。他们只好住在这种"地窨子"里面，它虽是黑洞洞的，却很安全。

"为什么要来这里吃苦？"我问他。

中年汉子说，开始的时候，他们想好好赚一点钱，养活家人。但没想到在这里一待就这么久，与世隔绝了这么长时间，出去反而不知道自己能干什么了。"我们这里有人八九年都没回过家，大家在一起开玩笑说，媳妇都不知道是谁的媳妇了！"矿上没有电视和广播信号，打电话上网更是不可能，这里唯一的娱乐是围在一起看录像片。

中年汉子给我讲了很多关于罗布泊的故事，他们曾遇到不少走进罗布泊的探险者遇险，有的很幸运被他们救活了，有的则永远留在了这片荒原。"你回去吧！一个人走进去没有活着出来的。"中年人盯着我认真地说。

我由衷地感谢他的好意。但既然已经选择了前行，我就没给自己留退路。多年的行走经验让我明白，在面对困难的时候不能逃避，逃避就等于退缩，退缩就一事无成。罗布泊不走完，等于没有走遍中国，画不上圆满的句号！所有走过的路，经历过的事情，也不是给别人看的，这是自己的梦想，也是自己的追求。我要用这种方式实现人生的价值！

与淘金人挥挥手，我继续赶路。走了没多远又遇到一个神色忧郁的淘金人。他对罗布泊一带非常熟悉，得知我要徒步穿越罗布

287

泊，他很激动，详细地向我说明了去湖心的路线。闲谈中我了解到，他本来是个铁匠，从小跟着父亲围着火炉打铁，年复一年到头来还是住破房子。于是，他去金矿干活，想赚钱盖一间新房子，给未婚妻做一件漂亮的金首饰。我问他，愿望实现了吗？他苦笑说："没有，钱都让老板挣去了，未婚妻去了内地，听说嫁给别人了。"分别时，他端给我一碗带有咸味的水和馕。这是他们常年的食物。

这就是荒漠中的淘金人，以及他们那似乎破碎了的梦。我不禁感慨，黄金啊，它到底是人生的财富还是祸患呢？

# 走 到 黑 山 口

几天来，我一直穿行于库鲁塔格山脉南麓，沿途地貌也发生了变化。2008年10月14日中午，我走进了"温柔的陷阱"——软沙区，在地质学中的专用名称叫"假戈壁"。地表貌似坚硬，但只要一脚下去，便会深陷沙土中，每走一步都很艰难，但相比之前的乱石折磨，我的双脚感觉舒服很多。

生机盎然的黑山口谷地

走出软沙区，进入库木塔格沙漠黑山口谷地。令我惊奇的是，这里竟呈现生机盎然的景象。骆驼刺、红柳、芦苇、甘草等旱生植物生长在荒漠中，生命如此坚韧和顽强。

黄昏时分，我走到了一个模糊的岔路口，旁边有一个高40厘米左右、宽25厘米左右的石碑。走近细看，这是1969年10月解放军驻疆某部队竖立的。上面刻了一幅道路示意图：此处是黑山口，向东依次是老营地、前进墩、后坑，向西北依次是三角洲、长山尾。看到它，我很欣慰，黑山口是穿越罗布泊的地标，这证明我这三天行走的方向一点都没错。

黑山口石碑

# 消失的八一井

2008年10月15日，我踏着晨光，下了库鲁克塔格山，一路向南偏西方向走到了八一井。

八一井是1969年解放军战士在这里打的一口水井，据说当时水

"罗布泊大门"

很多，而且还是淡水。但是自1973年罗布泊彻底干涸之后，水井也慢慢在风沙肆虐中干涸且坍塌了。现在它只是以石碑的形式存在，没有一点水的痕迹。

虽然八一井已经成了历史遗迹，但是这个地区蕴藏的地下水源，似乎比其他地方多些。在八一井附近生长着许多沙生植物，我还看见了罗布泊小红花麻，小红花麻是罗布麻（又名野麻、红麻）中的极品，具有很高的经济价值。传说楼兰国王以它为原料配制长寿不老药丸，汉武帝服用后，成为我国历史上第一位寿命超过七十岁的皇帝。我不大相信这个传说，更不信世上有长生不老药，但这些植物却可以证明，八一井的地下水还在滋润着它们的根系。

离八一井不远，有一个很有名气的雅丹地貌，叫"罗布泊大门"。它高15米，一左一右，形似敞开的大门。走过这道大门，才算真正进入罗布泊的地界了。

290

# 保护区的生命迹象

翻过一段山丘路之后，眼前又是一片开阔的戈壁滩。不过，只一脚下去，我便发愁今天的行进速度了。这片开阔的戈壁滩又是"假戈壁"软沙区。我跋涉了三四个小时，才走出了这"温柔的陷阱"。

中午时分，我看到前面一个巨大的铁制网状标志牌，上面写着"新疆罗布泊野骆驼国家级自然保护区核心区"。我一阵惊喜。

保护区总面积约7万平方公里，相当于荷兰、比利时两个国家加起来那么大。这是典型的干旱荒漠区，生态系统的结构和功能极其脆弱。在这里，重点保护的对象是目前仅存于中国西北部和蒙古国的世界濒危物种、我国一级保护动物——双峰野骆驼。

核心区的保护似乎卓有成效，我的前方出现了一大片较为平坦、干涸的沼泽地，泛着白色盐碱的地面上有植被。除了芦苇、骆驼刺、罗布麻等旱生植物张扬着生命的绿色，我还是第一次见到这么多的红柳，它们有着繁多的枝条、退化的叶片、淡紫色的小花，在荒凉的沙丘上轻轻地随风摇曳。花朵弱小细密，紧紧地簇拥在一起，这是我进入罗布荒原以来见到的最美丽的景色。

进入核心保护区不久，我就在戈壁滩上发现了一具草原鼠干尸，还有野兽的足迹。在雅丹地貌间，各种耐旱沙生植物越来越密集，动物遗留的粪便也越来越多，有食草动物的，也有食肉动物的。终于，我发现了一串野骆驼的足迹，硕大的蹄子印儿，结结实实地印在沙窝里。我不禁手舞足蹈起来，期盼着能和它们近距离接触。不过兴奋了没多久，我的心又紧张了起来，一旁白色的狼粪格外扎眼。

天空中传来的鸟鸣声，打断了我对可能遇到狼的忧虑。循声望去，一只小鸟，在低空飞过，我甚至可以清楚地看见它嫩黄色的腹部、尖尖的小嘴、脖子上一圈雪白的羽毛。我不知道它是什么鸟，暂且叫它"沙漠鸟"吧。循着鸟的方向，我加快了脚步。没走多远，我就嗅到了水的味道。这是真话，沙漠中的水当真有味道，那是一种润润的潮湿味儿。随即一泓清澈透底的小水潭就映入眼帘。这水潭清清亮亮，周围簇拥着金黄的沙漠芦苇。水潭旁边有两棵大约5米高的胡杨树，树上有几只"沙漠鸟"在安然栖息。这里有水，有芦苇，是鸟儿的天堂，更是沙漠旅行者的天堂。

这里是一处天然水源，名叫甜水井。我从小水潭里掬起一捧水，敷在脸上，好清凉，很舒服！自从10月9日从阳关出发以后，我就一直没洗过脸。为了不污染这处珍贵的水源，我小心翼翼地用矿泉水瓶打水，然后到一边洗脸刷牙。在戈壁滩里能有这种享受，真是太幸福了！一泓清水，洗去了我满身的疲惫和尘埃，我兴奋地跳了起来，像个孩子雀跃欢呼，给自己拍照留念。

白色狼粪

荒原中的小鸟

不过，甜水井的水并不甜。我喝了一口，咸咸的。水这么咸，为什么还要叫甜水井呢？我想，也许泉水原本是甜的，由于盐碱荒滩的污染才成了咸水。不过罗布泊有这样一处天然水源，已经是大自然的恩赐了。

走过甜水井，路又变得不太好走了，一会儿是沟壑，一会儿是沙丘。看来，我已经进入了阿奇克谷地。

阿奇克谷地的景色异常壮观，干涸的古河道绵延无际，高高的河岸像堤坝，苇草丛生，间或有几株乔木。我猜想，这是当年罗布泊的一条母亲河，从阿尔金山把河水输入罗布泊。从倒伏在河岸上的粗大树干可以看出，这里曾经是充满生机的森林草原。

夕阳西下，我准备宿营，不过狼粪又出现了，而且还很新鲜，里面夹杂着毛皮和骨骸，清晰可辨。这让我想起在西藏阿里无人区时遭遇狼群的情形，看来我不能掉以轻心。

我把帐篷搭在阿奇克谷地的一个小水泉旁，心里依旧想着带有骨骸的狼粪。我在帐篷周围喷洒了一些杀虫剂，还预备了干柴。假如狼来了，我就奋力一搏。我既不想被它们伤害，也不愿伤害它们。除了狼，我期待见到罗布荒原里的所有动物，但直觉告诉我，

293

它可能比其他动物离我更近。

　　大概子夜时分，帐篷附近来了不速之客，被惊醒的我抓起利器和火柴备战。不过窸窸窣窣的声音并未靠近我的帐篷。我拉开帐篷向外张望，月光下，几只野兽在争先恐后地喝水。有鹅喉羚，还有两只不知是狼还是狐狸，个头不太大。

　　看样子，它们不是来攻击我的，只是为了饮水。我放松了警惕，拿起相机想把它们拍下来。忽然，从附近传来断断续续的狼嗥，呜咽凄厉，让人毛骨悚然，我迅速生起篝火。挨到天明，我便收拾起帐篷，赶紧离开这个危险之地。

　　此后，我又多了一条行走经验，沙漠宿营也要远离水源。夜里是野兽出来喝水的时间。

夹杂着骨骸的狼粪

狼的脚印

# 与　狼　同　行

　　上午9点半，我走进了一片黑色的戈壁滩。我发现了一排特别奇怪的野骆驼蹄印。这些蹄印不是凹下去的，而是凸显在沙面之上。于是，我蹲下来仔细地研究它们。这是一片软沙区，野骆驼先从上面走过，踩出结结实实的蹄印。接着，大风把流沙一点点吹走。于是，蹄印便像"雅丹"一样留了下来。真是太奇妙了！照此推论，没准儿我的脚印某天也会凸显出来，形成一个个微型"雅丹"呢？

中午时分，我的面前横亘出一个大沙坡，陡峭得几乎直立。这沙坡绵延几十公里，无法绕行。我没有选择，必须爬过去。我背着45公斤的行囊，吃力地向上爬，每爬一步，都会下滑三分之二，爬了一半我便精疲力竭。我一下子躺了下去，软软的细沙几乎把我埋了起来。细沙温度适中，我闭目放松全身，真是无比舒服。我想，以天为被，以沙为席，这样好好地睡上一觉也不错。但也只能想想而已，要真是这样睡过去了，一阵风过来，恐怕我就要长眠于此了。我马上爬起来，继续攀登。

骆驼蹄印"雅丹"

人说无限风光在险峰，其实险峰之上何止风光，当我爬上沙梁的瞬间，我就发现了沙梁上几串杂乱的野骆驼蹄印和新鲜湿润的粪便。我立刻兴奋起来。驼粪还带着气味，骆驼蹄印是刚刚走过的。我抬头四处张望，只见戈壁的地平线隐约出现了几个野骆驼。

我激动得差点喊出来。2001

年10月，我曾冒着生命危险进入青海柴达木戈壁滩。当时，我按照地图上的标识去寻找野骆驼和西达布逊湖，结果没能找到。这次，竟这么幸运地撞上了！可惜太远，我只好望驼兴叹了。

我继续前行，总感觉身后跟着一个鬼魅似的东西，悄悄地窥视着我，伺机而动。我想一定是夜里那只干嗥的野狼。

下午2点，气温升高到33℃。我穿过了一片雅丹群，对面是一望无际的五彩戈壁滩。平展的戈壁滩上遍布颗粒均匀的小石子，有红色的、褐色的、黑色的、白色的，皆圆润洁净，似人工筛选一般。在阳光下，它们一闪一闪地反射着缤纷的光芒。这样的戈壁是怎么形成的？我没有答案。

我弓着身子捡拾漂亮的小石子，准备带回去请教地质专家。突然，一条蜥蜴仓皇蹿出，背上的花纹与戈壁滩的色彩几乎一模一样，这身精妙的伪装让我瞠目结舌。

戈壁滩上伪装精妙的蜥蜴

下午4点，我到了怪石坡。在坡上捡到一块小小的玉石，剔透洁白，我如获至宝。怪石坡坐落在五彩戈壁滩上，原本没有名字，一些探险家、旅行者到这里采风时，总能捡到造型奇特的风凌石，于是便有了怪石坡这个名字。这里的石头形成的原因和雅丹类似，沙砾在当地风力的作用下不断击打石头，石头经过漫长的岁月被"雕刻"成各种奇特的样子，便成了风凌石。风凌石可以作为研究当地地质变迁的标本。机会难得，我捡了几块留作纪念。

走了几天后，我与媒体失去联系。他们找到我的脚印时，发现旁边还有一只狼的脚印，于是

我和一路跟踪我的狼的脚印

惊恐地开着几辆越野车沿着我的脚印方向疯狂追我。当越野车追上我，媒体朋友说的第一句话是："老雷，你身后有一只孤狼一直跟着你，刚才狼看到我们几辆车过来，就跑掉了。"

我们看了一下公里数，发现这只狼跟踪了我90多公里！这90多公里是我走了两天多的行程，也就是说，我的感觉没错，这匹孤狼夜晚就在我帐篷附近窥视，但它一直没有现身。直到今天我都不明白，它是饥饿难耐，想吃掉我？还是看着我一个人走在荒漠里，想保护我？抑或是它也孤独寂寞，我们彼此陪伴？我没有答案。

# 寻找彭加木

2008年10月17日，进入罗布泊第九天。今天的目的地是彭加木先生失踪地——库木库都克，那里承载着罗布泊最离奇的一段故事，也几乎是每一个探险者必去朝拜的一处所在。1980年6月17日，彭加木先生就是在这里与队友分开去寻找水源时失踪的，至今还没有人找到他的遗体和任何遗物。

随着太阳的上升，气温越来越高，我就像是行走在火炉的边缘。中午，我进入了凸凹不平的黑色盐壳地带。我在上面走了几步，脚硌得疼痛难忍，不得不退了出来。我绕过了盐壳地，进了一片黑戈壁，沙地上面是一层勉强可以遮盖地表的砾石。我还捡到一块玄武岩似的风凌石，用它在旁边的地上写下了"老雷"二字，自娱自乐一下。

下午4点多，黑戈壁渐渐变成五彩戈壁，地表气温达到

"老雷"自娱自乐

彭加木纪念碑

33℃。太阳落山时，我顺利抵达彭加木失踪处纪念碑，比原计划提前一天。

彭加木失踪处的纪念碑位于阿奇克谷地和库姆塔格沙漠交汇处的一片五彩戈壁滩上，上面写着"一九八零年六月十七日彭加木同志在此科学考察时不幸遇难"。纪念碑前的木栅栏上缠绕着艳丽的塑料花，碑前摆放着香炉、酒瓶、水瓶等祭奠物品。

我把帐篷支在纪念碑旁，心想假如彭加木老前辈在天有灵，我愿陪他度过一两个夜晚。令人意外的是，刚刚支好帐篷，一向干旱的罗布荒原居然下起了小雨。雨点非常小，地上转眼间就团成了小泥巴片。在罗布泊能赶上一场雨是太难得的事情了，我宁可相信，这是苍天垂泪，怜悯世人对彭加木先生的哀思。

晚上7点48分，天黑了，雨也停了，一丝风都没有，四周静得我能听见自己心脏跳动的声音。此刻，我独自坐在彭加木先生的纪念碑旁。

次日早晨，我把随身携带的五星红旗庄重地插在纪念碑前，肃立默哀，祭拜彭加木先生。虽然不知他老人家生前是否喜欢喝酒，但我还是打开一瓶从家乡带来的白酒，一半洒在纪念碑上，

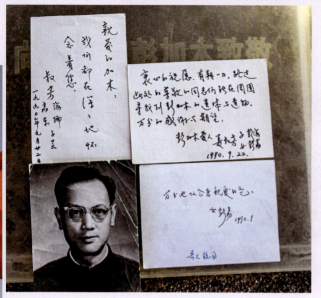

纪念碑前盒子里彭
加木的照片及其夫
人亲笔信

一半自己喝了，算是与老前辈相知共醉吧！

纪念碑前埋了个盒子，我小心翼翼地把它打开，里面有一张彭加木的黑白照片。宽宽的额头，炯炯的目光，眼神里透着坚定果敢。可惜，苍天不佑，这位睿智的知识分子在这里神秘失踪了。

盒子里面还有一张被撕成两半的信笺，拼在一起，还很完整，它们是彭加木夫人夏叔芳女士的生前亲笔：

衷心的祝愿，有朝一日，路过此处的尊敬的同志们能在周围寻找到彭加木的遗体与遗物，万分的感谢与期望！

这是烈士夫人遗愿，字字重如千斤。夏女士曾三次来这里，放眼茫茫大漠，泪如泉涌，旁人无不为之动容。寻找彭加木的遗体成了她未了的心愿。2003年，她病逝于上海。

头一天夜里，我隐隐约约看见正北方向有灯光闪烁，那个方向有一个金矿，建立得比较早。彭加木先生会不会也看到了灯光，到那里找水呢？我决定向北搜寻，一路在戈壁与红柳墩之间穿行，一边走一边四处观察，期望能有奇迹出现，不知不觉到了中午。高悬的太阳直射下来，沙漠就像一个大火炉，晒得我汗流浃背。下午2点多，气温升高到34℃，密密麻麻的沙漠苍蝇一直追着我，轰之不去，打之不走。

水壶里只剩下大约两口水了，这是救命的水，不到万不得已不是能用的。夜幕降临，我仍一无所获，踉踉跄跄地回到彭加木纪念碑旁。天已经黑了，大漠凄冷，风声呜咽，我打开头灯，重新支起帐篷。

第二天出发前，我在纪念碑前的沙子里取出了盒子，郑重地把自己亲手写的"尊敬的彭加木先生，我们永远怀念您"的字条，放到纪念碑下面的盒子里。此刻戈壁上只有微风吹过，格外寂静。似乎天地也与我一起，陷入了无尽的哀思之中。

到那天为止，我已经徒步在罗布泊行走了300多公里。脱下满是沙子的鞋，才发现右脚的水泡感染了，左脚也有一片溃破，露出了鲜红的肉。沙粒与伤口摩擦，钻心似的疼。

由于前一天没有找到任何彭加木的遗物，我心有不甘，想继续前往土牙方向寻找。土牙是个地名，没有人烟。有人说它是汉语"土崖"的讹写，我却觉得它是蒙古语中月光、月亮的直译，因为其译文一般写作"图雅"。土牙的地形非常复杂，刚开始是沙漠地带，后来逐渐变为风蚀地貌。人在这里很难找到方向，

我特意放慢脚步，搜寻了雅丹、红柳墩、芦苇荡和盐壳区之间的大片区域，但没有搜寻到任何线索。自彭加木先生失踪以来，已经有很多人，包括搜救队和科考队前来寻找他的遗体、遗物，但都

行走在盐碱地上

一无所获。

这时，地表40℃的高温已经让我的双脚感觉发烫。据资料记载，彭加木先生找水时，地面温度高达70℃。可以想象当年身患癌症的彭加木先生经历了怎样的艰难。我的搜寻工作一直持续到黄昏，但依旧毫无结果。带着遗憾的心情，我决定放弃寻找，继续赶路。

# 罗布荒原的"赠礼"

2008年10月20日上午10点，我抵达野骆驼湾。这里也是软沙区，沙地上丛生着骆驼刺等耐旱植物，草色远看近却无。这儿野骆驼的蹄印和粪便比较密集，应该是野骆驼的休憩之地。我把照相机安在三脚架上，随时准备拍照，我相信今天一定会看到野骆驼。

10点38分，一峰野骆驼果然进入了我的视线。它在红柳墩间时隐时现，警惕地游走在雅丹前，还有一峰野骆驼优哉游哉地跟在后面，两峰骆驼距离太远，我没拍好。我正懊恼时，镜头里突然出现了四峰野骆驼，三大一小，不慌不忙。我连忙按下快门，这次抓拍了个清清楚楚。野骆驼是罗布泊野生动物的代表，天性警觉，不易看到，更不易拍摄到。今天，我太幸运了！我想这是罗布荒原给我的"赠礼"。我正拍得尽兴，野骆驼突然撒开蹄子逃奔了，它们大概是嗅到我的气味了。

后来，我在雅丹后面的一片白戈壁里又发现几峰向戈壁深处奔跑的野骆驼，无奈徒步的我离它们太远，只能拍到几个游动的小黑点。不过我也拍下了好几峰骆驼，这个意外的收获让我开心地手舞足蹈。正准备收拾相机时，从雅丹后面冷不丁蹦出一只鹅喉羚，白脖儿，灰肚，特别漂亮。这个小家伙虽然看见了我，却不惊慌，蹦蹦跳跳地越过一块盐壳地，便停住脚步，站在那儿扑棱着小尾巴回望，摆了个姿势，似乎在等我给它拍照。太好了！我又是一通拍摄，过足了瘾。

软沙区里不仅点缀着奇形怪状的雅丹，还间或有盐壳地、白戈壁、黑戈壁等地貌。这一带雅丹虽然没有名气，却是难得一见的奇观，只不过"养在深闺人未识"罢了。

下午4点多，我又意外地收到了罗布荒原给我的另一个"赠礼"：一条又细又长的沙漠蛇从我面前游过！它的身体是黄褐色的，有不太明显的纹饰。小小的头，两只大眼睛炯炯有神。从蛇头的形状看，它是一条无毒蛇。在地上游动时，它美丽的身段扭曲出许多波纹，从容地渐渐消失在盐壳地。它栖息在哪里？在这不毛之地吃什么？真是一条顽强的蛇。

"赠礼"接踵而来，我居然又拾到了一个野骆驼蹄子，干燥得几乎没有水分。完整的蹄子上还有褐色的皮毛，里面是一小段骨

抓拍到的野骆驼

头。太珍贵了！我打开背包，小心地把这个无价之宝装了进去，留作标本。后来，我把这只野骆驼蹄子陈列在北京的个人展馆里。

荒原"赠礼"野骆驼蹄子

# 失联的51小时

2008年10月21日，强烈的西北风带着寒流袭击了罗布荒原，气温降到了零下。大风虽然停了，天却仍然灰蒙蒙的，本来已很荒凉的戈壁，越发失去生气。我从帐篷里爬起来，穿上衣服，宛如套上硬邦邦的铠甲。我的衣裤一次次地被汗水浸湿，再一次次地被风吹干，现在穿上它已完全没有了柔软衣料所带来的舒适感，能挡住风沙并保暖已是它带给我的最大恩惠了。

我去附近的红柳墩寻了些干柴，点了堆篝火，取暖的同时把八宝粥热了一下。能在野外吃上一顿热乎乎的早餐，也算是非常幸福的事情了。饭后，我把刚才制造出来的垃圾分了类，能烧的烧掉，然后挖坑掩埋，算是做了无害化处理。一路上，我都坚持这样做，为的是不让生活垃圾污染了我心仪的罗布荒原。

那天行程计划的终点，是测绘部门设立在罗布泊的一个铁架子坐标。收拾好行囊，我继续上路，心里莫名的紧张，进入罗布荒原以来第一次有这种感觉，也许是因为我即将进入罗布荒原中以最为

凶险而出名的"大耳垂"无人区。我在难行的软沙区中跋涉，脚踩在戈壁上就像踩在雪上一样，沙尘与阴暗的天空混为一色，格外压抑。空旷的戈壁滩上留下了我一长串孤独的脚印。

午后，天空愈加昏暗。突然，几十只惊恐万状的大鸟出现在天空中，它们旋转飞翔，叫声凄厉。这些大鸟集聚在一起后，向东南方向飞去，须臾间便无影无踪。鸟兽有预测气象的本能，这恐怕不是什么好兆头。

果然，沙尘暴来了，像一堵黑墙铺天盖地扑了过来，夹带着枯草、树枝、沙石，呼号着滚滚推进。我迅速支起帐篷，人刚钻进去，风头便上来了，摧枯拉朽，雷霆万钧，把帐篷刮得呼啦啦响，似乎要连人带帐篷刮到天上去。

我拿起卫星电话与媒体团队

软沙区中我独行的
脚印

联系，可不知是什么原因，拨了半天都无法接通。再看一眼卫星电话，只剩下两格电了。翻翻行囊，水也只剩下一瓶了。糟糕！我陷入了十分危险的困境。我必须做最坏的打算，停止一切不必要的活动。在生死关头，一定要冷静，慌乱会导致心情紧张、精神崩溃，一旦精神崩溃就有生命危险。

我不敢多喝水，把水节省下来，甚至把仅有的尿液接进矿泉水瓶子里，以备不时之需。我要坚持到沙尘暴停止。

此时的每一分钟都显得那么漫长。我不知道自己怎么熬过了这一百多分钟的沙尘暴袭击。下午3点多，沙尘暴停了，风渐渐小了，但天地间仍然一片混沌，浮尘扬沙漫天，遮蔽着太阳。

我不能坐以待毙，于是整理好行装继续前行，直到傍晚才停下脚步宿营。此时，西北风又起，卷起沙石不停地抽打在我的帐篷上。晚饭是压缩饼干，由于不敢喝水，下咽十分艰难。我拼命地想望梅止渴的典故，试图刺激出口水来。可什么也没有，只有干巴巴的压缩饼干渣儿在嘴里打滚。

第二天早上，我再次被刺骨的寒风冻醒，小腿抽了几次筋。我看了看温度计，零下4℃。所剩无几的矿泉水结着冰碴儿。拉开帐篷，仍然漫天沙尘，能见度极低。

今天无论如何也要走到既定的坐标，这是必须完成的任务，也是性命攸关的大事。嘴巴又干又黏，口腔几乎分泌不出唾液，为了能把压缩饼干送进肚子，我狠下心把最后的那点矿泉水统统灌进了嗓子眼。另一个矿泉水瓶里留存的半瓶尿液，从此便成了我救命的甘霖。肚子里有了食物，但浑身仍然冷得直哆嗦。我围着帐篷跑了几圈，又做了些热身运动，才收拾行囊上路。

卫星电话已经彻底没电关机了，所幸还有GPS全球定位系统和指南针。可能是受磁场干扰的原因，GPS时不时黑屏，指南针有时也不准，但聊胜于无。我冲进了灰蒙蒙的天地之间。所幸比较顺利，在没有熬到必须喝尿液的时候，我就找到了一瓶预埋的矿泉水，也说明我没有偏离主要路线。此处距离我昨晚的宿营地大约5公里。但接下来，一直走了20多公里，再没有找到任何食物和水。我不得不怀疑是否走错了方向。当年，彭加木就是因找水而失踪的，余纯顺也是因走错路而遇难的，我一想到这些，脊背就飕飕发凉。

此时是12点53分，太阳开始穿透沙尘，逐渐热了起来。

我又继续行走了5公里，遇到一处三岔路口。没有路标，昨天的沙尘暴又抹掉了所有痕迹，我要准确地判断该走哪条路。我定了定心，认真思考了一下，果断地选择了左侧路口。

火辣辣的阳光直射下来。漫无边际的戈壁滩上光秃秃的，没有遮阳的雅丹，没有庇荫的沙丘，我在空旷的沙漠上任凭烈日暴晒。太阳的威力越来越强，地面的温度也上来了，上下烘烤，我如同进了大火炉。自己的喘息声越来越大，脚底也开始发烫。今天除了早晨吃饭时喝了点水，之后就再也没有补过水。我感觉体内的水分正在一点一点地散发，自己快成木乃伊了。我的意识渐渐地模糊，似睡非睡的感觉一阵阵袭来。"难道我也要像彭加木先生和余纯顺大哥那样永远留在这无人区吗？"我问自己。在新疆塔克拉玛干沙漠时，我也曾遇到过类似的状况。只要相信自己，心态稳定，就一定能走出绝境。我不能认输，我还有力气！

水不多了，还有半瓶尿液，压缩饼干倒是足够吃几天，靠这些水和食物怎样才能继续走下去？我得保持体力。不能傻傻地在高温下行走，必须找个稍微阴凉的地方休息一下，清醒头脑，恢复体力。

于是，我把帐篷、铲子和各种可以直立的东西插进沙地里，把

坐标铁塔

衣服挂起来搭建一个阴凉处，然后挖了一个足够把自己埋进去的坑。在沙漠里，用这种办法给自己降温很管用。我躺在沙坑里，用沙子一点一点把身体盖住，只露出一张脸。刚挖出的沙子凉凉的，盖在身上，舒服得很。我喝了一点水润了润口腔，半靠半躺着，冷却一下身体，梳理一下思绪。一会儿，眼皮开始打架，可我不敢睡。一旦睡过去了，这个沙坑就是我为自己挖掘的坟墓！

太阳渐渐西斜，我果断地从沙坑里爬了出来，口渴和饥饿仍然困扰着我。我决定不再宿营，而是连夜行军，因为晚上气温低，水分散失得慢，这样可以多走一些路程。

荒原的夜漆黑寂静，风很硬、很凉、很燥，我心中只有一个信念：一定要活着走出去！一个小时、两个小时、三个小时……终于，一座铁塔出现了，这就是目的地坐标铁塔。原本计划一天的路程，足足走了两个白天加一个半晚上。

我站在铁塔旁，点燃烟火。没过一会儿，西南方向也出现了灯光和烟花，这是我与媒体团队设定的联络信号。之后，我向大家讲述了这失去联系的51个小时的经历。又是一次劫后余生！

本文已被北京语言大学出版社收录于其即将出版的《高级汉语综合教程》（中册）中，有删节。

308

# 罗布泊湖盆

2008年10月24日中午，在一夜剧烈的胃痛缓解之后，我从洛瓦寨走过十几公里长的戈壁滩，过了两道像古城墙一样的盐壳梁子，便进入了罗布泊湖盆。

进入罗布泊，经常会遇到盐壳地。但与罗布泊湖盆这里的盐壳地一比，之前走过的盐壳地都不值一提。一脚下去，我就明白了什么是地地道道的盐壳地！

这是一片很年轻的戈壁。湖底干枯后，钾盐等成分逐渐沉淀，地表形成了一层厚厚的盐碱地壳，坚硬异常。其外形像翻过的黏土地，又像起伏汹涌的波涛。6月份，地表温度可达70℃以上，现在也高达35℃。这片戈壁，崎岖颠簸，无论是开车还是乘车，都是一种巨大的煎熬，胆寒的司机师傅叫它"拆钉路"，意思是走完这段路，车上的每一个螺丝钉都会因强烈震荡而被"拆"下来。这种路走过一次，终生难忘。

我小心翼翼地走在盐壳地上，就像在乱石滩上行走，尽量寻找平整的落脚之处。尽管如此，像石头一样坚硬的盐壳，仍然会把脚硌得生疼。不过盐壳上那一层雪白的钾盐都是宝贝。

傍晚，我开始寻找一块可以搭帐篷的平地，直到天黑，才勉强找到一块两平方米的平地。幸亏有厚厚的防潮垫，否则是无法躺下去的。在盐壳地里，千万不能被碰破或扎伤，一旦有伤，伤口会迅速感染。

2008年10月25日早上8点14分，晨风很大，冷飕飕的。霞光洒在

湖盆的盐壳滩上，酷似黑色的海洋。"黑海"无边无际，翻腾着无声的波浪，我的帐篷仿佛海里的一叶小舟，飘在黑浪之中，这让我嗅到一丝丝死亡的气息，这在我以往的徒步中是很少有的。但不管前面是什么，前进是唯一选择。

一整天都要在湖盆里行走，四周的景色都是一样的——黑乎乎的盐壳滩，看不太远。其原因不是能见度低，而是往哪个方向看都感觉是上坡，这恰是湖盆的神秘之处，也是令人压抑之处，我仿佛就是那翻不出如来佛手心的孙猴子。好在有一条石油测绘时碾压出来的钾盐路，虽低洼不平，崎岖难走，但比起原生态的盐壳地，其舒适程度已好上不止百倍。

一路逆风，兀自一人走在路上。风力渐渐地达到了5级，戈壁的风寒凉刺骨，冻手冻耳，脸颊仿佛被钝刀割破，丝丝拉拉地疼。耳畔呼呼的风声，渐渐化为模糊的人语，一段段冲进我的耳中，多是关于前人在此遭遇的描述，每一段描述后都是同一句话："留在这里。"

310

我知道自己出现幻听了，这种情形是不好的预兆。我必须摆脱幻听。我停下脚步，平复心情，冷静下来想。这些幻听内容都是我从书上看来的，只是由于疲惫和紧张，大脑以这种形式将记忆呈现出来，并不难解释，也没什么可怕。我向前望了望，前面依然是龟裂状的、千奇百怪的钾盐地。据说它们还在运动变化，尤其是在炎热的夏季，受热胀冷缩的作用，它们会发出噼噼啪啪的爆炸声。

自从进入湖盆以来，地貌没有什么变化。耳畔的风声更大了，幸运的是幻听消失了，最大的感受是脸特别疼。感谢这场冷风带来的疼痛，将我拉回清朗的思维中。

下午3点，我发现了一个被人挖成简易地窨子的土丘雅丹。这个地窨子没有门窗，里边空空如也。不知是什么人在这里居住。周边没有水源，环境极其恶劣。地窨子的主人吃什么，喝什么？我百思不得其解。但这里不是久留之地，我转头继续前行。

气温越来越低，我把帐篷搭在了钾盐路上，点起篝火，煮水热饭，胃病刚好，不能不多加小心。

篝火旺盛，火舌舔着黄昏，给罗布泊"耳朵眼"带来了生机。1972年7月，美国宇航局发射的地球资源卫星拍摄到的罗布泊酷似人的一只耳朵，不但有耳轮、耳孔，甚至还有耳垂。此后罗布泊的环状盐壳地貌有了"大耳朵"的俗称，罗布泊也更加神秘。

其实，"大耳朵"并不神秘。关于它有不同的解释。有一种说法是，"大耳朵"不过是罗布泊走向干涸的记录。这些形似人耳的环带，是湖水在退缩和停滞交替的过程中形成的印迹。在罗布泊"大耳朵"湖盆的卫星影像上，可清晰辨认出的纹理线有近百条。一位叫钟骏平的专家考证说，如果罗布泊在三五年内迅速干涸，那就很难留下这么多的"韵律线"，并且有些"韵律线"相互叠置或重合，这也表明湖水在退缩过程中有过反复。钟骏平的课题组在罗

311

布泊干涸湖盆内挖掘了土壤的剖面。剖面显示，厚达半米多的盐壳层中有多层泥沙沉积，隆起的盐壳中还有双层结构，似曾被水淘蚀过。钟骏平说，目前的解释只有一个，即罗布泊曾经存在不止一次的干涸过程。

这个干涸过程发生于什么时代呢？有研究人员经估算后认为，大约是在20世纪30年代末或40年代初。萎缩，再萎缩，没有人在意。终于，罗布泊在1972年熬尽了最后一滴水，湖泊变成了荒原，生机不再，却给人类留下了巨大的钾盐资源。

最早到这里科考的人是彭加木和他的团队，而促使彭加木团队进入这片"禁区"的就是钾盐。彭加木以生命为代价，开启了罗布泊开发钾盐的大门。此后我们国家相关部门多次组织专家进入罗布泊考察，历尽艰辛，科考人员的努力终于有了回报。经初步探明，罗布泊钾盐储量近亿吨，占全国储量的二分之一。除钾盐外，罗布泊还蕴藏着丰富的镍、铜、金、钴等资源，是我国的一大宝藏。这

312

是罗布泊留给我们最后的遗泽。

晚上7点2分，夕阳的最后一缕余晖从湖盆的盐壳滩上退去，带着金光的"黑浪"变成了一片漆黑。

夜晚在湖盆的盐壳地上宿营，白天气温零上30℃左右，晚上气温能骤降到零下8℃左右

# 余纯顺墓地惊魂

2008年10月26日凌晨，我又被冻醒了好几次。看了一下温度计：零下9℃！按照计划，当天我要抵达罗布泊湖心和余纯顺大哥的墓地。

吃过压缩饼干，我出发了。行走在湖盆的盐壳地中，视线局限于几公里之内，我就像一只小蚂蚁爬行于巨大的锅底。中午12点多，我终于走到了湖心。1997年，地质勘探专家根据现代地图测定了罗布泊的湖心位置，并埋下一个空汽油桶作为标志，这里从此成了一个景观。

313

　　余纯顺的遇难地纪念碑和墓地是分开的。墓地是由一堆沙土加一圈红砖砌成的，上边立一块石板，书有墓志铭。遇难地有一块小石板，镌刻着"余纯顺遇难地"。纪念碑是一块红色的花岗岩，庄重肃穆，上面镶着余纯顺的青铜浮雕头像，刻有"余纯顺之墓"五个字，碑旁放着一双铜铸的运动鞋。

　　墓志铭是黄海伯先生写的，寥寥四百字，读起来叫人肝肠寸断。


　　壮士余纯顺，1952年生于上海普通工人家庭。早年生活困顿，但志存高远，有遗世子立之貌，又于非正常年代，十年务农刻苦自学，以凿壁偷光、断斋画粥之精神发愤进取，为广博的知识构建打下基础。并于1988年夏月始，孤身徒步走访全中国。

　　八年间克服千难万险，风餐露宿，跋山涉水，叩访33个少数民族聚居地，行程八万余华里，又创下了人类史上第一个孤身徒步考察世界第三极：青藏高原的记录。威名震寰宇为众人景仰。民族之精神，从此注入新的内容。

　　1996年6月在征服死亡之海罗布泊时不幸遇难，与大自然融为一体，英年早逝，时值四十六岁。

　　壮士余纯顺，倒下的是躯体，前进的是灵魂；中断的是旅程，不朽的是精神。值此逝世周年之日，谨代表各地关怀者为壮士重立碑石，布奠倾觞，吊祭天涯。

浩浩乎！平沙无垠夐不见人，云山万里萍踪漂泊，罗布泊畔地阔天长，骨曝沙砾不知归路。余纯顺君，浪迹天涯兮，风雨八载。中华壮士兮，一去不返。天地孤身兮，连年奔走。斯人已逝兮，壮志长存。

黄海伯

一九九七年六月


在余纯顺的墓碑前，我伫立良久，人之相知，贵在知心。有人在一起生活一辈子却形同陌路，也有人偶然邂逅却感念终生。我与余大哥仅于1989年有一面之交，却结下了难忘的情谊。如今，生死两茫茫！今天，我来实现余大哥未曾了却的凤愿！

余纯顺大哥生前喜欢喝酒，因此我特地给他带了一瓶啤酒和一瓶白酒，放在他的墓前，在墓前三鞠躬。为了缅怀他，晚上，我把帐篷搭在纪念碑旁边，决定陪伴徒步走天涯的余纯顺大哥一夜。据说这里经常出现怪异的现象，进入罗布泊的人，之前没人敢独自夜宿这里。

夜里，我在帐篷内写完日记，钻进睡袋计划着第二天的行程。

余纯顺遇难地

困意袭来，迷迷糊糊地睡着了。睡梦中似乎有一块方巾一样黑乎乎的东西捂住了我的嘴，我喘不上气起来，拼命摇晃着头，猛地喊出了声，一下子坐了起来。我瞪大眼睛，喘着粗气，心脏怦怦地剧烈跳动，额头上都沁出了汗珠。我定了定心神，打开头灯，帐篷里什么也没有。但我发现帐篷的拉链有一段没有拉上，我走出帐篷看，30米外的余纯顺墓前仿佛有个黑影在晃动。

回到帐篷内，我不敢再睡了，就坐起来听外边的声响。可什么声音也没有，静得不能再静了。那黑乎乎的东西是何物？和黑影是一个东西吗？我想着想着，渐渐地迷瞪了，似睡非睡。突然，我好像被人用力地推了一下，又听到远处传来一阵凄凉而哀怨的声音，它时断时续，有三四次，每次大约一分钟。那一刻我睡意全无，吓出一身冷汗，于是手握长刀。真是奇怪，难道是余大哥夜里寂寞，想和我聊天？

记得那年在大兴安岭，余纯顺是何等潇洒：长长的胡须，红而发亮的脸膛，说话坦率、流畅，富有激情。他简单地向我讲述自己的经历、自己的感情世界、自己的向往，毫不遮掩，毫不做作，率真得像个大孩子。我喜欢并且仰慕他的性格。这样的人若进入一个

316

陌生的圈子里，很快就会成为众人的领袖。

天还很黑，我得和他聊聊。我自说自话，从图强林场说起，说自己徒步十年里的有趣故事，说这次徒步罗布荒原的打算。我说："余大哥啊，你得保护兄弟。明天，我还得重走您走过的路，走完您没有走完的路呢。"

这时，仿佛从东北方向又传来了悲凉的歌声，隐隐约约，如泣如诉。我相信：人是有灵魂的。

# 土 垠 遗 址

坐在帐篷里一夜未眠，天刚蒙蒙亮，我便起来收拾行囊，给余纯顺扫墓。之后我便三步一回头地离开了余纯顺墓地。那天的目的地是罗布泊北岸的土垠，我要走一遍当年余纯顺大哥走过的路，共计35公里。

同样是盐壳地貌，但颜色变淡了，变化也更频繁。中午11点，地平线上出现了海市蜃楼：一条大河，对面是群山海岛。这种景象我在西部无人区经常看到。有一瞬间，我将海市蜃楼与世俗生活等同了，因为二者都离我这十年行者生活太远了，哪个是实，哪个是虚，又何妨？世间事无非名利，不在其中，何苦区分。

荒漠里的海市蜃楼

　　中午，我走到一片芦苇塘盐壳地，倒伏的芦苇已然彻底死去。还有一处蜂窝状的盐壳泛着厚厚的白色盐碱花，似乎用笤帚一扫，就能扫出一大堆来。过了一道干涸的河床，雅丹越来越多了，它们多生于河床两岸，有的像大鲍鱼壳，有的像山鹰，有的像武士，有的像烽火台。在晚霞的辉映下，嶙峋奇绝，默默地讲述自己的故事，生动而坚强。

　　下午5点25分，我在低矮的雅丹地貌之中，看到了一个长条状土台，上有残墙和木桩，木桩横断面已经干裂，张扬着自己古老的

年轮。这里还有仓库遗址、衙署遗址及士兵屯驻遗址，壕沟痕迹明显。这就是中原王朝通往楼兰的最后要塞——土垠。

土垠这个名字，是中国著名学者黄文弼教授取名的。土垠近似于梯形，南边东西宽83米，北

木桩已经干裂，这一条条的裂纹见证了罗布泊荒原的沧桑

土垠遗址

边东西长114米，南北间距110米，面积1200平方米，西北有城门。

经考证，土垠遗址是汉代的一个烽燧亭，也是一处比较重要的交通中转站。在汉代名叫"居卢訾仓"，即"居卢仓"，东西南三面环水，北通陆地。有水运之便，是个富庶繁荣之地。这里还是附近沿线各烽燧管理者驻扎的地方，他们要按时提供给养，保障粮仓安全。往事已如云烟，如今只剩残垣断壁。

319

我看到遗址下面有干涸宽阔的河床，河的名字叫孔雀河，是罗布泊的四大母亲河之一。当年，碧波荡漾的孔雀河就在这里汇入罗布泊。如今，码头遗址还在，旧时的繁华却只能留在历史的记忆中了。

青海长云暗雪山，孤城遥望玉门关。
黄沙百战穿金甲，不破楼兰终不还。

站在土垠，远眺楼兰，回望玉门关，边塞诗人王昌龄的《从军行》将英雄的气概与志在必得的笃定表现得淋漓尽致。我学古人凭高而歌，声达四野，雅丹肃穆，云遏风止。

当年余纯顺大哥是从土垠出发进入罗布泊的，走到35公里时倒在了岔路口。今天，我把余大哥曾经走过的这段路走完了，接下来将要走他没走完的路。

# 芦苇荡之殇

余纯顺进入湖盆前的最后路程，是一片接着一片的"芦苇荡墓场"。所有的芦苇都倒伏在地上，被沙尘和盐碱包裹起来，形成了一种特殊的盐壳地貌。一望无际，触目惊心。

这些芦苇应该死于20世纪70年代，历经了30多个寒暑，仍枝叶分明。它们是不甘心啊！千万年的繁衍竟在它们这一代彻底灭绝了。

据说，在清代光绪年间，罗布泊整个湖面上到处长着茂盛的芦苇，只有南岸边上有一条二三公里宽的清澈水道。芦苇滩之间则零散分布着小面积的水域。而在蓄有淡水的西半部，占湖面积四分之

"芦苇荡墓地"

三的地方，仍然生长着高达6米、粗达2.5厘米的芦苇。大片大片的芦苇，成了面积宽阔的沼泽区，已经不能再行船了，再小的独木舟也无法在芦苇丛中穿行。

芦苇给罗布泊带来了无限的生机。大地回春，几百万只天鹅、野鸭等水禽落脚于芦苇丛中和水面上，野鸭在罗布泊的芦苇上方来回穿梭。人们利用芦苇丛捕捉水禽，一些被夹子夹住的水禽常常被乌鸦、老鹰、野猪等吃掉。

芦苇也是罗布人赖以生存的基本生活资料，房子是用芦苇造的，那时芦苇是建房的唯一建筑材料。不但四面围墙是用芦苇编的，而且支撑四个角的柱子也是用芦苇捆绑而成的，地面上铺着芦苇，这样就不会坐在泥巴上了。芦苇地板的中心位置上开有一个小洞，供烤火用，燃料还是芦苇。实际上芦苇不但可作为建筑材料和燃料，还有很多其他用途，比如春天萌生的嫩根可以吃，秋天的枯枝铺在地上可当作地板，枯枝用水熬煮后榨出的黑色发甜的黏液，可作为居民的甜食。

随着罗布泊的干涸，这里也变成了"芦苇荡的墓地"。

俗话说"千年的草籽"，意思是草籽可以在恶劣的条件下存活1000年，其间只要自然环境改善，它仍能重新发芽生长。罗布泊的芦苇荡能重现当年的繁茂吗？

# 荒原夜空下的独白

2008年10月29日，我再次走回罗布泊湖心，在此宿营。

暮色渐收，放眼望去，天没有边，只有茫茫的疆土在交汇处骤然消失。空气像被什么魔力迷惑住似的，在地表扭动、盘旋、上升。这里给人直观的感受是坚硬、顽强、纯粹，要么生要么死，想要存活，脚掌迈出的步伐必须比这盐壳地更坚实。这里没有无聊和吟唱，从肺里呼出的气息是活着的唯一证明，随着心跳的律动将脚步合拍而奏。

那夜的罗布泊异常温柔，我走出帐篷，繁星铺满天空，像数不尽的碎钻铺展在幽深的天幕上。我不懂星相学，但恍然间明白为什么古人对星座产生那么多绮丽的想象。它是那样纯洁明亮，而又隐隐含着忧伤。我的心也如这夜空般宁静，思绪慢慢飘散开来。

父亲曾对我说："儿子，你要活出个人样。"

"活出个人样"是什么样呢？

回想徒步这十年的各种遭遇，最让我难以忍受的不是毒蛇猛兽、自然灾害或是身体上的伤病，而是来自不同人的各种嘲讽谩骂、侮辱殴打，甚至被当作精神病人驱赶。我痛苦难过，一度迷茫犹豫。可随着我攀上一座座高山，蹚过一条条河流，在原始森林里领略丛林的神秘，在草原、戈壁上感受风的气息，那些屈辱就在祖国的大好山水之间随风飘散了。

现在的我已经不再在乎别人的评判，我要活成独一无二的自己，为了梦想，为了心中的信念，哪怕就此留在这荒原之上，也此生无憾。倒在追求梦想的路上，虽败犹荣。

我自知学识浅薄，准备十年，徒步十年，这二十年间我从未放下书本，笔记从未间断过，为的是让每一步走得更有价值，同时尽可能地捕捉危险情报，预防或减少危险的发生。这次穿越罗布泊，虽然做了充足的准备，但在大自然面前，尤其是面对这片神秘的"死亡之海"，没有人能预知结果。纵使我已有十年的徒步经验，也还是心存敬畏。

走进荒原的第十一天，我发现自己有了沙漠综合征，反应迟钝，出现了幻听和幻视。我知道这是在空旷的沙漠戈壁长期行走导致的。所幸我较早意识到了这点，打败了这个看不见的对手！

其实这十年来，我一直有个对手，它就是内心深处的孤独。从我上路的那一刻，它就一直跟随着我，尤其是行走的最初几年。每当遭受不公正的待遇或者严重的伤病时，它都会不请自来，同时伴随着对未来的迷茫，牢牢地抓住我，仿佛要把我拖入一个未知的深渊。

我不知道要怎么对抗它，但我知道不能任由它吞噬我的意志，我不能停下我的脚步。信念就是黑暗中的那束微光，指引着我前进的方向。最初也曾在夜里默默流泪，当我觉得我控制不了它时，哪怕再痛我也继续行走，因为疼痛能让我短暂地无视它。后来我在无人的旷野中大声呼喊，在高山峡谷中放声高歌，在大漠戈壁中与自己对话。可不知从何时起，我学会了与孤独和平相处，慢慢学会了享受孤独。

人这一生中有些路是注定要一个人走的，只有战胜自己，才能穿过黑暗，迎来光明。

此刻，我一个人独自享受着这近3000平方公里罗布泊的静谧，内心无比宁静且充满力量。

324

# 梦圆楼兰

2008年10月30日，我即将走进魂牵梦绕的楼兰故城。

上午8点开始，我一路穿行于孔雀河下游雅丹地貌群中，雅丹鳞次栉比，我像进了迷宫。这一带的雅丹属于风蚀形成的"雏形雅丹"，是风力施威的结果，一般高两到三米，形成的时间不超过一千年，楼兰故城废弃以后才有它。当年，这里应是楼兰古国一片平坦的沃野。

我头顶烈日，有一种毛发欲焦的感觉。四野光秃秃的，只在河床故道的两侧偶尔有几丛低矮的红柳，没有一株大树。为了躲避直射的阳光，我只好随着沙丘的阴影东躲西藏。沙漠的特点是只要有背阴处，就立刻有了清凉。

下午2点45分，我终于走到向往已久的楼兰故城遗址。若羌县政府设立了保护站，负责楼兰遗址区域内的文物保护工作。站里有

我走到了楼兰故城遗址

三名工作人员，都是小伙子，他们长期驻扎在这里，每隔半月往返若羌补充一次水、食物等生活给养。保护站因地制宜，在坚硬的盐壳下挖了个地窝子，配有太阳能发电设备和彩色电视机等。他们每天的工作就是在这里守护楼兰故城遗址，控制人员出入，驱逐那些非法闯入楼兰地区的盗墓贼和别有用心的不法之徒。他们说，来楼兰的人很少，常常要很久才会有三五个人过来。我进入罗布泊之前已经办理了进入楼兰遗址的审批手续，所以很顺利地获准通过楼兰故城。

散落的碎陶片

进入楼兰故城遗址后，第一眼看到的是散落的碎陶片。它们大多是红色砂陶，有的有一层黑灰色衣，有的没有，很坚硬。

故城内，到处都是废墟，胡杨木的建筑构件横七竖八地散落着，有的干朽得没了木头样儿，丝丝缕缕，一条丝缕是一个年轮。我看见一块兽骨，骨管断开，似乎是被人敲骨吸髓了。兽骨的旁边是一块残破的细石器，看不明白是什么东西。故城内外陶片很多、很大，俯拾皆是。似乎有绿化的痕迹，几个树桩干朽得只剩下不高的茬子。

废墟上，有一处被称为"官署"的遗址，是并排的三间房子的废墟。断壁残垣告诉我，它是城中规格最高的土坯建筑。一堵墙倾斜得很厉害，用两根木头顶住了。官署的地基很高，居高临下。当年，瑞典人斯文·赫定就在这里的墙角下发掘出大量珍贵的文书。

故城还有一处土坯建筑——"佛塔"。它距官署不远，是楼兰故城中的最高建筑，巍峨壮观，虽已废弃，但不失伟岸。塔分九

楼兰故城中规格最高的建筑"三间房"遗址

层，一至三层为夯土版筑，第三层中有碎的陶片，第四层夯土中夹有土坯块，上五层全部用土坯垒砌。每层土坯之间，夹有红柳枝。自第五层有长约一米的木方暴露塔外。紧靠塔身东侧有土块垒砌的土台，土台与塔身之间有坡道可以上下走动。

在塔南0.6公里处有一土坯垒砌的平台，建在雅丹上，中间有贯穿的孔洞。我家乡也有类似的建筑，老百姓叫它"金兀术练兵台"，其实与祭天有关。站在平台上极目远眺，方圆百里尽收眼底。

这里的"民居"遗址古朴简易，用红柳、芦苇、胡杨搭建而

楼兰故城"佛塔"

成。残留的墙壁剩下红柳、胡杨的茬儿，看上去很像东北农村的柳条杖子。遗址里的木材用量很大，胡杨被砍成方子，消耗惊人。

虽说楼兰故城是丝绸之路上最重要的历史遗迹，但由于暂时不能组织力量彻底发掘整理，它被宣布为文物禁区。当年斯文·赫定在楼兰发掘大量珍贵文物后，日本的橘瑞超、英国的斯坦因都曾在这里大肆挖掘，并将文物运到国外。近年来，楼兰故城仍饱受盗掘之苦。在"官署"以及"民居"附近，留有四处深约一米、直径两米左右的大坑，最高的"佛塔"也遭到了侵害，佛塔顶部几欲坍塌。

这就是我眼中的楼兰。它位于若羌县北境，西南距若羌县城220公里，东距罗布泊西岸28公里。海拔为796米，故城的内城占地约11万平方米。我的测量与简介有少许差异。

2022年3月，为了更好地保护这片故城遗址，国家宣布楼兰故城永久关闭，不再对个人和团体开放。

楼兰故城"民居"

胡杨木建筑构件

# 我国首枚原子弹爆炸地

2008年11月1日，我沿着孔雀河干涸的河床前行，10点46分，到了三岔路口，从这里往西北可至营盘，往东经龙城雅丹可至土垠。三岔路口的北面是绵延的库鲁克塔格山脉，我走到山脚下，转而西行，进入了一望无垠的茫茫戈壁。戈壁是黑色的，我且叫它黑戈壁。这里的路平坦好走，我偶尔穿行在孔雀河古河道之间。

黑戈壁寂静荒凉，没有人烟。走着走着，看见一块警示牌，上面写着"放射性污染区"。我无意间闯入了原子弹试爆区。这里早已停止了核试验，"禁区"也早被解除了。

当初的禁区，在前进桥至老开屏100多公里之间，不经过允许是难以进入的。前进桥、老开屏这两个地名原来并不存在，是核爆部队在创建原子弹试验场后起的地名。如今有名无实，都是无人区。

我静静地走在曾让世界震惊的黑戈壁上，想象着当年那些科学家、解放军官兵在这里激情燃烧的岁月。1964年10月16日，那冲天腾起的蘑菇云向全世界宣告中国自行研制的第一颗原子弹爆炸成功。从此中国有了自己的核武器，国家安全有了重要的保障。想到这些，我不禁热血沸腾。

当晚，我在这片核爆区宿营。一夜寒风过后，满天都是火红的朝霞，这是我钟情的红色，是中国的本色，如同我一直随身携带的五星红旗，总能鼓舞我勇敢地挑战一个又一个困难。

我沿着孔雀河的北岸故道，走在黑戈壁的南缘。这里既无软砂也无浮土，我健步如飞，走得轻松愉快。11点27分，黑戈壁上闪出一只鹅喉羚，它似乎发现了我，飞也似的远远逃去，留下一串尘烟。我急忙拿出相机快速拍照，数次按动快门抓拍它矫健的身姿。

大约下午2点，地平线上又出现两只鹅喉羚，警惕地站在那儿

盯着我看。我不敢乱动，缓缓地支起三脚架，把这两个小精灵拍了下来。不大一会儿，我眼前又出现一只晃来晃去的鹅喉羚。这一带的鹅喉羚给我留下了非常深刻的印象。

这里是试爆区，居然有大型野生动物。实际上不只是鹅喉羚，野骆驼清晰的蹄印也时不时被我发现。这一切都说明试爆区的生态环境在向好的方向发展。

又走了半个多小时，地平线上隐隐约约出现了一些建筑。起

运送第一颗原子弹经过的前进桥，现在只剩下木桩

初，我以为它们是沙漠戈壁中常见的海市蜃楼，也没在意。可随着我越走越近，我发现它们是真真切切地屹立在那里。

走近一看，坍塌的房屋只剩下四壁，土墙上写着那个年代的标语——"一心为革命""永远跟着毛主席干革命""干革命靠的是毛泽东思想"等，这些至今仍清晰可见、鲜明规整的营房结构告诉我，这里曾是一座军营，它的主人就是当年在罗布泊创造奇迹的共和国核爆部队。

尽管军营已经坍塌，但仍能看出，这里曾有过一个砖砌的营区大门，我甚至能想象出大门上那红色五星威严神圣的样子。这片营

飞奔的鹅喉羚留下一串尘烟

核爆部队营房
旧址的标语

区背靠库鲁克塔格山脉，面向黑戈壁，规模宏大。营区里多数建筑都是简易的土坯房，在风沙的侵袭下损毁严重。门窗早已不见了，即使是房顶和墙壁，也多成了断壁残垣。不过仍能辨认出食堂、卫生所、车库、清洗厂等各个职能部门。这里的一坯一石，虽透着艰苦，却洋溢着革命的激情，让人肃然起敬。

在三年困难时期，一声集结号，全国几十万官兵开进这片不毛之地。他们不畏艰苦，不怕辐射，将热血浇灌在这片荒原之上，用一个个生命的火花点燃了中华人民共和国军事强国的圣火。而这片营房，见证了那个波澜壮阔的年代。

我国原子弹的研制工作正式起步是在1959年下半年。当时，广大科研人员同样忍饥挨饿。他们饿急了，就拿酱油冲一杯汤，挖一勺糖冲一杯水或者含一个蜜枣，继续坚持在工作岗位上。"两弹"元勋邓稼先得到岳父许德珩支援的一点粮票后，舍不得用，想办法买了几包饼干，奖赏给工作业绩优秀的同事，哪怕每人只能分上两块。

而在试验基地的几十万大军生活更加艰苦，据说当时曾出现过断炊现象，官兵们靠吃榆树叶子、沙枣树籽甚至骆驼刺充饥。

核爆部队营房旧址

　　那是怎样的艰辛？那是怎样的奉献？那是怎样的悲壮？这一切就是发生在土坯营房里的故事，几十万不知名的战士，用青春、热血和生命实现了当时中国六亿人民的强国之梦。

　　离开前，我再次回望这片营房，房前的红柳和小胡杨茂盛地生长着，像哨兵一样继续守卫着营区，守卫着罗布泊。这是一个不该被遗忘的地方，希望有关部门能将这片军营妥善地保存下来，作为爱国主义教育基地，那将是一件非常有意义的事情。

　　此情此景，令我心情激动，尽管留下的是岁月沧桑，但仍能看出在那个坚苦卓绝的年代，中国人在罗布泊无人区的大地上向世界展示的不屈不挠的风采。

## 初窥太阳古墓

　　2008年11月3日上午，我来到太阳古墓群，古墓群位于孔雀河下游南岸二阶台地上一片地势稍高的沙土丘里。四周均为戈壁滩，距孔雀河数里，东距罗布泊西北岸约70公里。

这片古墓群，东西宽约35米，南北长约45米，墓地面积约1600平方米。墓葬群大约300米之外是正在发育的雅丹群，一条又一条，类似沟壑，似连非连。我几经周折，才在这片沟群中找到了古墓群。

我曾看到过大阳古墓群的照片，从沙丘上俯视墓地，可以看到墓地轮廓呈现太阳光芒放射状图案。据相关资料记载，墓地外围地表有七圈规整排列的胡杨树桩，内圈核心部分的直径为2米左右，如同一个圆圆的太阳，死者被葬在"太阳"中心。七圈粗大的胡杨树桩，呈放射状排列，井然有序，似太阳的光芒，蔚为壮观，俗称"太阳墓"。树桩深埋于沙地下，只露出一点桩头。这种墓葬形式甚为罕见。

然而此刻，我眼前的太阳墓已不再"光芒四射"，与当年照片上的样子相去甚远。除了两座还能大致辨认出是个"太阳"，其他都已被严重破坏到面目皆非。即便是最大的那座墓，七圈环绕的胡杨木桩也只剩下半圈了，有些还被拔出来丢弃一边。显然是被盗墓贼摧残过了，不禁让人痛惜。

太阳古墓地

被破坏的太阳古
墓地

为什么墓地要用胡杨排成太阳图案？这至今仍是未解之谜。不过有人统计过，建造这样一座太阳墓，要使用大小胡杨六百多棵，数量之多，令人咋舌。古楼兰曾是个河网遍布、胡杨树林葱茏的绿洲。但即便如此，也是奢华的。楼兰古国之后的鄯善国，曾颁布过一纸法令：连根砍树者，不管是谁，都罚马一匹。在树的生长期，禁止砍伐。砍伐树木大枝，罚牦牛一头。这大概算是我国最早的一部森林保护法了。

夜晚，我搭起帐篷，宿于古墓沟旁。与太阳古墓地为伴，在先人曾经生活的地方歇歇脚。

# 寻找小河墓地

2008年11月5日，我决定去寻找小河墓地，如果幸运还能再看到野骆驼。

小河墓地是小河部落的墓葬群，据说也是罗布人奥尔德克发

335

现的，并把这个秘密透露给了瑞典人。1934年他带着由瑞典人沃尔克·贝格曼带领的探险队闯入了小河墓地，让贝格曼发现了"小河公主"。

那时的小河墓地是一片绿洲，长约120公里的小河流水潺潺，一串串小湖沼被芦苇、红柳环绕。墓地周边遍地都是木乃伊、骷髅、被肢解的躯体、巨大的木板和厚毛织物碎片。

小河墓地的棺木都是船形，墓地沙山表面矗立着密密匝匝的木柱，为古人雕刻的菱形、圆形和桨形胡杨立木。在一船形木棺中，他们看到一具保存完好的女尸。打开棺木，打开严密的裹尸牛皮和衣物，揭开覆盖在面部的朽布，一个年轻美丽的姑娘呈现在眼前，双目紧闭，嘴角微翘，就像着了魔法一样刚刚睡去，脸上浮现着神秘的微笑。这就是传说中的"小河公主"，她已在沙漠之下沉睡了4000多年。

当年，瑞典人沃尔克·贝格曼无法把她带走，又就地掩埋了。此后66年再也没有人抵达这里，小河墓地也在沙漠中失去了踪影，直到2000年，中国探险队才在卫星定位系统的帮助下，重新发现了墓地。

孔雀河古河道

乱了阵脚的大雁

　　小河墓地位于罗布泊地区孔雀河下游河谷以南约60公里的沙漠中。它原本没在我规划的穿越路线里。按照原计划，我必须要在11月7日晚走到孔雀河营地，在11月8日冲刺，结束我的罗布泊穿越。但是这神秘的墓地太吸引我了，走218国道，省力又安全，可时间一定来不及。于是我决定起早急行军，从罗布泊西南岸插过去，如果顺利，6日我应该能到小河墓地。

　　越过孔雀河主河古道。没走多久，我发现空中有一群大雁，能在这荒凉的罗布泊上空看见大雁我很激动，看到它们就等于看到了生命！但飞翔的大雁似乎迷失了方向。以前看到的大雁飞行有顺序、有规则，要么"一"字形，要么"人"字形。这群大雁完全乱了阵脚，飞得毫无章法，真是难得一见。我猜想，是不是受磁场的影响，大雁"蒙圈"啦？因为GPS和指南针在罗布泊这里也"蒙圈"过！我拿出指南针，果然它又"蒙圈"啦。接下来我只能靠多年的经验判断方向。

　　我继续向小河5号墓地方向前行，路远比我预想的难行，太多的沙窝子和雅丹群，还有流沙，一脚踩下去能陷二十厘米深。不过，沙地上不时有野骆驼、鹅喉羚和野兔子等动物留下的踪迹。我

337

一口气走了六个多小时，四周黄沙弥漫，七沟八汊的干河床生长着胡杨、红柳和各种其他耐旱植物。我在台地上发现了一个盗墓贼用洛阳铲打的洞，洞口约半米宽，深不可测，洞口边上有几片碎陶片，素面，黄褐色。

下午2点，气温升高到30℃，燥热、干渴。我找了个合适的地方挖了个沙坑把自己"埋"了，这样可以乘凉小憩。这段行程不在我计划之内，水和食品必须精打细算，要减少不必要的消耗。略微让我失望的是，虽然一路上不时能看到野骆驼蹄印，但一直没看见野骆驼。

远看貌似小河墓地的大沙丘

气温下降后，我继续在不断变化的地貌中跋涉。太阳落山时，我看见了一个很像小河墓地的椭圆形大沙丘，上面有许多胡杨枯木。我异常兴奋，可跑过去后发现它不过是一个普通的沙丘，失望至极，顿觉浑身疲惫，只好就地露营。

传说塔里木沙漠是魔鬼伊比利斯统治的魔域，伊比利斯只要发怒，可以把一座城市掩埋在黄沙里，可以让绿洲变成不毛之地，可以让行人迷路。这个传说暗合了罗布泊的一些谜团，被人们越传越

338

神。在罗布荒原的二十多天里，我确实感受到了伊比利斯的魔力，在我兴奋或疲惫时，如梦似真的幻觉会悄然而至。

也许是身处荒原过于敏感，凌晨时分，半梦半醒中，听到帐外有轻轻浅浅的声音，睁开眼睛，仔细听了听，什么声音也没有，帐篷内气温零下8℃，冷得再难入睡。我索性收拾行装继续赶路。

寒冷的深夜，沙漠死寂无声，脚步踩在沙子上发出"唰唰"的响声。这个季节其实很适合在沙漠里夜行，天上的北极星能够指引方向，又避免了白天炎热暴晒，有效地减少了身体水分的消耗。缺点自然是能见度低，如果遇到狼一类的猛兽，危险就更大了。

没走多久，发现沙地上出现了凌乱的野骆驼和鹅喉羚的蹄印，这让我兴奋起来。天快亮时，我又看到了一群野骆驼的蹄印和新鲜粪便，这说明野骆驼刚刚离开这里，但去的方向是正东方。我已经偏离了既定的方向，假若追踪下去，会越走越远，非但不能如期到达孔雀河营地，还有水尽粮绝之虞。我只好舍弃，继续朝着小河墓地的方向前行。

太阳出来了，我走进一个植被茂密的河床，居然看见一小洼水！它隐藏在芦苇丛中，静静的，没有一丝波纹，水面倒映着芦苇、红柳、胡杨。边上泛着白色的盐碱，有杂乱的野兽足迹。我太需要水了！凭着旅行经验，我试探着用舌头舔了舔，苦涩，舌尖顿时泛起了小泡。这种水，人是绝对不能喝的。

在孔雀河上游这么多天，这是我第一次发现水，水面不足一百平方米，浅可见底，但愿这不是最后一片水。

它的旁边是一片刚刚干涸的水沼，周围被芦苇包围，水沼的上面是一层白色的盐碱，中间部分还有水，下面是稀泥。这里的胡杨很多，不高，金灿灿的叶子落在沙滩上，预示着深秋已过，冬季即将来临。

我越过一片未成熟的雅丹，这是难得一见的塔头湿地，不过现在已经荒漠化了。接着，进入我视线的是一片枯死的胡杨树林。树下，有带皮的兽骨。兽骨很新鲜，蹄子上的毛还粘着小粪蛋。中午时分，又见野骆驼粪，它风化严重，可知时间已很久了。

低洼的盐碱滩上，顽强地生长着一团团绿色的植物，七杈八杈的枝叶像无数微缩的绿色鹿角。盐碱滩的中间是一片面积非常大的干涸的湖泊，形成一个巨大的白色湖盆。植物又渐渐地多了起来。一只沙漠鸟站在树梢上，警惕地看着我。

下午2点，气温升到27℃。我挖个沙坑把自己埋了起来，稍微吃点东西，喝点水，补个午觉。从凌晨起，我已经连续行走了将近11个小时。

　　一觉醒来，已是下午4点了。我打起精神继续赶路。

　　我在盐壳地里捡到了一个"宝贝"——鹅喉羚的头。它是被野兽啃食过的，头部的毛还在，两只美丽的大角翘着，颈项连着一块很大的皮毛。这个意外的收获让我很激动。

　　路上一棵生长在流沙口的胡杨让我惊叹良久，这棵胡杨根部的沙土被风刮走了半米，露出的根系有十几米宽，两个侧根像铁索桥

树根裸露达十几米的胡杨

的锁链悬在空中，连接在土崖上，却仍为胡杨提供水分和养分，我再一次被胡杨的生命力折服。

　　我走着走着，发现有人的迹象了。土崖上出现了十几个刚刚挖的沙土坑，坑里除了沙子和植物的残根，没有任何东西。这样的沙坑出现了多处，大的超过了十平方米。

站着死的胡杨林

傍晚，又见野骆驼粪，还有一块年代很久的野兽肩胛骨。跋涉了一天，看到的野生动物足迹越来越多。

10月20日，也就是我进入罗布泊的第十二天，我非常幸运地在野骆驼湾看到并且成功拍到了野骆驼，就是这几面之缘，让我对它们念念不忘。它们这次同小河墓地一样，好像在跟我捉迷藏，躲着不让我见。

至此，我心里明白必须要放弃寻找小河墓地了，失败是旅行者的常态，为失败所付出的代价往往比为胜利付出的代价更大。

罗布泊盐碱滩上顽
强存活的沙漠植物

盐壳地里捡到的鹅喉羚头骨

晚上7点，就地宿营，我打着手电写完日记，吃了一块压缩饼干，水只剩下一瓶了。按现在的距离和行进速度，最快也要在三十个小时后才能抵达营地，我必须好好规划饮水量。

11月7日，我要用一瓶水维持生存，坚持走到孔雀河营地，行走的路程大大超过我的极限。天刚蒙蒙亮，我便出发了。孔雀河谷的景色越来越美，高大的胡杨挺拔傲立，黄灿灿的叶子随风飘落，树冠仍旧金黄可观，不见稀疏。红柳着了霜冻之后，树叶变成了紫

站着死的胡杨

红色，宛如一把把火炬在沙漠里燃烧。沙漠里的植物具有很强的生命力，生生死死，都让人感动。

突然，沙地上出现了一串狼的足印，我环顾四周，没有发现狼的身影。除了狼的脚印，也有其他野兽的足迹，只是没有野骆驼的。从各种凌乱的足迹看，所有野兽的种群都不大，多数形单影只。

又走了大约15公里，沙漠里出现了一片小小的绿洲，这对于疲倦的行者来说，是一次无价的激励。绿洲里大概有十几株胡杨，树

343

干粗壮，枝叶繁茂，树下铺了一层金黄色的落叶。树丛和芦苇之间，野兽出没的痕迹更加明显了。可这里没有泉水，也没有湖沼，让我很失望。

中午，干渴开始折磨我，一个上午只喝了半瓶水，剩下的半瓶实在不敢轻易喝掉。渴急了，也只能舔一下水，润润舌头和喉咙。

下午2点，气温上升到24℃，闷热。我照例挖沙坑把自己埋起来，这里的沙子有点潮乎乎的，我顿时感到通身凉爽，迷迷糊糊地睡着了。突然，一阵大风把我刮醒了。从沙坑里爬起来，打了一个冷战，忽然想小解，我小心翼翼地用塑料瓶把尿液接到瓶子里。在沙漠里，尿液在关键时刻或许能救人命。

我背起行囊继续西行。虽然干渴，也只能时不时地用舌头舔舔瓶子里的水润润喉咙。不大一会儿，河床的颜色变深了，地表竟然还有点湿润，似乎雨季时曾有过不小的蓄水量。我试探着挖了挖，没有水，舔舔土，苦涩，只好放弃。

行囊里，压缩饼干只剩下一块了，水也被我舔得只剩下四分之一瓶了。我开始试着寻找植物的叶子充饥，有的坚韧磨嘴，有的苦涩难咽，非但没有解决饥渴的问题，异味反而弄得我大口大口地干呕。我实在是挺不住了，把最后一块压缩饼干和所剩无几的水全部消灭掉了。我看了看表，是下午4点20分。

现在，已经弹尽粮绝，卫星电话也没电了，我拼命地往前走。沙丘在不断地增高，有的大沙丘甚至高达四十多米。爬上沙丘，站起来四下瞭望，四周都是一望无际的沙漠戈壁。在高沙丘地带挖井找水，简直是缘木求鱼。

我无可奈何，只能继续走，向西，向西，再向西。但戈壁沙漠仍然看不到边际，我饥渴难耐，体力也已经有些不支。我意识到自己有可能倒在这里，倒在探险罗布荒原的最后一天。

344

就在我胡思乱想之际，一条蛇突然从我的胯下蹿了出去，游动着身子向远处逃逸。我赶紧掏出相机追着它拍照，然后一脚踩住蛇头，抓在手中，迅速掏出刀割下它的头，忍着腥味，大口地吸吮它的血。接着我席地而坐，把蛇皮扒下去，用刀将蛇肉剥下来，从背包里拿出盐撒在蛇肉上，将蛇肉放到嘴里。它的神经还没死，在我嘴里一跳一跳的。当时，我也想把它用火烤熟再吃，但如果用火烤熟，它的水分就蒸发了，所以我只能生吃，即解渴又解饿。这条蛇虽然没能让我吃饱，还是为我补充了一定的能量。

救命的沙漠小蛇

要不是这条沙漠小蛇的及时出现，后果将不堪设想。伤害动物非我本意，只是求生的本能。

此事，我做得太残忍，但为了生存，也只能如此。沙漠遇蛇的概率极低，而濒临饥渴将亡时遇到蛇的概率更是低之又低，造化弄人，我生它死。

小河5号墓地

345

小河5号墓地

孔雀河谷的地形复杂，我沿着罗布泊北岸的库鲁克塔格山脉向西走。天渐渐黑了，我发现前面的一丛红柳里有一个白东西在晃动。我停下脚步仔细观察了半天，又拿出一个双响炮点燃，乓——乓——白东西依然晃动。我掏出防身武器一点点试探着靠近，终于看清楚了，它竟是一个白色的生活垃圾袋。太可气了！白色污染已经进入罗布泊无人区，这是一个值得关注的社会问题。

天黑时，我看到了干涸的孔雀河故道。继续沿着罗布泊北岸的库鲁克塔格山脉向西走。晚上9点多，我看到远处出现微弱的亮光，那一定是寻找我的媒体工作人员。我有些激动，爬上一个五六米高的红柳土墩，拼命晃动着手电。

小河5号墓地

大约半个小时后，一辆汽车颠颠簸簸地开过来了。黑龙江电视台摄制组工作人员看到我说："雷哥，我们一直在罗布荒原寻找你，大家都快急死啦，我们终于见到你了。""兄弟，快点给我拿水。"他们把水递给我，我一口气喝了两瓶水，又吃了点干粮。休息一会儿之后，我继续徒步前行。凌晨3点，终于走到既定目的地——孔雀河营地。

我此次差点付出生命的代价，也没能如愿找到小河墓地。我暗暗对自己说，有生之年我一定会再来这里找到小河墓地。

2009年我再次进入罗布泊，终于找到了小河墓地，有幸一睹它的真容，算是给了自己一个交代。

# 31天完成穿越梦想

2008年11月8日，早上9点，我一路向西，今天要向终点营盘古城挺进。这段路程跟荒无人烟的罗布泊相比，不仅道路比较平坦，偶尔也有过往的车辆，不再是满目荒凉了。

经过一大片野生甘草地，又穿过一片片野生罗布麻的地段，我惊喜地见到了一条人工水渠。在沙漠荒野里，淡水比黄金都珍贵。如此清澈的淡水河在眼前流淌，让我兴奋得简直要跳起来。我跑过去，捧起河水喝了几大口，甘洌清甜，直透心底。

下午1点多，我看到路边有一个用红砖围着的院落，大门柱子上挂了一个汉、蒙两种文字的牌匾：尉犁县重点公益林营盘管护站。管护站里只有一位少数民族大姐，她热情地接待了我。我问她，管护站怎么一个人？她说，护林员都巡视去了。护林是十分辛苦的差事，天一亮就得带着水和馕，骑着摩托车在自己管辖的胡杨林里巡视，防止有人砍伐、放牧、采药、开垦、烧荒、挖沙、盗猎，每天要跑上百里的路。在尉犁县，一共有350多名护林员，他们守护着中国面积最大的胡杨林。管护站要坚持24小时值班，她是这个站的值班员，一旦发生意外，她要及时报告，以便出动人员到

347

达现场。

她得知我是从罗布荒原深处徒步来的，给我倒了满满一杯开水，问："你这一路上，是不是感觉越走胡杨越多？"我说是。她自豪地笑了："那就是我们营盘管护站种的树。只要树多了，水迟早会重新回来的。"

我很感动，大姐说得对，树多了，水迟早会回来的！

下午4点，我终于走到了此次穿越罗布泊的终点站——新疆尉犁县营盘古城遗址。整整31天，从东到西横向穿越，总行程1100公里。同时，这里也是我十年徒步全中国的终点。

在很远处，我就看到前来迎接我的媒体和全国各地的朋友们，他们手捧鲜花。看久了大漠的苍凉，这些鲜花格外鲜艳。

和朋友们简单地交流了几句，我再也控制不住内心的激动，转过身朝着东方走了几步。我俯身跪倒在这片神秘的大地上，感恩它没有留下我的生命；感恩十年间关心帮助过我的人，是他们坚定了

穿越罗布泊的终点
——新疆尉犁县营盘古城遗址

举起陪伴我十年的
五星红旗

新疆巴州旅游局在
罗布人村寨庆祝我
成功穿越罗布泊

罗布人热烈祝贺雷殿生只身穿越罗布泊成功

我的脚步；感恩一路上那些打骂、侮辱和抢劫我的人，是他们磨炼了我的心智；感恩在无人区被我吃掉的小动物，是它们一次次拯救我的生命；感恩祖国的壮美山河，滋养丰盈了我的灵魂；感恩九泉之下的父母给了我如此顽强的生命。

站起身，我把随身携带十年的五星红旗高高举过头顶，泪水夺眶而出。十年间，它陪着我一次又一次闯出死地绝境。

我用双脚丈量了祖国的大地，用时3673天，总行程81000公里，相当于绕赤道两圈，填补了中国徒步史上的一项空白。至此，我为孤身连续十年徒步全中国画上了圆满的句号。这一天是2008年11月8日，在新疆罗布泊营盘古城遗址。

生命如歌，我永远走在追求梦想的路上。

第三卷　新的征途，行者无疆

# 第一次谋"私利"

自从徒步全中国之后，很多媒体包括国内的中央电视台、新华社、人民网、《环球时报》、各省卫视电视台以及国外媒体、各大报社等纷纷前来采访报道，也颁给了我一些荣誉，我的家乡黑龙江省委宣传部也颁给我一个荣誉——2008年首届感动黑龙江年度人物。在评出的十大年度人物中，有航天英雄翟志刚、刘伯明，有率领特警队员战斗在汶川大地震救援一线的刘亚民，有北京奥运会举重冠军曹磊等。与这些优秀人士一起站在台上，我心里感觉有些惭愧。我是中国最普通的草根公民，只是用徒步的方式完成了一个梦想。

颁奖结束之后，省委宣传部领导热情地问我："雷殿生，你现在走完全中国了，有什么要求没有？"

我对领导说："没有要求。"

我徒步中国需要一大笔经费，所以出发前卖掉了房子。徒步结束后，我暂时住在黑龙江省哈尔滨市呼兰区长岭镇包井村的姐姐家里。在徒步的十年里，我一路上攒下了几吨重的资料、文字、照片和实物，这些资料我在徒步的过程也不能一直背着，所以每隔一段时间我就通过邮局，把这段时间攒的资料寄给老家村里的姐姐，我自己好再轻装上阵。自从我父母去世以后，姐姐就成了我最亲的人，连我在阿里无人区遭遇狼群时，为防不测写下的遗书，都是写给姐姐的。而姐姐在我徒步的十年里，也给了我最持久、最无私的爱与支持。当时包井村里的路连车都进不去，更没有快递上门这一说，我寄资料只能把收件地址写成老家的镇邮政局，然后姐姐就赶着毛驴车从村里赶到镇里，把资料拉回村里。总共几吨重的资料，就这样拉了整整十年。每当想起这些往事，我都忍不住热泪盈眶。

包井村，这个松花江北岸的村庄，十年间几乎没有什么变化，尤其是村子里东西方向的那几条土路，依然沟沟壑壑，崎岖难行。真是下雨一身泥，晴天一身灰。和姐姐聊天时，姐姐说起了村里近期发生的两件大事。

一件事是村里的一户人家失火。拨打119报警，结果消防车到了村口，因为泥巴烂路根本开不进来。而火势凶猛，村民们自己根本无法扑灭，只能眼睁睁地看着房子烧塌了。

另一件事是村里的一位壮年男子突发急病。120救护车也是开到了村口，同样因为这条泥巴路无法进村。当大家用房门板把这个男人抬到救护车上的时候，人已经离世了。这个上有老下有小的家从此没了顶梁柱。

听完这两件事，我的心里异常难过，这泥巴路已经导致了两家的悲剧，不能再让类似的事情发生了。可我刚刚徒步回来，身无分文，一穷二白。村民的生活也都不富裕，拿什么修路呢？

我想起领导曾经问我有什么要求。我思考了一夜，辗转反侧。第二天，我给黑龙江省的领导打了一个电话，说明了这个村庄的情况，领导说，"雷殿生，你不是为了个人利益，你是为了家乡修路，并且这本来也是政府的职责，这件事我答应你了"。

两个月后，村子果真修好了两条东西方向的水泥路。这算是我为家乡、为姐姐谋了点"私利"吧。

雷殿生展览馆

# 开放雷殿生展览馆

途中穿烂的鞋子

2009年5月1日，第一个雷殿生十年徒步中国展览馆在北京市昌平区境内落成，免费开放。2010年，雷殿生展览馆被授予北京市昌平区爱国主义教育基地。2011年，雷殿生展览馆被评为北京市昌平区市民素质教育基地。2016年，该展馆搬迁至北京市海淀区凤凰岭公园，仍然免费对公众开放。2020年春天，第二个雷殿生十年徒步中国展览馆在北京香山公园落成，同样免费对公众开放。

展馆中有我徒步十年穿过的部分鞋子、衣物以及使用的工具等生活物品，也有我写的日记、拍摄的照片，还有这十年间收集的各种资料，包括县志、民族服装服饰、动物骨骼、各种化石、地质样

给参观展馆的叶大
年院士等人讲解

本等，除此之外，还陈列了一套56个民族人物铜制雕像。

　　展馆从2009年5月对外开放起至2021年6月，从最初的每年接待几万人次到每年接待几十万人次，十二年间共免费接待参观者达几百万人次。但由于新冠病毒感染等原因，2021年4月和6月两个展览馆相继关闭。

　　现在我们的祖国和人民早已打赢了抗击新冠的这场战争，大家也都恢复了正常的生产生活秩序。我也在努力推进相关工作，希望雷殿生展览馆能重新对公众开放。

北大研修班参观
展馆

# 行囊中的三件宝贝

在徒步中国的这十年中，我的行囊里有三件宝贝一直陪伴着我。

**第一件宝贝：中华人民共和国国旗。**

从1998年10月20日我从102国道零公里处出发的那一刻起，一直到2008年11月8日我成功穿越罗布泊到达终点——罗布泊营盘古城遗址，这面国旗整整陪伴了我3673天。这十年，它同我一起经历了风霜雨雪，也见证了我的成长和蜕变。

这面国旗陪我一同走过了中国的每一个省、自治区、直辖市，陪我走过了祖国的名山大川、名胜古迹、边境线、沿海线，甚至是无人区。每到一个地方，尤其是在边境线的界碑处，我都把它拿出来，用相机自拍留下影像资料。每当此时我都特别自豪，为我是一个中国人而自豪，为五星红旗而自豪！

**第二件宝贝：56个民族大团结邮票。**

1999年10月1日新中国成立50周年，我走到了福建省三明市。国家邮政局发行了56个民族大团结邮票，每枚面值8角钱，56枚一套。我从凌晨就开始排队，当终于拿到这套邮票的时候，我爱不释手。我把汉族邮票贴到了一张A4纸的左上角，并且在邮局盖上了1999年10月1日的邮戳。

此后，我每走到一个民族，就贴上那个民族的邮票，并且盖上当地的邮戳。九年多的时间，贴了55个民族的邮票，盖了55个民族地区的邮戳，只差一个民族——高山族，因为当时祖国大陆和台湾地区还没有"三通"。

有媒体记者问我："雷殿生，你徒步全中国，去台湾吗？"

"当然要去，台湾是我们中国领土不可分割的一部分，高山族也是中国56个民族之一，所以一定要去。"为此，我申请了两年多的时间。

2008年5月20日，我到台湾高雄贴上了高山族的邮票，并且盖上了一枚邮政日戳。我当时的心情十分激动，历时9年，56枚大团结邮票、56枚邮戳、56个民族，一个也不少。

这张纸的右下角还有一张面值3元钱的小型邮票，这是中国邮政局为了庆祝中华人民共和国成立40周年发行的，上面印有天安门和56个民族人物图案。这枚小型邮票我出发的第一天就带在身上，围着这枚小型邮票，我也盖了13枚邮戳，依次是下面这些——

祖国最东部：黑龙江抚远县乌苏镇东极抓吉邮局、浙江普陀山邮政局。

东南部：台湾埔里邮政局、香港邮政局、澳门邮政局。

南部：海南三亚天涯海角邮政局。

西南的中国和缅甸边境附近：云南贡山县独龙江镇邮政局。

中印边境附近：西藏墨脱邮政局。

中国和尼泊尔边境附近：珠穆朗玛峰大本营临时邮政所。

中国和巴基斯坦边境附近：新疆塔什库尔干邮政局。

中国和吉尔吉斯斯坦边境附近：新疆乌恰县吉根乡邮政局。

北部的中蒙俄边境附近：呼伦贝尔邮政局。

最北部的中俄边境附近：黑龙江漠河市北极村邮政局。

这13枚邮政日戳，见证了我用双脚走过的中国陆地版图边缘。

**第三件宝贝：一面白布做的第29届奥运会旗帜。**

这块布为长宽都是2008毫米的正方形，左上角印有一面五星红旗，中间是太极拳式的奥运会会徽和奥运五环，上面印着"为中国北京2008奥运争光"，下面印着"用双脚丈量中华大地的人，雷殿生，2001.7.13"。

2001年7月13日，萨马兰奇在莫斯科宣布，北京成功申办第29届夏季奥林匹克运动会。当时是我行走的第三年，我非常激动，连夜赶制了这面旗帜，并在云南中甸邮政局盖上了2001年7月13日成功申办奥运会当天的邮政日戳。

此后，我每走到一个有意义的地方，就盖上一枚邮戳。2008年8月8日晚上8点，我走进了北京奥运会的主会场鸟巢临时邮政局，盖上了开幕式当日的邮戳，8月24日奥运会结束时，我又在鸟巢体育馆盖上了闭幕式当日的邮戳。至此，上面盖有中国每一个省、自治区、直辖市、港澳台地区及西沙永兴岛邮政局的共计2008枚邮戳。这也算是我的一个小小的创意吧！

从奥运申办成功之日，到奥运会开幕式，再到闭幕式，最终，我圆满完成了这件作品。

国旗我背了十年，56个民族大团结邮票我背了九年，奥运旗帜我背了七年。这三件物品都是我的宝贝，它们在我的背包里包了一层又一层，无论遇到泥石流、沙尘暴还是雪崩都没有任何毁损，甚至我在遭受抢劫、野兽攻击等威胁生命的时刻，宁肯烧掉衣服，也要保护着它们。也许有的人不理解，但我视它们如生命一样珍贵。

在我实现了徒步全中国的梦想之后，这三件宝贝就放在我的展览馆里，也是我的镇馆之宝。

现在我的行囊中又放了一面新的国旗，它将陪伴我走向新的征途。

# 民族铜雕像的新归宿

民族文化是我这十年徒步的主题之一。我热爱56个民族的文化，他们的衣食住行、婚丧嫁娶、生产生活、民风民俗都是我们中华民族的瑰宝。

2021年7月21日，我决定把我珍藏的56个民族铜雕像捐献给新疆巴音郭楞蒙古族自治州尉犁县人民政府，因为我对此地有深刻的民族感情和地域情怀。

中国有56个民族，其中新疆就有47个。罗布人是被我国官方划为维吾尔族的一支，生活在新疆罗布泊地区。以前他们打鱼狩猎，过着与世隔绝的生活。可随着罗布泊沙漠化日益严重，一支罗布人流浪到了尉犁县西南的琼库勒牧场，他们仍然保留了罗布人的部分习俗，当地政府据此建立了罗布人村寨。

新疆尉犁县境内的营盘古城遗址，是我成功穿越罗布泊的终点，也是我徒步全中国的终点。

我珍藏的56个民族人物铜雕像，是我请中国美术家协会副主席、中国雕塑学会会长、清华大学雕塑系主任、上海大学上海美术学院院长曾成钢先生根据我十年徒步走访过程中拍摄的不同民族的影像资料，结合各民族的历史、习俗、礼仪、服饰以及曾成钢先生对各民族文化的了解，历时四年多时间精心雕刻的，共56尊，112个人物。每尊雕像为一男一女，总重量达到2吨多，塑造了我国56个民族儿女载歌载舞的优美形态，生动地展现了56个民族的服饰、礼仪和精神面貌。

# 各民族要像石榴籽那样紧紧抱在一起

## ——雷殿生捐赠新疆尉犁县人民政府 五十六个民族铜雕像

马致别克族　　　　　　　　　　　羌族　　　毛南族　　　锡伯族

56个民族铜雕像

　　这套铜雕像自完成后一直陈列在我的展览馆内，也是镇馆之宝。展览馆关闭后我一直很好地珍藏着，因为这套铜雕像很好地诠释了我们中华各民族"共休戚、共存亡、共荣辱、共命运"的民族情感。

　　维护民族团结，是我们每一位公民的责任和义务。作为一名普通

雷殿生十年徒步走访五十六个民族

自己收藏的五十六个民族铜雕像捐赠给新疆巴州尉犁县

民族铜雕像装车
从北京运往新疆

民族铜雕像在罗布人村寨56个民族展览馆正式对公众展出

民众，我决定把56个民族的铜制雕像无偿捐赠给尉犁县人民政府。

2021年7月21日，装载着民族铜雕像的运输车辆从北京出发，7月23日抵达新疆巴音郭楞蒙古族自治州尉犁县罗布人村寨。2021年10月20日，新疆尉犁县罗布人村寨56个民族展览馆，正式对外向公众开放。

56个民族铜雕像捐赠仪式

# 意想不到的"价值"

  提起罗布泊科考，大部分人都知道我国著名的科学家彭加木在罗布泊科考神秘失踪的事件。事实上，为揭开罗布泊的神秘面纱，我国的科学家从未停止对罗布泊的考察研究。

  2008年我计划穿越罗布泊时，新华社驻黑龙江记者站和黑龙江电视台得知了我的这个计划后，对我徒步穿越罗布泊做了报道。我成功穿越后，电视台的领导联系我，说中国科学院希望了解我更详细的穿越路线和搜集到的资料。得知此事我非常高兴，没想到我个人的一次探险活动，能给我们国家对罗布泊的科考研究提供一些小小的参考。我没有丝毫犹豫，通过黑龙江电视台无偿把我此次穿越罗布泊的路线以及穿越过程中拍摄的照片等资料提供给中国科学院。

  2008年11月25日，由不同领域的专家组成的罗布泊大型综合科学考察队从新疆库尔勒市出发，12月18日抵达敦煌结束。此次科考取得了丰硕的成果：在小河墓地附近发现一处汉晋时期古城，它是这一区域唯一有地面遗迹的古城遗址。在楼兰附近，科考人员还发现了大面积的农耕遗址，以及疑似人工运河。

  我不知道我提供的资料是否对此次科考活动有参考价值，但此次科考活动顺利完成，同时取得重要成果，我感到非常高兴。

  1998年出发前，我就给自己确定了徒步全中国的主题：宣

2016年博鳌亚洲论坛

传环保、走访56个民族和无人区探险。

在这十年中我独自走过了中国主要的山川河流、沙漠戈壁、冰川峡谷、森林草原。徜徉在祖国的山水之间，对森林资源、野生动物、生态环境等，都有了基本了解。

随着生活水平的不断提高，人们日益追求健康的生活方式，亲近自然、享受自然的愿望越来越强烈。但在享受自然资源的同时，如何维护生态系统平衡、保护生态环境同时发展经济也是人类需要思考的课题。

2012-2013年，中国林业科学院研究生院几次邀请我分享十年徒步的经历，以及穿越原始森林、沙漠戈壁、草原和湖泊的情况。

2016年我应博鳌亚洲论坛组委会邀请，作为"人与自然"专场的对话嘉宾，与大家分享了这十年间我与大自然的故事。

2018年，国家林业和草原局国有林场和种苗管理司森林旅

363

游管理处，邀请我作为特邀专家参与国家森林步道的设计规划论证——如何在保持生态系统完整性的同时合理规划设计线路，实现森林体验、康养、自然教育等目标，同时结合林下经济、村落开发，促进步道沿线经济发展。

至2019年末，我分别参与研讨了秦岭国家森林步道、太行山国家森林步道、罗霄山国家森林步道、苗岭国家森林步道等12条国家森林步道，全程超过2.2万公里。

2019年5月，我被国家林业和草原局扶贫办聘请为云南、贵州、广西森林旅游精准扶贫形象大使。

让我感到欣慰的是，近年来，国家在发展经济的同时更加重视生态环境的保护，对生态资源的开发利用也更加合理。而我因十年徒步对自然资源和自然环境有一定的了解，能够对合理开发自然资源做出点滴贡献，我非常高兴。保护我们的生态环境，也是一名公民的义务和责任。

# 用善意回馈听众

回想这十年徒步的过程，虽然我经历了几十次的生死磨难，遭遇到很多打骂和侮辱，但也得到了很多人的关怀和帮助。他们的善良温暖着我的心，让我看到了这世间的美好，让我前行的脚步更加坚定。

在我实现了徒步全中国的梦想之后，有许多机构找到我，希望我能分享徒步全中国的经历。我也愿意通过这种方式回馈社会，将善意传递下去。

　　我曾在党校、政府部门、军队机关、企事业单位、中小学校、寺院、医院等机构进行演讲与分享。部分机构有：博鳌亚洲论坛（曾在2016年、2017年和2021年三次参与分享）、中国国家电网、中国文联、中国邮政集团、中国商飞、中国科学院数学与系统科学研究院、《中国国家地理》杂志社、清华大学、北京大学、中国人民大学、复旦大学、哈尔滨工业大学等。其中有几次特殊群体的分享令我印象深刻。

## 蒙尘的花朵

　　北京市海淀区温泉镇有个古色古香的四合院，这是北京市海淀寄读学校，这里的学生是转自普通学校中心理、行为偏常的特殊学生。

　　2013年春天，我应邀来到这所学校给全校师生做演讲。演讲开始时，仍然有孩子说笑，甚至打闹，但是我的演讲让孩子们渐渐安静下来。

　　演讲结束时，孩子们围着我问各种各样充满好奇的问题："蟒

365

蛇游得快吗？""狼的眼睛是绿色的吗？""罗布泊里没水会不会渴死？""你为什么要走全中国呢？"看着这些孩子天真无邪的笑脸，我对这所学校的老师肃然起敬，是他们无私的陪伴、细心的呵护，才让这些孩子在感受到温暖的同时也感受到了尊重，让这些蒙尘的花朵能够重新绽放。

## 癌症患者

2019年春天，一个企业家朋友邀请我一起参加由江苏省昆山市巴城卫计委组织的"双丝带"公益活动。他告诉我听众都是癌症患者，因为医疗技术的局限和身体上的病痛，很多患者都出现了悲伤、易怒、焦虑甚至抑郁等情绪，疾病也打破了患者家庭正常的生活秩序。他希望我能去做一场公益演讲。

当我站在台上，我面对的是一张张沮丧的、无精打采的、暮气沉沉的脸。我尽量调整好情绪，开始讲述我的少年经历，关于如何萌生梦想、为梦想出发；讲述徒步过程中遭遇的各种磨难，也曾犹豫，也曾想过放弃；讲述那些帮助过我、给我关怀的朴实善良的人；讲述我们祖国的幅员辽阔、大美风光；讲述我如何坚定信念，一步步成长为今天站在大家面前的我。

患者渐渐被我的经历打动，当我演讲结束时，他们报以热烈的掌声，有的人还流下了眼泪。最让我感动的是，有几位患者说："听了你的故事，即使明天死了，我们都要把今天活好，不能因为一个人有病，连累了全家。"看到他们眼里重新燃起的光，我给了他们一个鼓励的拥抱。

## 高墙里失去自由的人

2019年夏天，我应北京市昌平区司法局和昌平区新闻中心的邀请，给社区服刑人员做演讲。

在我讲述自己的人生经历时，他们坐在台下静静地听着。等演讲结束后，有人举手说："雷殿生老师，你很小就失去父母，连小学都没有读完，没有钱，也没有学历，却靠自己的努力实现了梦想。我从小衣食无忧，却走上了犯罪的道路，我很惭愧。"

"雷殿生老师一路上遭受了许多侮辱打骂却不放弃，依然坚持自己的梦想，是我学习的榜样。"

也有的人泪湿了眼眶，他们向我保证："雷殿生老师，我向你保证，我一定好好反省，好好改造，重新做人。"

听到这些话，我告诉他们："只要心中有梦想，坚定信念，任何时候出发都不晚。"

希望我的经历能对他们有所触动，能让他们重新认识自己对社会的价值，回到正常的人生轨道上，重拾梦想，找到方向，再次出发！

从2009年至今，我先后受邀做了一千多场公益演讲活动，希望我的经历能鼓舞和我一样曾经心怀梦想的人。

# 感受自然，超越自我

在我完成梦想之后，除了很多机构邀请我分享徒步经历，还有一些朋友找到我，希望我能带领他们到他们没有去过的地方，感受大自然的美丽风光，释放工作、生活中的压力。

2009年深秋，我第一次带领几位朋友，再次探秘罗布荒原。

这次探秘之行不再是我独行，考虑到每位同行者的身体和心理状况，我设计了一条相对安全的行进线路。但罗布泊风沙肆虐，白天烈日炎炎，夜晚寒风刺骨，坚硬的盐壳地以及沟壑纵横的雅丹地貌，让大家难以适应。再加上目之所及一片荒凉，大家的情绪都有点低落。

带领青少年在自然中徒步

2020年末，经相关部门批准，我用7天徒步穿越了位于阿尔金山国家自然保护区内的世界海拔最高的沙漠——库木库里沙漠，该沙漠海拔3900~4700米

行进的第四天下午，我们在罗布泊湖心遭遇了沙尘暴，遮天蔽日。队伍成员都恐惧无措，他们不约而同地把目光投向我。我从带领大家踏入罗布泊的那一刻起，就明白我要担负的责任，此刻我清楚地意识到这意味着什么。我坚定地对大家说："请大家相信我，听我安排，我一定能把大家安全地带出去。"

沙尘暴像一堵巨大的墙，横亘在我们面前。我冷静地辨别方向，带领大家走到余纯顺墓地。在墓地判断出沙尘暴的大致范围，确定最终的前进方向。当我带领大家终于冲出沙尘暴的包围时，龙城雅丹地貌群呈现在我们眼前，大家沐浴在夕阳余晖中欢呼雀跃，紧紧拥抱！

大自然变幻莫测，一瞬天堂，一瞬地狱，这也是它的魅力所在。此后我们一路欢歌笑语，陆续找到了楼兰故城、兴地岩画、干涸的孔雀河、太阳墓地、营盘古城遗址以及汉代烽燧。

八天后，这次探秘之行结束，晚上我们在库尔勒楼兰宾

馆，忘情畅饮，动情拥抱，敞开心扉，彼此诉说着各自的生活
和对未来的畅想。他们纷纷举杯敬我。

"雷哥，你是我们的定海神针，有这样一次经历，不枉
此生。"

"曾经我们连踏入罗布泊的勇气都没有，更不认为我们能
走出罗布泊，可今天在您的带领下我们都做到了。"

2018年"一带一
路"国际市民徒步
城市接力赛

是的，他们都做到了，他们完成了对自己的挑战，战胜了
自己，看着他们的笑脸，我感到由衷的欣慰。

此后，我又陆续带领各界人士和青少年徒步新疆塔克拉玛
干沙漠、内蒙古呼伦贝尔草原、湖北神农架等，还带领大家重
走当年的红军长征路线。这几
年，我又陆续做了500多场户外
心性探索活动，带领大家在感
受自然、超越自我、强身健体
的同时修炼内心。

除了国内探险，我还和很
多志同道合的朋友沿着丝绸之
路走出了国门，去意大利、希
腊这些同样历史悠久的国家进
行研学，向世界传递优秀的中
国传统文化，展示我们当代中
国人的精神风貌。

2020年10月，我和
夏伯渝老师在塔克
拉玛干沙漠

371

# 企业徒步活动的收获

在带领企业家徒步的过程中，通过和这些企业家深度交流，我也增长了不少企业管理方面的知识与见识。我本身不是一个会做生意的人，我能在20世纪90年代没有稳定工作的情况下，攒够徒步中国的路费，更多的是靠特别能吃苦，以及时代的红利。而现在要想做好企业，需要的能力和认知跟过去不一样了。

我印象最深刻的是国内一家大型民营企业集团，邀请我为他们集团做一场团建，带着近百人去沙漠里徒步几十公里。这倒没啥特别的，令我感到意外的是，在出发前这家集团的董事长向我提出了一个特别的要求：这次徒步，尽可能怎么艰苦就怎么安排。

具体到细节，就是控制徒步过程中的补给，一路上连渴带饿是常态。路线规划上也要增加难度，能翻越沙丘就不要走平地。总之就是在保障人身安全的前提下，怎么艰苦就怎么安排。

我一开始并不理解为什么要这样，但是看到包括董事长自己在内的核心高管层，也要一起跟着吃这个苦，那就这么安排吧。出发前，董事长又专门和我沟通，说让我在这一路上，帮忙看看这一百多人都有什么反应。

那反应自然是不会太好，沙漠徒步旅程一共四天，前两天大家还能忍耐，默默地走，但到了后两天，由于这种刻意安排的又渴、又饿、又累的行程过于折磨人，大部分人都很难坚持下去了，各种抱怨声在路上和营地内此起彼伏。有一些脾气暴躁的，直接就和负责安排饭食的工作人员起了冲突。这要是一支古代的行军队伍，那就是到了要哗变的边缘。但也有些人从不抱怨，照顾好自己的同时

还默默地帮助其他人，甚至协助我们带队的工作人员一起鼓励大家克服困难，走到终点。

好在这场沙漠徒步活动只有四天，活动结束后，大家敞开肚子吃了个饱，痛快地洗了个澡，那些不愉快也就很快都忘了。我也松了一口气。

我后来才知道，原来参加这次徒步活动的一百多人当中，大部分都是这家集团的中高层管理人员，是集团全国各分公司、子公司挑选出来的精英。为了磨炼大家的品格和意志，使其未来能承担更大的职责，集团领导才安排了这样艰苦的徒步活动。而那些在活动中再累、再饿也从不抱怨，还鼓励和帮助大家克服困难的人，在徒步活动结束后都走向了更重要的岗位。

# 登上《当代教育家》

我小时候因为家里的变故，读到小学四年级就辍学了，这一遗憾让我萌发了"没法读万卷书，就一定要行万里路"的想法。也正因为这个遗憾，所以我特别敬重教育工作者。在我的认知里，教育工作者不但要学历高还要品德好，才担得起教书育人的责任。所以我从来没想过有一天能登上《当代教育家》杂志。

2021年末，我在山东省给五所学校做公益演讲，《当代教育家》杂志社的领导找到我，想刊登我的励志经历，做一期封面人物故事。我自认水平不行，当即表示婉拒。这位领导听后笑了，说："教育未必和学历有关。"然后，他拟下了"教育要向雷殿生学什么"的标题，问我的意见。

《当代教育家》
2021年11月
上半月刊封面

看着这标题，我陷入了思考。做了这么多场演讲，听众当中有小到几岁的小朋友，也有大到八九十岁的老人家。大家为什么愿意听我分享经历呢？也许是因为大家认为我是励志的榜样，也许是大家在我身上看到了梦想和信念的力量。虽然我不是教育家，也不是教育工作者，但是能让大家尤其是青少年感受到行万里路的力量，或许也是有意义的。于是我心怀感慨，接受了《当代教育家》杂志的访谈。

不管是读万卷书，还是行万里路，真正重要的是坚持做，直至做成。

## 让爱继续传递下去

我回归正常的生活状态后，还是会经常想起行走途中遇到的那些孩子，尤其是偏远地区的孩子，他们的眼睛像山间的清泉，清澈透亮。他们虽然生活贫苦，但依然充满对世界的好奇和对知识的渴求。特别是嘉黎县夏玛乡那个给了我两杯热羊奶的小男孩，我一直记着他。我想再去看看他们！

我跟身边的企业家朋友们分享了这个想法，他们都觉得这是一件很好的事情，很快又有一些爱心人士加入我们的队伍。大家共同

奉献爱心，筹集了本子、书、笔等学习用具，还有足球、篮球、冬夏服装、鞋子等。

从2009年至今，我们先后探访了西藏、青海、甘肃、云南、贵州、河北、黑龙江、辽宁等地的贫困学校。

让我感动的是很多孩子给我送他们自己画的画，这让我心里特别温暖。这些孩子明媚的笑脸让我找到了人生的意义和新的方向。

在这个过程中，我和这些爱心人士又共同对接了哈尔滨市呼兰区孟家乡全乡349户630人精准扶贫对象，帮当地政府解决脱贫攻坚的"两不愁"（吃不愁，穿不愁）问题。

2018、2019年两年间，我们将大米、食用油、猪肉、冬夏服装等生活物资分批送到每一位村民家中。

这些年，这些朋友的爱心一直让我感动，我希望我们能将这份爱心一直传递下去。

西藏当雄县几所小学捐赠活动

# 后　记

　　在我13岁那年的冬天，妈妈去世了，本以为能陪伴我长大的爸爸也在两年后的秋天永远离开了我。爸爸去世前，曾拉着我的手，说："儿子，你一定要活出人样！"当时的我还不懂什么是"活出人样"。

　　料理完爸爸的丧事，我在爸爸的坟头坐了七天。第八天，我背着行李，带着兜里仅有的27.4元钱，离开了熟悉的村庄，踏上前途未卜的道路。首先得活下来，我就得吃苦干活，从每天打工挣一元钱到几元钱，挣一口饭钱。原来，靠劳动养活自己是一件很简单的事。凭自己不怕苦、不怕脏、不怕累的勤快劲儿，我学会了几门手艺，冬天还能做点小生意，我对未来的生活充满了无限的希望和信心。

　　我是改革开放的第一批打工者，也是受益者。解决温饱问题之后，我又开始思考人生的梦想、追寻生命的意义。虽然我为了照顾病重的妈妈，小学四年级没读完就辍学了，但是我渴望知识和自由。即便不曾读过万卷书，但我可以行万里路，阅读中华大地这部百科全书。

　　为此，我继续努力赚钱，业余时间自学知识、锻炼身体，规划徒步路线，确定徒步主题：走访55个少数民族居住区、宣传环保理念、探险无人区。给自己一个准确的目标很关键，让你仰望星空的同时不忘脚踏实地。做一个知行合一的人很重要，从想到到知道、从明道再做到是一个过程。最终，我用10年的准备和20年的积蓄，再历时10年完成了一生的梦想！

378

"天下难事必作于易，天下大事必作于细"。有了目标和方向，接下来就要脚踏实地，知行合一去践行。很多事情，不做，都是问题和困难；做，就有办法和答案。一路行走，我经历了人间的冷暖，从难受、忍受到接受、享受，从伤心、暖心、开心再到心开。我把自己当作一粒种子，阳光风雨，所有的遇见都是最好的安排，最终都化为美丽的花朵和香甜的果实——人世间的温暖和良善。

从梦想的诞生到完成心愿，这个过程我用了整整30年。2023，我已耳顺之年，但一切过往皆为序章。如果非要传递点什么，我想说，"生命无禁区，一切皆有可能"，无论何时何地何情何景，我们都可以立即行动，探索生命中更多的可能。生命本身就是一个伟大的奇迹。

值此记录我人生经历的《信念：人生每一步都算数（珍藏版）》付梓之际，我再次向阅读本书的读者致敬。你们的阅读和反馈，一直滋养和激励着我，让我依然在路上，也让我坚信分享自己一介草民的经历和体验——以"正知、正念、正心、正道"去觉悟人生，可以有幸影响和帮助更多的人去行动，去追梦。

也衷心感谢为《信念》赋能的诸位贤德：

特级航天员杨利伟
中国工程院院士周立伟
中国科学院院士叶大年
国务院参事沈梦培
著名作家、中国作协原副主席
　　何建明
中国教育学会高中教育专业委
　　员会理事长刘长铭

清华大学经济管理学院宁向东
浙江大学求是特聘教授吴晓波
国家级创业导师杨周
深圳市恒晖公益基金会创办人
　　陈行甲
王芳好书榜创始人王芳
帆书App创始人樊登
褚橙庄园创始人马静芬

大连明德教育系统创办人
　　李显峰
中国探险协会主席韩勃
劳伦斯世界体育奖获得者
　　夏伯渝
北京体育大学副校长张健
中国登山队队长王勇峰
单人无动力帆船环球航海中国
　　第一人翟墨

当代著名书画家余德水
中国环保艺术第一人舒勇
中国火星车车标设计者苏大宝
中国画院画家箫四五
中国演画创始人黄凤荣
著名表演艺术家斯琴高娃
著名演员富大龙
知名主持人倪萍

　　特别感谢本书的装帧设计大师宁成春先生，81岁高龄，不辞辛苦，把自己60年积累的经验呈现在本书上。特别感谢为本书题写《信念》书名的原中国艺术研究院院长兼非物质文化遗产中心主任连辑先生。

雷殿生

2023年8月31日